[재건축·재개발 시의

대한민국
재건축 재개발
지도

되는 곳만 골라 발 빠르게 투자하는

대한민국
재건축 재개발
지　도

정지영
(아임해피)
지음

다산북스

여러분의 주거 수준을
확실하게 업그레이드하세요!

얼마 전 압구정 현대아파트 80평형이 80억 원에 거래되었다는 뉴스가 나왔습니다. 토지거래허가구역으로 지정된 압구정 현대아파트는 이제 '실거주 목적'이 아니면 돈이 아무리 많아도 살 수가 없습니다. 아주 특별한 경우를 제외하고는 말이지요. 그런데도 압구정 현대아파트의 평균 거래 시세는 계속 상승하고 있습니다. 대체 왜 이런 일이 벌어지는 걸까요?

바로 '조합설립인가'가 통과되었기 때문입니다. 그렇습니다. 재건축은 단계가 진행되면 진행될수록 물건의 가격이 오르는 게 일반적입니다. 즉, 새 아파트에 입주할 수 있는 시기가 점점 확실해질수록 시세는 더 올라갑니다. 그래서 조금이라도 더 빨리 매수할 수 있다면 그렇게 하는 것이 가장 좋은 방법입니다.

현재 정부는 재건축에 대해 매우 심하게 규제를 하고 있습니다. 재건축 아파트에 대한 수요가 계속 증가하고 있기 때문이지요. 정부의 수요통제 정책(세금·대출·조합원 지위 양도)에도 불구하고 재건축 대상 아파트들의 시세는 계속 상승하고 있습니다. 앞서 말씀드린 압구정 현대아파트는 물론 잠실주공5단지, 은마아파트, 아시아선수촌, 올림픽선수기자촌, 목동신시가지 내 14개 단지, 상계주공아파트 등 우리가 익히 알고 있는 거의 모든 재건축 대상 아파트들의 시세가 모두 같은 추세로 움직이고 있습니다.

그렇다면 왜 도심 내 재건축 아파트는 인기가 많을까요? 비인기 입지이거나, 정비사업 이슈가 없는 구축이거나, 택지지구의 경우 주변에 경쟁 아파트가 생기면 100퍼센트 그 영향을 받습니다. 공급이 늘어나니 자연스럽게 가격에도 변화가 생기는 것입니다. 하지만 인기 지역 내 재건축 아파트는 경쟁 상품이 없습니다. 부동산의 특징인 부증성(토지의 물리적 양을 임의로 증가시킬 수 없는 성질), 부동성, 개별성이 모두 적용된, 말 그대로 '완전 독점 상품'이기 때문입니다.

재건축 아파트가 비싼 이유가 바로 여기에 있습니다.
수요 대비 공급이 늘 부족하기 때문입니다.

재건축만큼은 아니지만 도심 내 재개발 역시 희소성이 있습니다. 기존 소유자, 즉 조합원분양분을 제외하고 나면 생각보다 일반분양분이 많지 않습니다. 택지개발 사업과는 차원이 다른 입지가치와 상품가치를 가지고 있다는 의미입니다.

문재인 정부와 박원순 시장 재임기인 지난 4년 동안 서울시는 (의도하진 않았겠지만) 결과적으로 재건축·재개발의 미래 가치를 단기간에 너무 많이 올리고 말았습니다. 가격 규제, 대출 규제, 세금 규제, 조합원 자격 규제를 하면 재건축·재개발 단지의 가격도 하향평준화될 수 있을 것이라 판단했던 것이지요.

그런데 이 시장은 이미 단기 투자 세력과는 무관한 시장이었습니다.
아무리 투기를 억제해도 효과가 없었던 이유가 바로 이것입니다.
그리고 그 결과가 바로 지금의 부동산 시장입니다.

사실 정부도 재건축·재개발의 본질을 잘 모릅니다. 정부가 모르니 일반인들은 더 모를 수밖에 없습니다. '리스크가 많다더라', '비싸도 그냥 매수하는 것이 안전하다더라' 하며 큰돈을 주고 매매를 해왔던 것이 현실입니다. 그래서 지난 10년 동안 재건축·재개발 시장은 온전히 투자자들이 주도해왔던 것입니다. 미래 가치를 꿰뚫어보는 인사이트를 지닌 투자자들만 초기에 접근했던 것이지요.

이렇게 기존 투자자들만 접근했던 재건축·재개발 시장을 일반인들에게 소개해주고 추천해주던 가장 대표적인 부동산 전문가가 바로 아임해피 정지영 대표입니다.

지금도 많은 사람이 이렇게 질문합니다.

'이렇게 올라버린 시장에서 우리는 어떻게 해야 하나요?'
'재건축·재개발 가격이 너무 올랐으니 그냥 포기해야 할까요?'

앞서 부동산은 개별성이 강하다고 말씀드렸습니다. 현찰이 풍부하신 분들이야 가장 좋은 입지에 가장 비싼 재건축·재개발 사업지를 매수하시면 되겠지만, 99퍼센트의 일반세대는 늘 현찰이 충분하지 않습니다. 그렇기 때문에, 즉 현재 현금이 충분하지 않다는 조건을 안고 있기에 우리는 재건축·재개발에 더욱 관심을 가지고 매수해야 합니다.

'재건축·재개발은 어렵고 복잡한데, 과연 제가 할 수 있을까요?'

가능합니다.
가능하다고 아임해피 정지영 대표는 이야기합니다.
물론 당연히 그에 관한 공부도 열심히 해야 합니다.

제가 아는 아임해피 정지영 대표는 이 분야에서만 15년간 연구했습니다. 그만큼 노하우가 풍부합니다. 그 값진 노하우를 『대한민국 재건축 재개발 지도』를 통해 모두 공유해주겠다고 합니다.

정말로 재건축·재개발 아파트를 매수해 새 아파트에 거주하고 싶은 분들은 이 책 『대한민국 재건축 재개발 지도』를 절대 놓치지 마십시오. 포기하면 그걸로 끝이지만, 이 책은 공부를 하면 할수록 현실적으로 매수가 가능한 상품들이 더 많이 생긴다고 구체적으로 안내합니다.

게다가 기존 재건축·재개발에 최근 부동산 시장의 가장 뜨거운 이슈로 떠오른 공공 재개발, 공공 재건축에 대해서도 알기 쉽게 정리해주고 있습니다. 언론에 나오는 뉴스만 보면 공공 재개발, 공공 재건축도 논란이 있는 것처럼 보입니다. 물론 그럴 수 있습니다. 하지만 중요한 것은 그 논란이 무엇이든 간에, 그 안에서 우리는 합리적인 선택을 하면 된다는 것입니다. 그 합리적인 의사결정을 위한 확실한 가이드라인까지 꼼꼼하게 정리해주었습니다.

일반 재건축·재개발, 공공 재건축·재개발을 추진하고 있는 구역에 사시는 주민들께는 이 책이 필수입니다! 혹은 '나는 재건축·재개발 잘 몰라. 무조건 반대야!'라고 하며 재건축·재개발을 싫어하시는 분들도 꼭 한번 보셨으면 좋겠습니다. 무엇보다도 재건축·재개발에 관심을 갖고 입문하고자 하거나, 1주택자로서 더 좋은 입지로 옮겨 가고 싶은 분들께 이 책보다 더 좋은 제안은 없을 듯합니다.

사실 아임해피 정지영 대표는 청약 분야에서도 단연 최고의 전문가 이지만, 그 시작과 메인 분야는 '재건축·재개발'이었습니다. 저와 정지 영 대표는 이미 여러 번 팟캐스트 〈빠숑의 세상 답사기〉 방송을 통해 "2021년 이후 10년은 정비사업이 시장을 좌우한다"라고 말씀드렸습 니다.

왜 그런 말을 했을까요? 이유는 간단합니다. 청약을 하면 할수록 당 첨되기가 어렵다는 것을 알게 될 것이고, 그러한 새 아파트의 수요는 결국 재건축·재개발로 해소될 수밖에 없음을 예상했기 때문입니다. 그래서 재건축·재개발에 관한 강의도 '스마트튜브 경제아카데미'를 통해 꾸준히 제공해드리고 있는 것이고요.

아임해피 정지영 대표는 이번 책에서 '놓치면 안 되는 구체적인 정 비구역들'을 모두 소개해드렸습니다. 서울과 수도권은 물론이고, 전국 을 광역시 단위로 분류해 모두 추천해드렸습니다. 만약 이 책을 남들보 다 늦게 보신다면 경쟁자들에게 좋은 단지를 빼앗길 수 있습니다. 절호 의 기회를 잡을 우선순위를 놓칠 수 있습니다. 저 역시, 결정하셨으면 바로 행동으로 옮기시길 추천드립니다.

청약 가점이 '60점 이하'이신 분들은 무조건 이 책을 빨리 보시는 게 좋 습니다.

당장은 아니더라도 언젠가는 꼭 새 아파트에 살고 싶은 분들 역시 하루라도 빨리 이 책을 보셔야 합니다.

지방에 사시는 분들도 재건축·재개발을 제대로 공부하고 싶으시다면 이 책을 반드시 보셔야 합니다.

    믿고 보는 아임해피 정지영 대표의 책『대한민국 재건축 재개발 지도』, 이 책이 여러분의 주거 수준을 몇 단계는 업그레이드시켜드릴 것입니다.

스마트튜브 경제아카데미 김학렬 소장

당신의 10년을 책임질 미래가 재건축·재개발에 있습니다!

최근 재건축·재개발 시장이 뜨겁습니다. 그런데 많은 분들이 재건축·재개발에 관심을 가지면서도 선뜻 뛰어들기는 어렵다고 합니다. 왜 그럴까요? 아마도 여러분은 세 가지 오해를 하고 있는 듯합니다.

"어렵다, 많이 어렵다, 진짜 많이 어렵다."

사실 저는 이 말을 들을 때마다 공감을 하면서도, 한편으로는 '그렇게까지 어려운 일인가?' 하는 생각도 했습니다. 부동산을 하나도 모르던 '부린이' 시절, 첫 내 집 마련을 재건축으로 해서인지도 모르겠습니다. 그때는 '재건축을 한다'보다는 '새 아파트를 산다'는 것에 온 신경이 집중되어 있었거든요.

물론 재건축·재개발이 쉬운 분야는 아닙니다. 하지만 도전하지 못할 분야였으면 감히 여러분에게 '청약'의 대안으로 제시하지도 못했을 것입니다. 제가 첫 집을 장만할 당시의 마음가짐이면 못할 것도 없다고, '새 아파트를 사는 것' 그 이상도 그 이하도 아니라는 걸 여러분에게 알려주고 싶었습니다.

앞으로 10년은 재건축·재개발의 시대가 될 것입니다. 청약 당첨 가점은 점점 오르고, 신축 집값은 넘볼 수 없는 벽이 되어버려도, 여러분에게 '미래'가 있는 한 솟아날 구멍은 있습니다. 한마디로 말해, 집값은 낮은데 투자 가치는 높고, 누구나 마음먹었을 때 매수할 수 있는 '내 집'을 찾는다면 재건축·재개발이 답이라는 이야기입니다.

많은 분들이 알다시피 저는 '청약 전도사'입니다. 지금도 원하는 지역에 당첨이 될 조건이 충분하다면, 내 집 마련의 1순위 전략은 청약이 되어야 한다고 생각합니다. 하지만 제가 이 책을 출간하며 '재건축·재개발'을 목청껏 외치는 이유는 다름이 아닙니다. 청약으로 내 집 마련을 하기가 하늘의 별 따기가 되었다고 해서, 내 집 마련 자체를 포기해서는 안 되기 때문입니다. '청포자'(청약포기자)가 되었다면 청약 이외에 다른 길을 찾아야 합니다. 바로 제가 그러했듯이 말이지요.

부동산 공부를 하다 보면 시대마다 패턴이 보입니다. 지역분석 못지않게 거시적 관점에서 경제를 바라보는 시각이 필요합니다. 나라의 정책은 어떻게 달라졌는지, 사람들의 욕구는 어떤 방향으로 움직이는지 세심하게 관찰하고 분석할 필요가 있습니다. 지금은 청약이 어려운 시대이다 보니 청약에 모든 걸 '올인'하기보다는 역발상을 해야 합니다. 청약 점수를 1~2점 더 높이는 일에 시간과 노력을 쏟지 않고도 새 아파트에 100% 당첨되는 방법, 바로 청약 물량이 어디에서 나오는지를 아는 일에서부터 출발합니다.

특히 서울을 중심으로 집값이 오르는 이유는 무엇일까요? 여러 요인이 복합적으로 작용하겠지만 가장 큰 이유는 공급이 없어서일 것입니다. 그럼 왜 공급이 부족할까요? 서울에 빈 땅이 없기 때문입니다. 이 말인 즉, 앞으로 공급될 아파트는 기존에 있던 건물을 허물고 지어질 수밖에 없다는 뜻입니다.

더욱이 서울의 아파트는 점차 늙고 있습니다. 2021년에 시행된 「인구주택총조사」 결과에 따르면 서울 전체 주택에서 20년 차 이상의 노후 주택 비율은 47.2퍼센트였고, 이 중 30년 차 이상 주택은 전체의 약 20퍼센트에 달했습니다. 30년 차는 재건축을 시작할 수 있는 연한이기도 합니다.

앞으로 서울에 지어질 새 아파트는 큰 이변이 없는 한 거의 재건축·재개발 지역에서 탄생할 것입니다. 그리고 이 물량 가운데 일부가 일반분양 물량, 즉 청약으로 풀리게 될 것입니다. 청약에 앞서 '청약이 될' 물건에 집중하는 것, 이것이 재건축·재개발에 주목해야 할 이유입니다.

이 책은 '재건축·재개발'이라는 단어만 들어도 고개를 절레절레 흔드는 여러분을 위해 쓰인 책입니다.

먼저 재건축·재개발은 용어 자체가 어렵습니다. 처음 듣는 단어가 줄줄 나오다 보니 '공부를 좀 해볼까' 싶다가도 이내 머리가 아파옵니다. 이런 점을 감안해서 이 책은 용어를 최대한 쉽게 풀어서 썼습니다. 낯설어 포기하고 싶어지는 용어도 이 책에서 풀어놓은 문장으로 이해하면 머리에 쏙쏙 들어올 것입니다. 그래도 어렵다면 어떻게 할까요? 좌절하지 않기를 바랍니다. 이 책은 단 한 문장만 머릿속에 남게 하는 것이 목표입니다.

"조합이, 사업을, 관리한다."

지금 보면 고개가 갸웃거릴 테지만, 결국 이 한 문장이 여러분에게 '사이다'와 같은 후련함을 선사할 것입니다. 더불어 지도에 주황, 초록, 빨강으로 구분해놓은 색깔을 놓치지 마세요. 지도에 신호등 불빛이 밝혀지면 실제로 어떤 일이 일어나는지 알게 되었으면 좋겠습니다.

재건축·재개발은 돈이 많이 들지 않느냐고요? 이 말은 반은 맞고 반은 틀립니다. 집을 사는 일이니 당연히 큰돈이 드는 건 사실입니다. 하지만 그 큰돈을 100퍼센트 현금으로 갖고 있어야만 투자할 수 있는 것은 아닙니다. 무주택자, 1주택자, 다주택자의 상황에 맞는 대출과 세금

전략을 본문에 상세히 적어두었습니다. 물론 실제 투자금액을 계산하는 방법은 당연히 수록해놓았고요. 더하기 빼기에 자신이 없어도 괜찮다는 것을 이 책이 보여드리겠습니다.

마지막으로 위험하다는 인식을 깨드리겠습니다. 정비사업이 시작 단계에서 멈추거나, 미분양이 발생하거나, 중간에 시공사가 부도나는 등 위험한 일들이 전혀 없었던 것은 아닙니다. 하지만 지금은 예전처럼 대책 없이, 무턱대고 위험한 일이 생기지는 않습니다. 오히려 입주까지 성공적으로 마친 구역이 많아서, 이들이 주변 지역에도 새 아파트의 바람을 불어넣고 있는 상황입니다. 저는 유머를 보태 이를 '재며든다'('재건축·재개발'과 '스며들다'의 합성어. 주변 신축과 정비구역의 놀라운 변화로 그 일대가 재건축·재개발 붐을 이룰 때 주로 쓴다)라고 표현합니다.

책을 읽고 지도를 보다 보면 현재 어느 지역이 재며들고 있는지, 앞으로 또 재며들 구역은 어디인지 찾아낼 수 있을 것입니다.

이 책은 크게 네 가지 파트로 나뉘어 있습니다. 1부는 왜 재건축·재개발이 중요한지를 지금보다 구체적으로 다루고 있습니다. 이어서 2부는 재건축·재개발이 진행되는 순서와, 실제 내 집을 마련할 때 돈이 들어가는 포인트를 하나씩 짚어보았습니다. 실제 투자금액과 수익률을 계산하는 방법 등 '부린이'('부동산'과 '어린이'의 합성어)들이 궁금해하는 깨알 정보가 그득그득합니다. 3부는 이 책의 핵심인 지역 분석파트입니다. 서울, 경기, 인천을 비롯해 5대 광역시에서 어떤 지역이 '돈 되는' 지역인지를 한눈에 파악하실 수 있을 것입니다. 마지막으로 4부는 재건축·재개발의 대안을 다룹니다. 감히 자신하건대 리모델링과 공공 재개발, 공공주도 재개발을 이토록 자세히 다룬 책은 없을 것입니다.

'청약의 시대'에 저는 『대한민국 청약지도』를 썼습니다. 그리고 지금은 '재건축·재개발의 시대'입니다. 어느 시기이건 '새 아파트를 가장 싸게 살 방법'에 주목하는 저로서는 이 책을 내지 않을 이유가 없었습니다.

이 책을 읽을 여러분도 그토록 원하던 내 집 장만, 새 아파트 마련에 성공하시길 온 마음을 다해 응원합니다.

2021년 8월

아임해피 정지영

차 례

1부

무심코 흘려보내는 시간을 돈으로 바꾸는 마법

1장 왜 지금 재건축·재개발인가?

2부

하루라도 더 빨리 미래가치를 선점하라

3부

지도를 보면 미래의 대장 아파트가 보인다

4부

조금은 빠르게, 때로는 다같이! 대안 찾기

10장   정비사업계의 떠오르는 샛별, 리모델링

11장   나누는 만큼 혜택도 많은, 공공 재개발

1부

무심코 흘려보내는 시간을
돈으로 바꾸는 마법

왜 지금
재건축·재개발인가?

1

청약이 '로또'라는데
지금 집을 사도 괜찮을까?

"부동산 규제 시대, 무주택자들에게 천국의 문이 열렸다!"

2019년 3월 『대한민국 청약지도』를 출간하면서 집을 사야 할지 말아야 할지, 혹은 어떻게 하면 번듯한 내 집을 마련할 수 있을지 그 방법을 고민하는 무주택자들에게 내가 꼭 전하고 싶은 메시지였다. 오늘날 대한민국에 사는 사람이라면 누구나 꿈꾸는 '새 아파트'를 '가장 저렴하게 가질 수 있는 방법'이 바로 청약이었고, 그런 청약에 당첨되기 위해 '무주택'보다 더 좋은 조건이 없었기 때문이었다.

하지만 언제부터인가 청약은 '하늘의 별 따기'로 인식되기 시작했다. 당첨이 쉽지 않기에 더더욱 철저히 전략을 세워야 한다고 강조하면 '왜 가능성이 없는 일을 추천하느냐'는 원망 섞인 말이 돌아오기도 했다.

그럼에도 나는 여전히 청약을 열심히 공부하고 내 집 마련 전략을 똑똑하게 세운다면 30대 싱글도 청약에 당첨될 수 있다고 확신한다. 실제로 『대한민국 청약지도』를 몇 번이나 읽고 청약에 당첨되었다는 후기가 지금까지도 계속 쏟아지고 있기 때문이다.

하지만 한편으로는 번번이 청약이라는 문턱 앞에서 좌절하는 이들의 심정 또한 절실히 느꼈다. 『대한민국 청약지도』를 집필할 당시만 해도 청약 가점 30점대의 통장들이 서울에서 당첨된 사례를 지도에 표시할 수 있었지만 지금은 그러기가 힘들기 때문이다. 오죽하면 나조차도 그때의 이야기가 마치 전설처럼 아득하게 느껴지니 말이다. 더욱이 1주택자는 기존 주택을 처분하는 조건으로만 1순위 청약에 지원할 수 있어, 자신이 원하는 시기에 전략적으로 사고팔며 투자 계획을 세우려는 사람들에게는 사실상 청약으로 내 집 마련하기가 어렵게 됐다.

2020년에 분양한 서울 주요 단지들의 전용면적 84형(약 34평) 최저 가점 평균은 60점대 중후반이다. 이는 청약통장 가입 기간 점수를 만점(15년 이상)까지 꽉 채운 4인 가족 기준, 무주택기간을 14년 이상 유지했을 때 나올 수 있는 점수다. 15년 이상 무주택 상태일 때 무주택기간 점수를 만점까지 받을 수 있으니 결코 쉽게 얻을 점수가 아닌 셈이다(무주택기간은 기혼자는 혼인 시점부터, 미혼자는 만 30세부터 책정된다). 이처럼 오랜 세월 동안 무주택자로서 인고의 시간을 보내온 청약 당첨자들에게는 내가 곁에 가서 어깨라도 토닥여주고 싶은 마음이다.

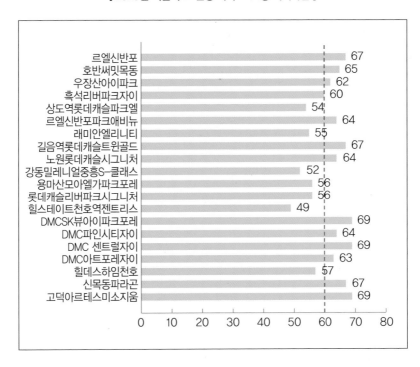

[2020년 서울 주요 분양 아파트 84형 최저가점]

아파트	최저가점
르엘신반포	67
호반써밋목동	65
우장산아이파크	62
흑석리버파크자이	60
상도역롯데캐슬파크엘	54
르엘신반포파크애비뉴	64
래미안엘리니티	55
길음역롯데캐슬트윈골드	67
노원롯데캐슬시그니처	64
강동밀레니얼중흥S-클래스	52
용마산모아엘가파크포레	56
롯데캐슬리버파크시그니처	56
힐스테이트천호역젠트리스	49
DMCSK뷰아이파크포레	69
DMC파인시티자이	64
DMC 센트럴자이	69
DMC아트포레자이	63
힐데스하임천호	57
신목동파라곤	67
고덕아르테스미소지움	69

그럼에도 나는 청약 전도사로서, 전략적으로 접근해 틈새를 노린다면 얼마든지 청약에도 숨은 기회가 있다고 굳게 믿는다. 집 안에 잠들어 있던 청약통장을 찾아내 자신도 당첨의 기쁨을 누리고, 가족들까지도 내 집 마련에 성공한 사람들이 내 믿음을 증명한다. 하지만 수많은 사람을 만나고 또 만날수록 역사상 유례없는 공급 절벽과 마주한 지금 이 시대에 누군가는 철옹성 같은 청약의 문턱 앞에서 좌절하고 있다는 걸 뼈저리게 느꼈다. 청약에 쏠린 지대한 관심, 즉 '새 아파트'에서 가

족의 행복한 미래를 그리고 싶은 이 절절한 사연들 앞에서 "더 철저히 전략을 세우라"고만 외칠 수는 없었다. 청약 말고도 반드시 길은 있다는 걸 보여주고 싶었다.

누구나 100퍼센트 청약에 당첨되는 법

그렇다면 가점이 낮은 사람들에게 '새 아파트'는 평생 그림의 떡일까? 정녕 이번 생에는 새 아파트를 가질 수 없다는 말인가? 결론부터 말하자면 절대 그렇지 않다. 수많은 청약 꿈나무들을 만나며 하루라도 빨리 새 아파트를 장만하게 도와주고 싶다는 마음에 이 책 『대한민국 재건축 재개발 지도』를 쓰게 되었다. 가점이 낮은 사람도, 이미 지어진 신축에 들어갈 돈이 없는 사람도 얼마든지 새 아파트를 가질 수 있는 방법이 '재건축·재개발'이기 때문이다.

지금은 '청약의 신'이라 불리는 나 역시도 2004년에 청약 기회를 날려버린 슬픈 기억이 있다. '설마 당첨이 되겠어?' 하는 마음에 자금 여력을 꼼꼼히 살피지 않은 채 무턱대고 지원했다가 덜컥 당첨되어버린 의왕의 한 아파트다. 당시에도 지금처럼 재당첨제한(주택공급에 관한 규칙 제54조에 따라 주택 청약에 이미 당첨된 경우 본인과 동일한 세대 구성원에게 일정 기간 청약 당첨에 제한을 두는 제도)이 있었기 때문에, 우리 가족은 한동안 신규 분양하는 새 아파트를 쳐다볼 수도 없었다.

그런 내가 동탄1신도시에서 '이게 내가 넣어야 할 청약이야!'라고 생각했을 땐 이미 막차가 떠난 후였다. 급하게 청약통장을 다시 만들어도 봤지만, 버스가 떠난 후에 손을 흔들어봤자 소용없는 일이었다.

하는 수 없이 우리 가족은 전셋집에 살았다. 그러던 중 아들 친구의 엄마에게서 분양받은 새 아파트에 프리미엄이 붙었다는 소식을 들었다. 그때 동탄은 그야말로 '허허벌판'이었는데, 프리미엄이 붙었다고 하니 의아하기도 했다. 어쨌든 그 소식을 들으니 문득 이런 생각이 들었다. '1~2년 뒤에 아들 친구는 새 아파트에 살고, 우리 아들은 여기 구축 전셋집에서 살겠구나…'

'부린이' 아임해피는 당시 어떤 선택을 했을까? '청약의 신'이 될 떡잎이니까 다시 몇 년을 열심히 기다리며 1순위 자격을 만들었을까? 나는 '새 아파트'라는 일생일대의 꿈을 그렇게 기약 없이 미뤄두지 않았다. 마우스에 구멍이 날 만큼 하루에도 수십 번씩 네이버부동산을 들락거리며 '2008년도 새 아파트 입주'라는 매물 하나를 찾아냈다.

'신매탄주공2단지? 여긴 우리 집 바로 길 건너잖아. 분명 오래되고 낡은 아파트였는데…'

이 책을 읽는 독자들이 재건축·재개발을 얼마나 낯설고 어려워하는지 잘 알기에 미리 밝혀두자면, 나는 그 게시글에서 '재건축'의 '재' 자도 본 기억이 없다. 나는 단지 '새 아파트 입주'라는 단어에만 완전히 꽂혀 이 아파트 저 아파트 비교해볼 생각조차 하지 않고 본격적으로 조사를 시작했다.

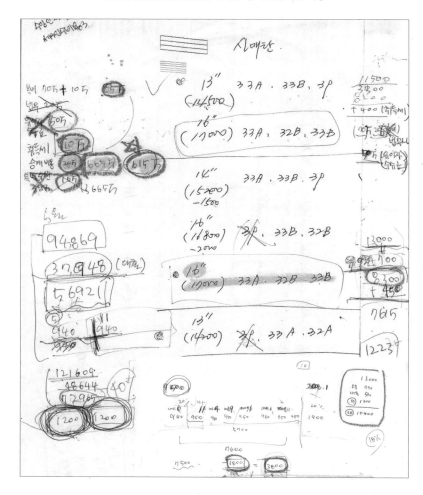

　　계약서도 아닌, 형체를 알아볼 수 없는 낙서와 같은 종이를 공개하는
건 바로 다음과 같은 이유에서다.

　　'이 종이 한 장에 재건축·재개발의 모든 것이 담겨 있다!'

'재건축' 또는 '재개발'이라는 단어를 들으면 어떤 생각이 가장 먼저 드는가? 아마 '어렵다'는 생각부터 들 것이고, 더러는 제대로 공부해보기도 전에 포기하고 싶어질 수도 있을 것이다. 물론 내가 앞으로 이야기할 '이주비 대출'이니 '부담금'이니 '계약금'이니 하는 단어들이 처음에는 어렵고 복잡하게 느껴질 것이다. 덜컥 겁이 난다면 다시 한번 고개를 돌려 내가 끄적거린 종이를 들여다보자. 이 종이에 '관리처분인가'라든가 '사업시행인가', '조합설립인가'와 같은 어려운 말이 적혀 있는가? 결코 그렇지 않다. 두려움을 걷어내고 핵심만 명확히 하면 방법은 또렷이 보인다. 내가 노란색으로 밑줄을 그어놓고 빨간색으로 열심히 동그라미 쳐둔 숫자들이 재건축·재개발의 전부다. 장담컨대 이것만 알면 재건축·재개발은 끝난다. (당시 신매탄주공2단지는 다섯 단계로 나눌 수 있는 재건축 절차 중 네 번째 단계인 관리처분인가를 앞두고 있었다. 이 장에서는 9부 능선을 눈앞에 두었다는 점만 기억해도 충분하다.)

1) 나는 30년 넘은 16평 아파트를 1억 7000만 원에 산다.

2) 이 아파트는 재건축 절차를 밟고 있다.

3) 내가 산 16평 아파트를 주고 33평의 새 아파트를 받으려면 이후에 추가로 9486만 원을 더 내야 한다.

결론: 나는 2억 6486만 원에 33평짜리 새 아파트를 산다.

'부린이' 아임해피에게 복잡한 절차 따위는 눈에 들어오지 않았다. 부동산 소장님의 설명을 듣고 모르는 부분을 질문하며 뾰족하게 단 하나의 결론을 도출한 것뿐이다. 그렇게 나는 내 집 마련에서 더 멀어지지 않고 3년 뒤에 완공된 매탄위브하늘채에 당당히 안착했다. 정말로 허리띠를 졸라매며 뼈를 갈아 넣는 시간이었지만 그 순간만큼은 밥을 먹지 않아도 배가 불렀고, 명품백이 없어도 당당했다.

핵심은 '새 아파트'이다. 절대 가질 수 없다고, 이미 너무 비싸서 내 것이 아니라는 편견부터 과감히 깨뜨려야 한다. 잘 알지도 못하면서 지레짐작만으로 겁먹을 필요가 전혀 없다. 그리고 앞으로 소개할 이 방법은 가점을 만들기 위해 시간이 지나가기만을 바랄 필요도, 로또 추첨을 기다리는 심정으로 가슴 졸일 필요도 없다.

'100퍼센트 청약에 당첨되는 단 하나의 방법.'

당장 눈앞에 있는 낡고 허름한 땅 위에 새 아파트가 들어서는 상상을 할 수 있다면, 청약 가점 84점의 '무적 통장'은 내 손안에 들어온 것과 다름없다.

돌이켜보면 청약통장이 없었던 2005년이 내 인생의 골든타임이었다. 갖은 시행착오와 후회를 거치며 '내 집 마련'과 '부동산 투자'에 본격적으로 눈을 뜬 시기이기 때문이다. 청약이라는 달콤한 열매가 처음부터 내 입에 뚝 떨어졌다면, 나는 청약은 물론 재건축·재개발, 경매, 전·월세 투자 등으로 지식의 외연을 넓히지 못했을 것이다. 만약 처음부터 덜컥 당첨되어 새 아파트에 입주했다면 오늘의 나는 없었을 것이 분명하다.

고3 수험생 교실을 보면 어느 반에나 '수포자'(수리영역 포기자)가 있다. 그런데 이 친구들이 수리영역을 포기했다고 해서 대학 자체를 포기한 것은 아니다. 오히려 수학 공부를 하지 않는 시간에 언어영역과 외국어영역에 집중하고 수리영역을 보지 않는 대학에 원서를 넣는 '틈새 전략'을 활용한다. 수험생에게 중요한 건 '수리영역 고득점'이 아니라 '대학 입학' 그 자체이기 때문이다.

청약을 포기한 우리의 자세 역시 마찬가지다. 오히려 주먹을 꽉 쥐면 손에 넣을 수 있는 게 없듯이 무언가를 낚아채려면 손가락을 쫙 펴야 한다. 지금껏 청약이라는 기회를 움켜쥐느라 두 손에 힘이 잔뜩 들어가 있는 당신에게, 나는 자타공인 '청약 전도사'로서 이제는 한 손을 살짝 풀어도 좋다고 용기를 주고 싶다.

지금 당장 재건축·재개발을 공부한다면 말이다.

2

상승장에서 싸게 사고
하락장에서 잘 버티는 투자

"투자의 첫 번째 원칙은 돈을 잃지 않는 것이고, 두 번째 원칙은 첫 번째 원칙을 절대로 잊지 않는 것이다."

가치투자의 대가 워런 버핏의 이 말은 주식 시장에서만 통용되는 말이 아니다. 단 한 번의 선택으로 평생 모은 소중한 전 재산이 움직이기도 하는 부동산 시장에서도 절대 간과할 수 없는 말이다.

그렇다면 '잃지 않는 투자'란 무엇일까? 마이너스 수익률이 아닌 플러스 수익률을 내기 위해서는 어떻게 해야 할까? 나는 항상 사람들에게 '지금 이 시대에 집을 가장 싸게 사는 방법'에 주목하라고 조언해왔다. 시장에서 가장 '저평가'된 물건을 찾는 것. 2019년에는 청약이 '새 아파트'를 싸게 사는 가장 좋은 방법이었다. 물론 여전히 그러하나 청약으로 공급되는 물량 자체가 적은 오늘날에는 '청약의 비상구'라 할 수 있는 재건축·재개발이 '누구나' 새 아파트를 가장 싸게 살 수 있는 방법이라 확신한다.

지금 바로 내 눈앞에 보이는 수익

왜 그럴까? 이유는 간단하다. 재건축·재개발을 앞둔 물건은 '안전 마진'이 확실하기 때문이다. 안전마진이란 내재된 물건의 가치와 시장 가격 사이의 간극을 말하는데, 쉽게 말해 안전마진이 확실하다는 것은 '지금 내 눈앞에 보이는 수익'이 확실하다는 뜻이다. 단편적인 예로 잠 실주공5단지를 살펴보겠다.

[잠실주공5단지와 인근 잠실엘스·잠실리센츠의 30평대 가격 비교]
(2021년 7월 기준, 출처: 호갱노노)

1978년에 입주한 잠실주공5단지는 2013년 12월에 조합설립인가 (재건축 사업 다섯 단계 중 두 번째 단계)를 받은 재건축 사업 진행 단지다. 그리고 그 옆에 위치한 잠실엘스와 잠실리센츠는 각각 재건축 사업을 완료해 2008년 입주를 마쳤다. 이 세 단지의 30평대 아파트 가격을 비교해보면 서로 비슷하게 형성되어 있는 것을 확인할 수 있다. 그렇다면 40평대 가격은 어떨까?

[잠실주공5단지 재건축 전후 예상 비교표(조합 제시, 추후 변경될 수 있음)]

재건축 전			재건축 후		증가 세대	비고
평형 (세대수)	대지지분 (평)	총세대수	평형	총세대수		
34 (2280)	23	3930	18~100평	6401	2471	① 42평 무상 공급 ② 대략 3.7억 원 이상 환급 * 평형별로 다름
35 (300)						
36 (1350)	25					

현재 잠실주공5단지에는 40평대가 없다. 34평, 35평, 36평형이 전부다. 하지만 재건축을 완료하고 나면 기존 30평형대 아파트 소유자들이 '42평 아파트'를 '무상으로 소유'하게 될 것으로 보인다. 서울, 그것도 잠실에서 아파트 평수가 무려 10평이나 넓어졌는데도 추가로 돈을 부담하지 않다니 이게 무슨 의미일까?

재건축을 앞둔 기존 주택의 소유주들은 미래의 새 아파트에 '땅'을 제공하는 사람들이다. 즉, 기존의 낡은 건물을 부수고 새 건물을 올릴 때 드는 건축비는 스스로 부담해야 한다는 뜻이다. 이를 재건축·재개발 사업 용어로 '부담금'이라고 한다. (앞서 나의 사례에서 신매탄주공2단지를 살 때 추가로 내야 했던 9486만 원이 부담금에 해당한다.)

부담금의 의미를 이해하기에 앞서 꼭 짚고 가야 할 중요한 포인트가 있다. 바로 '일반분양'이다. 일반분양을 받으면 새로운 입주민들이 유입된다. 즉, 분양 시점에 일반분양분을 많이 풀수록 이들을 통해 거둬들이는 재건축(재개발) 조합의 수익이 커진다. 그리고 이 수익금은 고스란히 기존 소유주들(조합원)에게 돌아가고, 이 돈이 조합원들이 가진 아파트의 평수를 넓히는데 비용으로 일부 충당되는 것이다.

잠실주공5단지의 경우 조합원들의 대지지분(아파트 전체 단지의 대지면적을

[잠실주공5단지 34평과 잠실엘스·잠실리센츠의 40평대 가격 비교]
(2021년 7월 기준, 출처: 호갱노노)

가구 수로 나누어 등기부에 표시되는 면적)이 넓은 편이고 약 2471가구를 신규 분양할 예정이라, 조합원들은 신축 아파트를 짓는 건설 비용을 충당하고도 대략 3억 7000만 원을 돌려받을 수 있다고 추산된다. 그만큼 사업성이 높다는 뜻이다. (환급금은 조합에서 제시한 숫자다.)

이제 타임머신을 타고 미래로 날아가 잠실주공5단지의 안전마진을 계산해보자. 일반적으로 재건축·재개발에 성공한 아파트의 시세는 주변에 있는 가장 새 아파트의 현재 시세와 비슷하게 형성된다. 현재 송파구 잠실동의 '대장 아파트'인 잠실엘스 45평의 실거래가와 미래에 40평형대가 될 잠실주공5단지 34평 가격을 동일 선상에 놓고 비교해보자. 2021년 7월 기준 잠실엘스 45평의 실거래가는 30억 원이다. 잠실주공5단지와는 5억 1000만 원 차이가 나고, 여기에 예상되는 환급금인 3억 7000만 원을 더하면 대략 8억 8000만 원의 안전마진을 도출할 수 있다.

잠실엘스 45평 실거래가: 30억   -

잠실주공5단지 34평: 실거래가 24억 9000만 원

차액: 5억 1000만 원   +

예상 환급금: 3억 7000만 원

안전마진: 8억 8000만 원(재건축 초과이익환수제, 물가상승분 미반영)+α(신축가치)

매우 단순한 산수처럼 보이지만 새 아파트로 완공되었을 때 다시 정식으로 계산해보면 소름 끼칠 정도로 신기하게 딱 들어맞는다. 특히 요즘처럼 새 아파트의 가치가 각광받을 때는 굳이 복잡한 공식에 대입할 필요 없이 한눈에 명확한 수익률을 계산할 수 있다.

그렇다면 하락장에서는 어떨까? 재건축·재개발은 하방경직성(수요 공급 법칙에 따라 내려가야 할 가격이 어떠한 원인으로 인해 내려가지 않는 현상)이 뛰어난 상품이다. 이미 오래된 구도심으로 확정된 입지 가치를 보유하고 있기 때문이다. 다만 그 가치가 오래된 겉모습에 숨겨져 쉽게 드러나지 않았을 뿐이다.

또한 배후 수요도 확실해 하락장에서도 대기하는 실수요자가 충분히 많고, 거래가 상승장 때처럼 활발하지는 않을지언정 '폭락'할 가능성은 적다고 봐도 좋다. 다시 말해 지어진 지 30년이 넘었다고 해서 아무 건물이나 재건축·재개발 사업을 진행할 수는 없다는 의미다. 우리보다 정보력이 풍부하고 안목이 뛰어난 건설사들이 앞다투어 사업에 뛰어드는 구역이라면 수익성이 그만큼 보장된다고 봐도 좋다.

그동안은 '거주'의 기준으로만 집을 찾았다면 이제부터는 '사업가의 마인드'를 장착해야 한다. 재건축·재개발에 참여한다는 건 내가 조합원으로서 한 명의 사업가가 된다는 뜻이다. 반드시 수익을 내겠다는 일념으로, 최소한의 리스크만 관리한다는 목적으로, 기업을 운영하듯이 재건축·재개발로 내 집을 '경영'해보자. 집에 대한 관점을 넓히는 순간 흙 속에 파묻혀 있던 진주 같은 아파트들이 눈에 보일 것이다.

3

당신이 아는 바로 그 아파트가
재건축·재개발의 결과다

"그래서 어디가 오르나요?"

강의를 하다 보면 늘 '오를 만한 아파트를 추천해달라'는 요청을 받는다. 사실 시장이 눈에 띄게 과열된 시점이 아니고서야 사자마자 집값이 오르길 바라는 건 욕심이다. 실거래가 형성되었다는 건 수요와 공급에 따라 매도자와 매수자 사이에 가격 균형점이 맞춰졌다는 의미이고, 시간이 흐르며 점차 그 균형점이 조정되어야 비로소 수익을 얻을 수 있기 때문이다. 그래서 다급한 마음으로 내게 '사자마자 오를 아파트'를 추천해달라고 하면 명쾌한 대답을 드리기가 상당히 곤란하다.

하지만 나는 "2년 뒤에 오를 아파트를 추천해주세요"라는 말에는 주저 없이 답을 줄 수 있다. 바로 '새 아파트'다. 신축에 입주해 2년을 살다 보면 가격은 반드시 오르게 되어 있다. 입주를 막 마친 시점에는 주변이 허허벌판이고 상권도 잘 갖춰져 있지 않지만, 2년쯤 지나면 제법 생활 인프라가 들어와 살기에 좋아진다. 첨단 시설의 새 아파트가 가진 장점과 주변의 쾌적한 인프라가 완벽하게 시너지를 내는 순간이 찾아오는 것이다. 여기에 세입자들의 전세 만기일이 다가오고, 1가구 1주택자들이 비과세되는 시점이 도래하면서 막혀 있던 거래에 물꼬가 트이는 순간이 찾아오는데, 이렇게 '손 바뀜'이 활발해질 때 꿈틀거리던 가격이 한 차례 계단식으로 도약하곤 한다.

그런데 가격 변동이 더 극적으로 이루어지는 단지들이 있다. 바로 태생이 재건축·재개발인 곳이다. 그중에서도 신길뉴타운이나 개포동 주공아파트처럼 주변의 여러 구역이 한데 묶여 진행된 경우라면 교통망이 확장되고 거대 상권이 새로 유입되면서 그야말로 '천지개벽'할 수준의 드라마틱한 변화가 이루어진다.

[재건축 · 재개발 이후 아파트 가치의 변화]

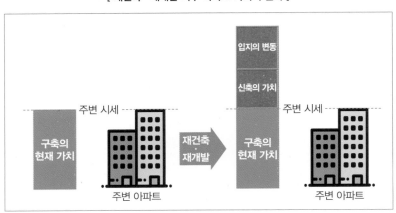

꺼진 입지도 다시 보자

지하철 2호선 이대역과 5호선 아현역 사이. 지금은 마포구의 '대장 아파트'가 된 마포래미안푸르지오도 이전에는 아현뉴타운 재개발 구역이었다. 영화 「신과 함께-인과 연」의 배경지인 북아현뉴타운은 아현뉴타운과 길 하나를 사이에 두고 마주 보고 있는데, 둘 다 비탈진 골목길에 주택들이 다닥다닥 붙어 있는 그야말로 달동네 중의 달동네였다.

[재개발 전후 북아현뉴타운의 변화(출처: 「신과 함께-인과 연」 예고편, 네이버 지도)]

그랬던 이들이 마치 한 편의 영화처럼 극적인 모습으로 탈바꿈했다.

그런데 혹시 이 사실을 알고 있는가? 지금은 모두가 선망하는 마포 래미안푸르지오는 2012년 분양 당시 '미분양단지'라는 오명을 썼다. 분양 직전, 그러니까 아현3구역이던 2011년 5월에는 24평 입주권이 약 4억 6000만 원(조합원분양가 3억 5000만 원+프리미엄 1억 1000만 원)에 거래되었는데, 1년 뒤 일반분양가는 5억 원대 초반에 형성되었으니 조합원분양가 대비 일반분양가가 조금 높다는 평이 시장에 돌았다. 게다가 당시는 부동산 침체기였다. 아현뉴타운 재개발의 1번 타자인 마포래미안푸르지오는 실거주자와 투자자 모두에게 큰 주목을 받지 못했다.

하지만 그랬던 과거도 잠시, 이후 마포래미안푸르지오의 시세는 마치 롤러코스터를 탄 듯 가파르게 상승했다. 2015년 첫 실거래가가 5억 5000만 원으로 형성된 이후 현재 시세는 일반분양가의 두세 배를 뛰어넘은 것은 물론, 주변에 마포자이3차와 신촌그랑자이, 힐스테이트 신촌, 마포프레스티지자이 등이 속속 입주하면서 가히 '아이돌급' 입지로 급부상했다.

한발 먼저 미래의 대장 아파트를 선점하라

마포래미안푸르지오처럼 사람들의 관심을 한 몸에 받으며 해당 지역의 시세를 견인하는 아파트를 '대장 아파트'라고 부른다. 투자자와 실수요자들의 매수 세포를 깨우고, 내 집 마련에 대한 사람들의 열망을 촉발시키는 단지로 이 같은 단지들의 청약 물량은 대부분 재건축과 재개발 구역에서 비롯되었다.

삼성동 복합 개발의 수혜지로 개포주공·시영 단지들을 재건축한 디에이치퍼스티어아이파크, 래미안블레스티지, 디에이치아너힐즈, 개포프레지던스자이, 개포래미안포레스트가 그랬고, 재건축·재개발 밭이라 불리는 경기도 광명시의 철산센트럴푸르지오도 철산주공4단지를 새롭게 탈바꿈한 단지다. 우리나라에서 평당 가격이 가장 높은 반포 아크로리버파크 역시 재건축의 역사가 서려 있는 단지이며, '분당이 아님에도 분양가가 비싸다'는 말이 무색해진 경기도 성남시의 산성역포레스티아도 성남 신흥주공을 재건축한 단지다.

나는 재건축과 재개발을 향해 가는 여정을 '보물찾기'에 비유하곤 한다. 누군가는 '그곳이 좋아지겠어?'라며 눈길도 주지 않지만, 진가를 아는 누군가는 보이는 모습 그 이상을 상상하며 누구에게나 공평하게 주어지는 '시간'을 투자해 '미래 가치'를 선점한다.

한 지역에 영원한 대장은 없다. 이제는 보물을 찾는다는 마음으로 내 주변에서 가장 소외받았던 지역부터 찬찬히 살펴보자. 당신이 오늘도 무심코 지나친 허름한 그곳이 미래에 대장이 될 바로 그 단지이니 말이다.

4

집이 있어도, 집이 없어도
재건축·재개발을 공부해야 하는 이유

"가진 현금이 별로 없는데 재건축·재개발을 꼭 알아야 하나요?"

주어진 여건에서 최선의 청약 전략을 짜도 번번이 고배를 마시는 사람들에게 내가 재건축·재개발을 권할 때마다 꼭 한 번은 돌아오는 대답이다. '부린이'들의 마음속에 재건축·재개발에 대한 두려움이 어찌나 크게 자리 잡고 있는지, 나는 매번 도돌이표처럼 되풀이되는 '돈이 없다'는 질문과 마주할 때마다 이 대답을 녹음해서 들려주고 싶을 정도다.

"돈이 없으니까 재건축·재개발을 하는 거예요."

시간은 누구에게나 하루 24시간 공평하게 주어진다. 흔히들 재건축·재개발을 '시간으로 하는 투자'라고 이야기하는데, 이런 면에서 재건축·재개발은 지금 당장 청약 가점을 가지지 않은 청년들에게 가장 값진 자산이 된다.

돈도 없고 '빽'도 없는 '흙수저'일지라도 시간과 정보에 있어서만큼은 '금수저'가 되어야 한다. 돈이 다 모일 때까지 신세 한탄만 하며 기다릴 게 아니라(애초에 돈이 다 모이는 순간은 오지도 않는다), 남들보다 빨리 정보를 습득해 시간을 내 편으로 만들어야 한다. 돈이 없을수록 돈을 모으는 시간 동안 공부를 병행해야 하고, 그래야만이 부의 기회를 내 편으로 만들 수 있다. 시간이 '금'인 재건축·재개발 투자를 공부해 모두에게 똑같이 주어지는 시간을 돈으로 바꾸는 기쁨을 누려보길 바란다.

1주택자 갈아타기에도 최고의 전략

재건축·재개발이 청약 당첨이 어려운 무주택자들에게 최선의 대안이라는 건 앞에서도 계속 이야기해왔다. 그렇다면 1주택자와 다주택자에게도 최선의 대안이 될 수 있을까? 나는 무주택자들만큼이나 1주택자와 다주택자도 재건축·재개발에 관심을 가져야 한다고 생각한다.

무주택자 입장에서야 최근 상승장에 집값이 오른 1주택자들이 마냥 부럽겠지만, 막상 1주택자들에게 속마음을 물어보면 전혀 다른 반응이 돌아온다.

"이 집을 팔아도 갈 데가 없어요."

내 집만 오른 게 아니라 남의 집도 덩달아 올랐기 때문이다.

살다 보면 생애주기에 따라 반드시 이사를 해야 할 시점들이 찾아온다. 아이가 태어나면서 지금보다 더 넓은 집이 필요하다거나, 아이가 학교 갈 시점에 좀 더 좋은 학군을 찾아야 하는 경우가 그렇다. 하지만 각종 규제로 대출을 받기가 어려워졌고 심지어는 아예 대출이 불가능한 지역도 있어서 1주택자라고 해도 더 나은 상급지로 옮겨 가기가 쉽지 않다.

우리는 이미 낡은 땅에서 새 아파트가 지어지는 기적을 상상했다. 아무리 허물어져가는 낡은 아파트라 해도 그 상태로 영원히 머물러 있지 않는다. 똘똘한 구축은 언젠가 반드시 환골탈태하기 마련이다. 만약 '입지'와 '신축'이라는 조건을 지금 당장 한 번에 거머쥘 수 없다면, 입지만이라도 확실한 내 것으로 만들어두면 어떨까? 적어도 10년 차 이하 신축 아파트보다 상대적으로 저평가되어 있을 것이다. 기존에 살던 집보다 열악한 환경에 직접 들어가 살 용기가 나지 않는다면 세를 낀 매물을 찾아 우회하는 방법도 고려해볼 만하다.

'똘똘한 구축'이라는 말을 꺼낸 김에 세금 문제로 포트폴리오를 고민하는 다주택자들에게도 한마디 보태고 싶다. 재건축·재개발의 가장 큰 장점은 '뛰어난 환금성'이다. 보통 투자자라면 전세 세입자를 낀 매물을 선호할 텐데, 재건축·재개발 사업이 일정 기간 이상 진행된 매물이 시장에 나온 경우 세입자가 살고 있을 확률이 높다. 또한 건물의 실물을 보지 않고도 앞으로 새 아파트가 될 건물의 미래 가치만 놓고 권리를 사고팔기도 한다. 물론 새 아파트로의 윤곽이 짙어질수록 진가가 드러나 '없어서 못 살' 만큼 수요가 폭발하기도 할 것이다. 그렇기에 매수와 매도가 쉽게 이루어져 집이 언제 팔릴지 전전긍긍하지 않아도 된다. 단기 투자를 선호하는 사람들에게 재건축·재개발은 은행처럼 뛰어난 환금성을 자랑하는 효자 상품이 될 것이다. (재건축·재개발은 세금 측면에서도 유리하다. 이와 관련한 이야기는 4장에서 자세히 다룬다.)

앞으로 10년, 새로운 물결에 올라타라

지난 10년간 서울은 재건축·재개발 역사에서 '잃어버린 10년'을 보냈다. 여러 정치적 이슈로 인해 재건축·재개발의 다음 단계를 승인해주지 않으니 청약 물량은 당연히 메마를 수밖에 없었던 것이다.

그러는 사이 서울은 너무 '늙어'버렸다. 오래된 구역에 살고 있는 기존 입주민들의 원성은 말할 것도 없고, 불안한 시장 상황에 수요가 공급을 압도하면서 수도권의 집값마저 함께 밀어 올려버렸다. 2021년 4월 서울시장 재보궐선거에 출마한 모든 후보의 핵심 공약이 '재건축·재개발 규제 완화'였던 만큼 이제 정치권에서도 '더는 지체할 수 없다'는 필요성을 인지한 듯하다.

이는 무엇을 의미할까? 앞으로 10년, 대한민국에서 내 집을 마련하려는 사람들은 반드시 재건축·재개발을 필수과목처럼 공부해야 한다는 시그널이 아닐까?

"당신은 새로운 물결에 올라탈 준비가 되어 있는가?"

아직 시장에 올라타지 못한 사람들에게, 아니 올라탈 엄두조차 내지 못했던 사람들에게는 재건축·재개발이 분명 새로운 기회가 될 것이다. 단지 익숙하지 않다는 이유로, 어렵고 복잡해 보인다는 이유로 이번에도 재건축·재개발을 외면한다면, 당신은 또다시 파도를 타고 저 편으로 넘어간 이들의 뒷모습만 바라보며 씁쓸한 눈물을 흘릴 것이다. 오히려 익숙하지 않기에 공부만 제대로 한다면 내게도 기회가 올 것이라고 생각하자. 어렵고 복잡하기에 더 큰 수익이 된다는 사실을 기억하자. 오늘도 누군가는 재건축·재개발이라는 보물찾기를 포기했다. 당신의 경쟁자가 한 명 줄어든 것이다.

오래 묻어둘수록 진가가 드러나는 집을 찾고 있는가? 단기적인 수익성을 최고의 투자 가치로 보고 있는가? 단언컨대 이 모두를 만족시킬 최상의 방법은 재건축·재개발이다. 아는 만큼 보이고, 보이는 만큼 기회를 잡는 법이다. 이 단순한 진리를 절대 잊지 말길 바란다.

2장

당신이 모르는
재건축·재개발이라는 기회

1

시간이 너무
오래 걸린다는 사람들에게

"돈 묶어놓고 기다려야 하는 거 아닌가요? 주위에서도 가망 없다고 하는데…."

결론부터 말하자면 그럴 수도 있고 아닐 수도 있다. 사업 초기에 투자하면 투자금은 적게 드는 대신 시간이 오래 걸리고, 어느 정도 사업이 무르익은 중·후기에 투자하면 프리미엄이 붙어 투자금은 상대적으로 더 드는 대신 사업에 속도가 붙어 그리 오래 기다리지 않아도 된다.

많은 사람이 '재건축·재개발'이라고 하면 '돈이 묶이고 오래 걸리는 투자'라고만 생각한다. 주위 사람들도 어쩌나 돈이 묶인 경험이 많은지 재건축·재개발 투자라고 하면 고개부터 내젓는다. 간혹 주택가를 지날 때 보면 "아직도 재개발 진행 중이야? 저래서 언제 신축이 들어서…"라고 수군거리는 곳도 있다.

하지만 이는 분명 편견이고 오해다. 나 역시 '부린이' 시절 이러한 오해로 큰 기회를 눈앞에서 놓쳐버린 경험이 있다.

때는 2013년 4월, 나는 과천주공7단지를 경매로 낙찰받았다. 당시 나는 속도전을 치르듯 발 빠르게 투자를 하고 있었다. 일단 경매로 물건을 싸게 낙찰받아서 집을 예쁘게 수리하고 시세보다 조금 높은 가격에 되파는 전략이었다. 내게 과천주공7단지도 그런 물건 중 하나였다. 오죽했으면 안양지법에서 낙찰을 받고 걸어 나오는 길에 곧바로 인테리어 소장님께 전화를 걸어 구두로 수리 계약까지 마쳤을까.

그렇게 인테리어 공사를 한창 하고 있을 무렵 같은 층에 사시던 할머니 한 분이 나를 찾아왔다.

"아니, 새댁. 금방 부술 아파트를 뭐 하러 수리해?"

그 말을 듣고 속으로 나는 이렇게 생각했다.

'거짓말. 엄청 늦어질 게 뻔한데.'

그도 그럴 것이 당시 과천은 재건축 진행이 전반적으로 지지부진한 상태였다. 일부 입주민이 재건축 반대 비상대책위원회를 꾸리면서 이런저런 제약이 많았다. 시간이 지체될 수밖에 없는 일이 주변 단지에서 연이어 생겨났다. 7단지라고 해서 다를 리 없다고 생각했다.

그러던 중 집으로 종이 한 장이 날아왔다. '조합설립동의서'였다. 첫 집을 재건축 물건으로 마련했던 터라 조합원 안내 책자 같은 건 여러 번 받아봤어도 그때마다 언제 입주하는지, 얼마가 더 필요한지만 봤지

구체적인 절차에 대해서는 꼼꼼히 공부해볼 생각조차 하지 못했다.

'조합설립동의서? 이거 받는다고 금방 새 아파트가 되는 것도 아닌데 뭐.'

그렇게 나는 그 종이를 저기 구석 어딘가로 멀찍이 치워두었다.

내부 수리를 마치고 집을 팔기 위해 부동산을 찾았다. 소장님은 고개를 갸웃거리더니 내게 '상가가 똘똘 뭉쳤다'는 소식을 들려주었다. 그말을 듣고도 나는 재건축·재개발에 대한 오해와 편견을 내려놓지 못하고 결국 집을 내놓고 말았다. 과천은 상가 때문에 재건축·재개발 진행이 더디다는 걸 잘 알았음에도 막상 그 리스크가 상쇄되었을 때 생길 수 있는 일은 미처 예상하지 못한 것이었다.

결과적으로 과천주공7단지는 경매로 낙찰받은 지 5개월 만에 내 손을 떠났다. 하지만 과천주공7단지가 내게 온 시점부터 래미안과천센트

[과천주공7단지 재건축 사업 진행 일정]

안전진단	정비구역지정		추진위 승인	조합설립인가	사업시행인가	관리처분인가	착공일	일반분양일	준공일
	최초	변경							
2010. 05.06	2011. 12.29	2012. 03.19	2012. 06.19	2013. 07.17	2014. 10.31	2015. 07.10	2016. 04.28	2016. 05.24	2018. 07.25

2013.04.02 경매 낙찰

럴스위트가 되기까지 걸린 시간은 단 5년이었다. 조합 설립조차 되지 않았던 아파트가 3년 만에 착공에 들어갔고, 그로부터 2년 뒤 보란 듯이 새 아파트로 탈바꿈한 것이다. 5개월이 아닌 5년을 기다렸다면 나는 과천주공7단지로 수십 억 원의 시세 차익을 거뒀을 텐데 말이다.

돌이켜보면 나는 총 세 번의 시그널을 놓쳤다. 인테리어 공사를 할 때 찾아왔던 할머니의 말을 한 번이라도 곱씹어 생각했더라면, '조합설립동의서'라는 중요한 종이를 치워버리지 않고 자세히 들여다봤더라면, 상가가 똘똘 뭉쳤다는 부동산 소장님의 힌트를 알아챘더라면 어땠을까? 무려 세 번이나 기회가 있었지만 '재건축·재개발은 무조건 오래 걸린다'는 내 오해와 편견을 깨지 못했다. 그리고 이 경험은 지금까지도 내게 뼈아픈 '흑역사'로 남아 있다.

불확실성을 제거해 시간을 단축하는 방법

조합원 한 명이 발 벗고 나선다고 해서 재건축·재개발의 진행 속도를 통제할 순 없다. 재건축의 경우 안전진단도 받아야 하고 주민들에게 조합설립 동의도 받아야 한다. 이후 관리처분계획 단계가 되면 조합원들의 이해관계도 넘기 힘든 산임에 틀림없다. 그래서 각각의 절차와 그 절차의 속성에 대해 철저히 공부해야 한다. 사업의 속도를 늦추는 요인들을 알고 사전에 솎아낼 줄 안다면 입주까지 빠르게 진행될 물건들을 판별해 내 것으로 만들 수 있다.

지금부터의 이야기는 오랜 시간 현장을 발로 뛰어본 사람만이 알 수 있는 노하우다. 부동산 애플리케이션이나 지도만 봐서는 절대로 이런 정보를 얻을 수 없다.

먼저 재개발 현장에서는 단독주택과 빌라의 비율을 파악해야 한다. 대지 면적이 같은 땅에 각각 단독주택과 빌라가 들어서 있다면, 단독 주택에는 단 한 장의 조합원 입주권만 주어지지만 빌라에는 가구마다 입주권이 다 돌아간다. 만약 당신이 단독주택 소유주라고 생각해보자. 같은 면적의 땅을 주고 바로 옆 빌라에서는 여러 명의 사람이 여러 채의 새 아파트를 나눠 갖는데, 자신에게는 단 한 채만 준다고 한다. 어떠한가? 그래도 억울할 테니 빌라 사람들보다는 더 넓은 집을 받는 조건으로 마음 정리를 할 수 없겠느냐고 묻는다. 쉽게 동의하고 싶은가? 이처럼 구역 내에 단독주택이 많다면 사업 진행이 더딜 가능성을 한번쯤 의심해보는 게 좋다.

재건축 추진 구역에서는 아파트 전체의 단합도 중요하지만 동마다 서로 다른 잡음이 발생할 우려는 없는지 주의 깊게 살펴야 한다. 재건축 조합은 전체 구분소유자 중 75% 이상의 동의를 받았을 때 설립이 가능한데, 동시에 개별 동마다 50% 이상의 동의도 필요하다. 즉, A동의 소유주 99%가 동의를 했어도 B동에서 49%만 동의를 했다면 재건축 진행이 불가한 것이다. 이럴 땐 동의율이 낮은 동만 빼고 재건축하자는 의견이 나오기도 한다.

대개 어떤 경우 이러할까? '한강뷰'와 같이 단지 내 특수한 영구 조망을 누리는 동이 포함된 경우가 대표적이다. 동·호수 추첨 결과에 따라 완전히 뒷 동으로 밀려날 여지가 있다면 당연히 '한강뷰'를 누리고 있는 사람들이 반발할 여지가 크다. 조망권을 보장한다는 내용을 조합 정관에 기재해야 할지, 기재한다면 어떤 식으로 써야 할지를 논의하고 결정하는 동안 시간은 지체될 수밖에 없다.

실제로 신반포2차의 경우 2003년 재건축 추진위원회 승인을 받았지만 조합설립을 둘러싸고 갈등이 발생해 재건축 사업이 지지부진해졌다. 한강변 6개 동을 중심으로 조합설립동의서를 작성하지 않겠다고 목소리를 냈고, '재건축 이후에도 한강 조망권을 얻을 수 있게 조합 정관을 만들지 않으면 조합설립동의서를 작성하지 않겠다'는 움직임이 일었다. 그리고 이러한 갈등은 비단 신반포2차에서만 벌어지는 게 아니다.

재건축과 재개발을 통틀어 상가나 종교시설, 학교 등도 사업의 속도를 늦추는 요인이 된다. 당장의 생계와 직결된 문제인 데다가 새 아파트로 거듭난 이후에도 이들 역시 좋은 자리를 차지하고 싶어 하기 때문이다. 특히 아이들이 다니는 학교를 옮기는 일은 산 하나를 옮기는 일과 같다고 한다. 그만큼 공간의 특성상 위치를 쉽게 옮길 수 없다는 특수성을 안고 있어서, 구역 한가운데에 학교가 콕 박혀 있으면 정비사업 추진에 적잖은 진통이 예상된다.

재건축·재개발 구역을 임장할 때는 단지 눈으로만 그 구역을 훑는 정도로 그쳐서는 안 된다. 때로는 구역 내 단독주택 소유주가 되어보기도 하고, 때로는 상가의 주인이 되어보기도 하면서 각자의 입장을 헤아려보아야 한다. 그들의 입장이 되었을 때 '조금 곤란하겠는데?'라는 생각이 자주 든다면 그 구역은 과감히 후순위로 미뤄도 좋겠다.

B급 전략도 전략이다

다시 한번 강조하건대 우리의 목표는 '새 아파트에 입주하는 것'이다. 그 목표가 하루라도 빨리 성사되어 넓고, 깨끗하고, 쾌적한 환경에서 살게 된다면 더없이 기쁠 것이다. 우리는 이 치열한 속도전에서 승기를 잡아야 한다.

나는 청약을 강의할 때 항상 'B급 전략'을 강조해왔다. 모두가 주목하는 '트리거(Trigger, 방아쇠) 아파트'에, 누구나 선호하는 판상형 구조만 바라볼 게 아니라, 주변의 B급 아파트 중에서도 경쟁률이 낮은 비선호 타입을 노려 당첨 확률을 높이는 전략이다. 집을 포함한 모든 자산은 '내 것'이 되었을 때 진정한 의미가 있다. 트리거 아파트에 수백 번 청약을 넣는다고 한들 어마어마한 경쟁률에 치여 매번 낙방의 고배를 마신다면 그게 무슨 의미가 있을까. 트리거 아파트가 나오면 그 지역의 시세는 함께 오르기 마련이고, 트리거 아파트에 영향을 받은 B급 아파트값 역시 덩달아 오른다.

재건축·재개발도 마찬가지다. 나는 오히려 '누가 봐도 대장 아파트' 인 단지에는 섣불리 진입하지 않는다. 구역도 넓고, 초역세권에, 모두 의 입에 오르내리는 그야말로 '핫한' 단지에는 일부러 투자하지 않는 것이다. 대장 아파트에는 그만큼 이해관계자가 많고, 주변의 다른 아 파트를 압도할 만한 최고의 퀼리티를 끌어올리고자 조합원들의 욕심 도 많이 반영될 수밖에 없기 때문이다. 즉, 속도를 높여야 할 시점에 의 견이 한데 모아지기가 힘드니, 주변의 다른 구축 아파트가 모두 입주를 마치고 수년이 지날 때까지 사업이 지지부진한 경우가 허다하다. (물론 입주를 마치고서는 가장 큰 수익을 안겨줄 수 있다.)

'강남권의 대장 아파트'라 불리는 잠실주공5단지는 인근의 잠실주공 1~4단지가 소위 '엘리트'라 불리는 잠실엘스·리센츠·트리지움과 레 이크펠리스로 탈바꿈했음에도, 2003년 처음 재건축 추진위원회가 설 립된 이래 19년이 지난 지금까지도 아직 재건축의 최종 관문을 통과하

[**서울 주요 대장 아파트 재건축 추진 기간**(2021년 7월 기준)]

아파트명	추진위원회 설립연도	사업 단계
신반포1차(한신1차) → 아크로리버파크	1994년	2016년 입주
개포주공1단지 → 디에이치퍼스티어아이파크	2003년	2024년 입주
신반포15차 → 래미안원펜타스	2003년	일반분양 예정
은마아파트	2003년	추진위 승인

지 못하고 있다. 서울의 정중앙이자 한강변에 대체 불가능한 최고의 입지를 보유한 한남뉴타운도, 2003년 11월 같은 시기에 서울시 2차 뉴타운에 지정된 아현뉴타운, 가재울뉴타운이 속속 새 아파트 점등식을 하며 천지개벽을 알리는 동안, 아직 단 한 구역도 분양에 이르지 못하고 있다. (특히 서울시는 다른 지자체에 비해 절차가 까다롭고 이해관계가 복잡한 편이다.)

속도에 대한 답은 항상 현장에 있다. 직접 거주할 집을 고를 때도, 투자를 할 때도 일단 한번 가봐야 한다. 용적률과 건폐율 등 숫자는 말해주지 않는 사업성의 핵심을 현장에서 찾길 바란다. 이 책을 읽고 한 번이라도 재건축·재개발 구역에 가본다면 절반은 성공이다. 생각보다 가까운 곳에서 기회가 꿈틀거리고 있을지도 모를 일이다.

2

돈이 없어서
못 한다는 사람들에게

지금 무주택자에게 가장 권하고 싶은 투자가 "재건축·재개발"이라고 말하면, 열에 아홉은 콧방귀를 뀐다. 무주택자에게 그만한 돈이 어디 있겠냐는 이야기다. 재건축·재개발은 왠지 부동산에 도가 튼 고수들의 영역처럼 느껴지고, 하루에도 수십 번씩 '재건축 소식에 집값 상승'이라는 뉘앙스의 기사와 마주하기 때문일 것이다.

나도 처음에는 이번 장을 통해 "청약보다도 더 싸게 새 아파트를 사는 방법이 재건축·재개발이다"라는 메시지를 강조하려고 했다. 이건 거짓이 아닌 진실이다. 청약으로 나온 일반분양가는 보통 조합원분양가에 프리미엄과 시세 차익을 얹어 형성되기 때문이다. 하지만 계약금과 중도금(6회), 잔금으로 나눠서 값을 치르는 청약과 달리, 재건축과 재개발에는 한 번에 큰 목돈이 들어간다. 여기에 부동산 시장마저 뜨겁게 달아오른 상황이니 자고 일어나면 올라 있는 집값에 망연자실한 마음도 충분히 이해된다.

그렇다면 '부린이들'에게 영영 재건축·재개발은 답이 될 수 없을까? 왜 아임해피는 지금 무주택자들에게 가장 좋은 투자처로 재건축·재개발을 꼽았느냐는 말이다. 그 답은 일생에 한 번 재건축·재개발을 공부한 사람에게만 보이는 기회가 눈앞으로 성큼 다가왔기 때문이다.

거두절미하고, 당신에게 지금 돈이 없다면 '초기 재개발'을 노려야한다. 단언컨대 싸다. '서울에 아직 이 가격이 남아 있었어?' 하는 마음이 절로 들 만큼 말이다. 그리고 이런 물건은 늘 해당 지역을 관심 있게 지켜보던 누군가에 의해 시장에서 반나절 만에 사라져버린다. 애초에 저렴한 매물이 시장에 없었던 게 아니라, 본인이 바로바로 발견을 못했던 것뿐이다.

물론 초기 재개발에 쉽게 뛰어들지 못하는 그 공포도 십분 공감한다. 나 역시 투자를 '감(感)'에 의존하던 시절에는 사업시행인가 이전의 물건은 쳐다보지도 않았다. 무서웠다. '구역 지정이 어그러지면 어떡하지?', '플래카드만 화려한데 괜히 사기당하는 거 아니야?' 하는 걱정을 사서 하고 싶진 않았기 때문이다.

그런데 지금은 자신 있게 들어갈 수 있다. 공부를 하면 할수록 확신이 차올라서이고, 지금 초기 재개발 구역 주민들의 단합력이 분명한 시그널을 보여주고 있기 때문이다. 저 앞에 복(福)이 데굴데굴 굴러다니고 있는데, 어떻게 모른 척하고 있을 수 있느냐는 말이다.

나는 여러분의 다음 질문이 예상된다. 그리고 그 답을 지금 미리 들려주려 한다.

"아임해피라서 보이는 게 아니냐고요? 아닙니다. 현장에서 들려오는 목소리에 귀를 기울이다 보면, 정신을 똑바로 차리지 않을 수가 없게 될 것입니다."

초기 재개발을 노려라

나는 요동치는 시장의 분위기를 전혀 생각지도 못했던 공공주도 재개발 후보지에서 읽었다. 2021년 초, 변창흠 전 국토교통부 장관이 「2·4 부동산대책」(이하 '2·4 대책')을 발표하며 '3080+ 대도시권 주택 공급방안'을 내놓을 당시만 해도 시장의 반응은 냉담했다. (민간이 주도하는 재개발 사업의 대안으로, 본격적인 내용은 11장에서 다룬다.) 발표일 이후에 후보지에서 집을 매수한 사람은 현금청산을 당한다고 하니, 매수·매도조차 할 수 없는데 과연 몇 명이나 동의를 할까 싶었기 때문이다. (나중에 현금청산 기준일이 2021년 6월 28일로 한 차례 유예되기는 했다.)

그런데 모두가 반대하고 나설 줄 알았던 후보 지역의 사람들은 오히려 보란 듯이 의기투합을 했고, 대책이 발표된 지 두 달여 만에 주민동의율을 50%나 넘긴 구역도 속속 등장했다. '이것 아니면 답이 없다'는 절박함이 주민들의 마음을 부추긴 것이었다.

후보지에서 본 지구로 지정되기 위한 필수 사업 요건(주민동의율 67%)을 가장 먼저 채운 구역은 증산4구역이다. 과거에 이미 수색·증산뉴타운으로 지정됐다가 '일몰제'(사업이 지연되면 정비구역 자체가 해제되는 것)까지 당한 이력이 있던 곳으로, 이번 공공주도 재개발만큼은 최후의 보루로 꼭 사수해야 한다는 의지가 강력했다.

왜 이번에는 달랐을까? 주변이 천지개벽했기 때문이다. 증산4구역이 속해 있던 수색·증산뉴타운 내 다른 구역들이 연달아 분양에 성공하며 말 그대로 '천지개벽' 분위기를 이끌었다. 수색4구역을 재개발한 DMC롯데캐슬더퍼스트는 입주를 두 달여 앞둔 시점인 2020년 2월에 이미 일반분양가의 두 배가 넘는 금액으로 분양권이 거래됐다. 또한 증산2구역(DMC센트럴자이), 수색6구역(DMC파인시티자이), 수색7구역(DMC아트포레자이)이 동시에 일반분양한 2020년 8월에는 6만여 개의 청약통장이 한꺼번에 수색·증산으로 몰리며 최고경쟁률 128.7 대 1을 기록하기도 했다.

이처럼 수색·증산뉴타운은 물론 신길뉴타운, 아현뉴타운 등 서울 뉴타운 지역의 시세 상승이 본격적으로 가시화되면서, 그동안 주춤하던 초기 재개발 구역의 움직임이 눈에 띄게 활발해지고 있다. 한 블록을 사이에 두고 희비가 엇갈리는 상황에서 '우리도 더는 지켜볼 수만은 없다'는 주민들의 뜨거운 의지가 낡은 구역의 분위기를 180도 바꿔놓은 것이다.

지난 2~3년 전만 해도 손도 못 대던 초기 재개발은 이제 그 열기를 실감할 수 있을 정도로 손에 잡히는 구체적인 '상(像)'이 됐다. '이곳이 과연 오를까?' 싶었던 의심이 '오를 수밖에 없다'는 확신으로 돌아선 것이다. 시장에 큰 영향을 미치는 '심리'가 바뀌었기 때문이다.

물론 그렇다고 해서 아무 구역에나 무턱대고 뛰어들라는 말은 절대 아니다. 주변에 재건축 또는 재개발로 탄생한 대장 아파트가 반드시 있어야 하고, 이를 바탕으로 최소한 스스로 눈에 보이는 안전마진은 계산해볼 수 있어야 한다. 다시 한번 강조하건대 재건축·재개발로 탄생한 새 아파트는 시세 상승을 일으키고, 그 주변은 반드시 함께 따라 올라간다. 한편 실거주까지 해야 할 물건을 고른다면, 애매한 20년 차 구축보다는 30년 연한에 가까운 대단지 아파트에 들어가는 것도 똑똑한 전략이다.

초기 개발 단계에 들어갈 때는 갑자기 구역이 해제되면 어쩌나 하는 두려움이 밀려오기도 한다. 하지만 현장에서 지금 느껴지는 분위기를 한 번이라도 감지한다면 이런 불안은 상당 부분 떨칠 수 있으리라고 확신한다. (반드시 리스크도 함께 꼼꼼히 살펴야 한다. 이는 4장에서 자세히 다룬다.)

서울에 이토록 분양하는 물량이 없고, 서울에 이토록 살기를 원하는 사람이 많은데 언제까지 '왜 나는 번번이 청약에 실패할까?' 하는 생각에 머물러 있을 것인가? 눈치 빠른 누군가는 이미 몸을 움직여 현장으로 향했다. 그리고 지금 눈치를 보는 누군가는 단 1~2년 안에 '똑똑한 구축'이 가진 저력을 깨닫게 될 것이다. 아직까지도 눈치 없는 누군가만 자신의 턱없이 낮은 청약가점은 새카맣게 잊은 채 누구나 이름만 들으면 알만 한 아파트의 청약만 노리고 있을 것이다. 부동산은 살아 움직이는 생물이다. 들숨과 날숨에 따라 변화하는 시장 흐름에 발맞춰 지금 시대에 꼭 맞는 새로운 전략을 짜야 한다.

더불어 '서울만이 정답은 아니다'라는 결단을 내릴 수 있다면 선택 지는 훨씬 더 많아질 것이다. 서울을 공부하며 허탈해진 마음을 다른 지역을 공략하며 충만함으로 바꾸어가길 바란다. 부동산의 가치는 어느 한 지역만 불쑥 상승하고 그치지 않는다. 결국은 돌고 돌아 같은 방향으로 흐르게 되어 있다. 어디가 늦고, 어디가 빠르냐의 문제일 뿐이다. 한 번의 발걸음으로 완벽한 곳에 안착하겠다는 욕심은 버리고, '징검다리 전략'으로 무대를 넓게 보길 바란다.

끝까지 가져가야 한다는 편견

재건축·재개발 사업으로 얻은 입주권을 입주 시점까지 가져가는 조합원은 전체의 몇 퍼센트나 될까? 실제로 10퍼센트도 채 되지 않는다고 한다. 왜 그럴까? 이는 '오래 기다리기 싫어서'라기보다는 '시세차익을 누리고 더 빨리 더 좋은 곳으로 옮겨가고 싶어서'라고 해석하는 게 맞을 것 같다. 부동산을 공부하면 공부할수록 보이는 게 더 많고, 살아보면 살아볼수록 또 달리 느껴지는 게 많기 때문일 것이다. 내 강의를 듣는 수강생 중 열의 아홉이 "아임해피님, 제가 그때 조금 더 무리를 해서라도 지금 투자한 곳보다 더 좋은 구역의 입주권을 살 걸 그랬어요"라고 고백하는 걸 보면 이건 비단 나만의 생각은 아닌 듯싶다.

조합원들의 동의율이 높은 구역 내 재건축·재개발 물건은 절차가 빠르게 진행된다. 정비사업의 핵심은 '속도'라고 했다. 그만큼 빠른 구역의 물건은 매수를 대기하는 사람들이 많다. 언제든지 내가 팔고 싶을 때 팔 수 있어서 부동산이 현금으로 전환되는 환금성이 뛰어나다.

또한 '정비구역 지정 → 조합설립인가 → 사업시행인가 → 관리처분인가 → 일반분양'이라는 재건축·재개발의 다섯 단계를 순차적으로 밟아갈 동안 시세는 계단식으로 오른다. 별 탈 없이 사업이 진행된다는 전제하에, 보유하고 있는 기간이 길어질수록 가치는 큰 폭으로 상승하는 셈이다. 눈앞에 좋은 투자처를 두고 당장 현금이 없어서 고민해본 적 있는 사람이라면, 재건축·재개발의 이 같은 이점이 얼마나 유용한지를 잘 알고 있을 것이다. (물론 세금과 관련해서는 계산을 잘해야 하며, 전매제한 기간에는 재건축·재개발도 매수·매도가 어려우니 조심해야 한다. 전매제한 기간에 관해서는 4장에서 자세히 다룬다.) 반드시 입주를 목표하지 않아도, 즉 중간에 물건을 팔아도 재건축·재개발의 장점은 차고도 넘친다.

나는 무주택자일수록 혹은 돈이 없을수록 재건축·재개발을 공부해야 한다고 외치고 싶다. 2021년 4월부터 고정 출연한 유튜브 〈신사임당〉의 '부동산 좀 아는 선배' 코너에서도 매주 쏟아지는 재건축·재개발 관련 기사를 브리핑하며 "제발 사세요!" 하는 말이 목구멍까지 치솟아 올랐다. 어렵다고 해서 무턱대고 덮어두지 말라고, 지금은 꽤 괜찮은 시장이라고, 나를 믿고 공부를 시작하면 바로 달려가야 할 집들이 눈앞에 보일 것이라고, 도시락을 싸들고 다니며 한 명 한 명 붙잡고 얘기하고 싶었다.

지금 이 순간에도 "나는 그럴 돈이 없다"라며 푸념하고 있지는 않은가? 이런 마음가짐은 '평생 내게는 돈이 없을 거야'라고 스스로에게 주문을 거는 것과 다름없다. 나날이 성장할 자신의 가치를 믿어라. 당신은 언제까지나 '돈이 없는 사람'에 머물러 있지 않을 것이다. 음식도 급하게 먹으면 체하듯이, 돈이 마련되고 나서야 공부를 시작하면 조급한 마음에 잘못된 선택을 하게 될 가능성이 높다. 그러면 모든 걸 잃게 될 수도 있다. 남들보다 또 한발 뒤처지지 않으려면 수중에 돈이 없더라도 지금 당장 공부를 시작해야 한다.

소화기관이 약한 갓난아기는 아무리 좋은 소고기를 사줘도 스스로 소화하지 못한다. 하지만 그렇다고 해서 언제까지나 채소만 먹고 살 수 없는 노릇이다. 아이가 성장하는 데 단백질은 꼭 필요한 영양소이기 때문이다. 지금부터 나는 이토록 '맛있는 소고기'가 있다는 것을 여러분에게 보여주려고 한다. 아직은 혼자서 씹고 삼키는 데에는 익숙하지 않을 테니 천천히 한 입씩 떼어서 입에 넣어줄 생각이다. 이를 온전히 자신의 것으로 소화하는 건 여러분의 몫이다. 재건축·재개발이 향후 10년 대한민국 부동산의 미래라는 것은 이제 부인할 수 없는 사실이다. 부디 여러분이 이 여정을 나와 함께 완주하기를 진심으로 바란다.

2부

하루라도 더 빨리
미래가치를 선점하라

3장

"조합이 사업을 관리한다!"
이토록 심플한 재건축·재개발 5단계

1

재건축과 재개발,
무엇이 다를까?

본격적인 사업 진행 절차를 살펴보기에 앞서 '재건축'과 '재개발'의 차이점부터 짚고 넘어가보자. 강의에서 처음 만난 사람들에게 "재건축과 재개발의 차이를 아나요?"라고 물어보면 "둘이 같은 거 아닌가요?"라고 되묻는 경우가 종종 있다. 물론 노후한 기존 주택을 허물고 새 아파트를 짓는다는 목적은 같지만, 두 사업은 세부적인 성격과 그 사업을 가능하게 하는 조건 등이 엄연히 다르다.

보편적으로 재건축은 낡은 아파트를 부수고 그 자리에 새 아파트를 짓는 사업이다. (단독주택 재건축 사업도 있다.) 반면 재개발은 빌라나 단독주택들을 허물고 도로까지 정비한 후에 새 아파트를 짓는 사업이다. 즉, 재건축은 정비기반시설은 '양호하나' 노후·불량 건축물이 밀집한 지역에서 주거환경을 개선하기 위해 시행하는 사업이라면, 재개발은 정비기반시설까지 '열악한 데다가' 노후·불량 건축물이 밀집한 지역에서 시행하는 사업이다. 재건축이 눈과 코와 입을 예쁘게 다듬는 '성형수술'이라면, 재개발은 골격과 뼈대 자체를 완전히 바꾸는 '정형수술'인 셈이다.

[재건축(위)과 재개발을 추진하는 지역 비교(출처: 구글지도)]

소방차가 다닐 수 있는 길인가, 아닌가?

머릿속에 소방차 한 대를 떠올려보자. 그리고 그 소방차가 불을 끄러 달려가는 모습을 상상해보자. 위태위태한 노후 주택들 사이로 소방차 한 대조차 도저히 지나다닐 수 없을 만큼 좁은 길이 구불구불 이어지는가? 그렇다면 그곳은 바로 '재개발' 구역이다. 반면 아파트는 조금 낡고 주차 공간도 협소하지만, 반듯반듯한 도로 위로 소방차 한두 대는 거뜬히 지나다닐 수 있는 곳이라면 그 구역은 '재건축'을 시행한다.

바로 여기서 재건축과 재개발의 첫 번째 차이점이 드러난다. 재개발은 낙후된 지역을 개선하려는 '공익(公益) 목적'을 지니는 데 반해, 재건축은 해당 아파트 주민들의 삶의 질을 개선시키려는 '사익(私益) 목적'을 지닌다. 이 때문에 사업을 진행시키기 위해 충족시켜야 할 요건도 서로 다르다.

[사업 목적과 충족 요건에 따른 재건축과 재개발의 차이]

구분	재건축	재개발
사업 목적	사익 측면이 강함	공익 측면이 강함
충족 요건	안전진단 통과	노후도, 접도율 충족 등
세입자 대책	없음 (서울 단독주택 재건축은 있음)	세입자 주거이전비, 영업보상비 등 있음

앞서 소방차를 예로 들어 설명했듯이 재개발을 시행할 때에는 주거정비지수제(주거지역의 정비필요도를 점수화해 재개발 구역 지정의 기준으로 삼는 제도)에 따라 '노후도'(구역 내 노후·불량 건축물의 수가 전체 건축물의 3분의 2 이상인지)와 '주택접도율'(폭 4m 이상 도로에 접한 주택의 비율은 얼마나 되는지)을 가장 비중 있게 따진다. 반면 재건축은 지자체에서 시행하는 '안전진단'이란 문턱을 넘어야 하고 이는 아파트가 처음 건축된 지 '30년째'가 되는 시점부터 시도가 가능하다.

사업의 목적이 공익인가 사익인가에 따라 세입자를 위한 대책도 갈린다. 재개발을 진행할 때에는 구역 지정 전부터 그곳에 거주하던 세입자들을 위해 주거 이전비를 지원하는 등의 대책이 함께 마련된다. 더불어 해당 구역에서 오랫동안 장사를 해오던 상가 세입자에게도 소위 '바닥권리금'이라고 하는 영업보상비를 지원해준다. (영업보상비는 무형의 자산을 평가해 책정되는 금액인 만큼 때때로 분쟁의 불씨가 되기도 한다.)

하지만 사익 목적이 강한 재건축 사업에는 세입자를 위한 이주민 대책이 없다. 물론 주택의 소유자인 조합원에게 나오는 이주비 대출로 세입자의 보증금만큼은 보장이 되지만, 해당 주택이 철거된 이후 머물 거처는 세입자 스스로 알아봐야 한다. 마찬가지로 상가 세입자를 위한 영업보상비도 지원되지 않아서 상가의 반대가 재건축의 속도를 좌지우지하는 경우도 종종 발생한다.

다음의 표를 통해 알 수 있듯이 조합원이 되는 자격도 조금씩 다르다. 재건축은 비교적 심플하다. 기존 아파트의 한 호수별로 조합원 자

구분	재건축	재개발
조합원 자격 조건	구역 내 소재한 건축물 및 그 부속 토지를 동시에 소유한 자	구역 내 소재한 토지 또는 건축물 소유자 및 지상권자 (토지 소유자의 토지를 사용할 수 있는 권리를 가진 자)
조합설립을 위한 필수 동의율	토지등소유자 3/4 이상 & 동별 구분소유자 1/2 이상 & 토지 면적의 3/4 이상 동의	토지등소유자 3/4 이상 & 토지 면적의 1/2 이상 동의
현금청산	'매도청구'라고 한다	'토지수용'이라고 한다
초과이익환수제	있음	없음

격이 부여된다. 한편 재개발은 그보다 더 폭넓게 권리가 부여된다. 다가구주택의 소유자에게도, 단독주택의 소유자에게도, 상가 건물 소유자에게도 권리를 주는 것은 물론 땅만 갖고 있다거나 심지어 무허가건물을 소유했을 때에도 조합원 자격을 부여한다. (1989년 3월 29일 이전부터 존재한 무허가건물은 그 목적이 주거용으로 인정된다면 조합원 권리를 부여한다. 다만 반드시 해당 조합에 문의한 뒤 매수를 결정하길 바란다.)

이 밖에도 조합을 설립하기 위해 해당 구역 소유자들에게 받아야 하는 필수 동의율도 재건축과 재개발이 서로 다르다. 또한 조합원의 자격을 포기하고 현금청산을 받을 때에도 재건축 사업에서는 '매도청구권을 사용한다'고 표현하는 반면, 재개발 사업에서는 '토지가 수용된다'고 말한다.

재건축에만 있는 세금, 초과이익환수제

재개발과 달리 재건축에서는 꼭 알아야 하는 개념이 있다. 바로 '초과이익환수제'다. 단어가 좀 어려워 보이지만 쉽게 풀어서 설명하면 간단하다. 조합원의 넘치는(초과) 이익을 다시 거두어들이겠다(환수)는 뜻이다.

재건축에 투입된 비용과 주변 단지의 집값 상승률을 고려하고서라도 조합원 각자의 이익이 평균 3000만 원을 넘을 때 이 중 최고 50퍼센트를 세금으로 징수한다. 이렇게 거둔 돈은 도로를 넓히고 공원을 조성하는 등 주변 환경을 정비하는 데 사용된다.

재건축 초과이익환수제는 2017년 12월 31일 이후 관리처분인가(총 다섯 단계 중 네 번째 단계)를 신청한 전국의 모든 재건축 조합에 해당한다. 반포주공1단지 내 1·2·4주구는 2017년 12월에 관리처분인가를 신청해서 재건축 초과이익환수제를 아슬아슬하게 피해갔다. 2013년 9월에 조합설립인가(총 다섯 단계 중 두 번째 단계)를 받은 반포주공1단지 1·2·4주구는 이후 사업이 지지부진하게 정체되다가, 재건축 초과이익환수제 부활 소식에 부리나케 사업시행인가(총 다섯 단계 중 세 번째 단계)를 신청하고는 그로부터 4개월 만에 관리처분인가까지 신청했다. 반면 같은 단지 내 3주구는 2017년 12월 31일 이후 관리처분인가를 신청하여 서초구청으로부터 조합원 한 명당 약 4억 원의 환수금을 통보받기도 했다. (최종 확정 금액은 아니다.)

우리 단지가, 혹은 내가 매수하려는 단지가 재건축 초과이익환수제

대상인지 아닌지는 조합에 문의하면 손쉽게 알 수 있다. 초과이익환수제 대상이라고 해서 미리 경계할 필요는 없다. 이익이 아주 클 때만 환수하겠다는 의도인 만큼 초과이익환수 대상이 된다면 본인의 투자가 그만큼 성공적이었다고 생각하면 그만이다.

참고로 재건축 초과이익환수금은 조합설립 추진위원회 승인일로부터 입주 시 공시가격을 기준으로 계산한다. 즉, 입주 전에 매도했다면 이를 부담하지 않고 매수한 사람에게 전가할 수 있다.

정부의 부동산 정책은 시대에 따라 또는 부동산 경기에 따라 변화하기 마련이다. 재건축 초과이익환수제 역시 2006년 처음 시행된 이후 2013~2017년에 잠시 유예된 적이 있다. 주택시장이 침체될 수 있다는 우려 때문이었다. 오늘날처럼 정부의 정책이 시장에 깊숙이 관여하는 때일수록 우리는 정책의 흐름에 민감해져야 한다. 신문이나 뉴스 등

[재건축 초과이익환수금]

조합원 1인당 평균 이익(부과기준)	조합원 1인당 부과
3000만 원 이하	면제
3000만 원 초과 ~ 5000만 원 이하	3000만 원 초과 금액의 10%
5000만 원 초과 ~ 7000만 원 이하	200만 원 + 5000만 원 초과 금액의 20%
7000만 원 초과 ~ 9000만 원 이하	600만 원 + 7000만 원 초과 금액의 30%
9000만 원 초과 ~ 1억 1000만 원 이하	1200만 원 + 9000만 원 초과 금액의 40%
1억 1000만 원 초과	2000만 원 + 1억 1000만 원 초과 금액의 50%

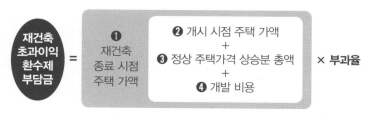

❶ 종료 시점 : 준공인가일 또는 건축물의 사용을 개시한 날

❷ 개시 시점 : 재건축 추진위원회 승인일(단, 재건축 추진위원회 승인일이 종료 시점으로부터 10년 초과 시에는 종료 시점으로부터 역산해 10년이 되는 날)

❸ 정상 주택가격 상승분 : 정기예금 이자율과 시·군·구 평균 주택가격 상승률 중 놓은 비율을 곱해 산정

❹ 개발 비용 : 공사비, 설계·감리비, 부대 비용, 제세공과금 등

의 언론보도도 물론 챙겨야 하지만, 그보다 더 빠르게 정책의 변화를 포착하는 최고의 방법은 습관처럼 국토교통부 등의 정부 부처 홈페이지를 드나들며 보도자료를 읽는 일이다.

우리는 앞으로 수많은 정책과 마주하며 아주 중요한 포인트를 하나 알게 될 것이다. 그건 바로 '모든 면에서 완벽한 정책은 없다'는 사실이다. 그리고 지금부터는 재건축·재개발 사업이 어떤 단계를 통해 진행되는지 공부할 것이다. 재건축·재개발은 대한민국 주거 시장의 10년을 책임질 아주 중요한 사업이자 지식이다. 기회는 늘 준비된 자에게 찾아오고, 위기는 늘 무심한 자에게 반복된다. 재건축·재개발 지식과 부동산 정책의 흐름을 동시에 좇다 보면 어느새 투자의 기회가 매직아이처럼 눈에 들어올 것이다.

2

드디어 맨땅에 선이 그어졌다!

1단계 정비구역 지정

2단계
조합설립인가

3단계
사업시행인가

4단계
관리처분인가

5단계
일반분양

"강의를 듣긴 듣는데 무슨 말인지 하나도 모르겠어요."

나는 이제 막 공부를 시작한 '부린이들'이 왜 유독 재건축·재개발을 어려워하는지 곰곰이 생각해보았다. 그러면서 내가 강의에서 주로 하는 말들을 다시 속으로 떠올려보았다.

'안전진단, 접도율, 정비구역, 조합, 관리처분… 아, 용어가 너무 어려워 보이는구나!'

사실 재건축·재개발을 이해하기 위해 전문적인 용어나 계산 공식을 깨칠 필요는 없다. 그런 것들을 몰라도 재건축·재개발 투자에 성공할 수 있다는 것을 보여주기 위해 이 책을 썼다. 그런데 아주 기본적인 용어조차 몰라도 된다고 하면 그건 거짓말이다. 현장에서는 심지어 줄임

말까지 써가며 마치 독일어처럼 용어를 읊어대는데 기본적인 용어도 모르고서야 어떻게 그 과정을 따라갈 수 있겠느냐는 말이다.

'용어를 몰라도 할 수 있다!'는 헛된 기대보다는 '어떻게 하면 이 어려운 용어들을 쉽게 정복할 수 있을까?'에 초점을 맞춰야 한다. 암기하려 하지 말고 자연스럽게 이해하면 좋다. 날고 긴다는 전문가들도 처음엔 다 이렇게 시작했다. 그리고 그 방법은 의외로 간단하다. 용어 사이사이마다 '은, 는, 이, 가, 을, 를' 등의 조사를 붙여주면서 문장으로 읽는 것이다. 실제로 보도된 기사의 헤드라인을 예로 들어보겠다.

「명일동 삼익그린2차 안전진단 통과… 조합설립인가 신청도 완료」

→ 명일동 삼익그린2차 안전(을) 진단(하는 검사에) 통과… 조합(을) 설립 (해서 시·군·구청의) 인가(를 받기 위한) 신청도 완료

이처럼 조합설립은 '조합을 설립한다'로, 사업시행은 '사업을 시행한다'는 식으로 이해하면 해당 용어가 무엇을 의미하는지 머릿속에 자연스럽게 그려질 것이다. 재건축·재개발 사업의 전반적인 과정은 다음 그림과 같다.

그리고 이 과정의 핵심을 한 문장으로 요약하면 아래와 같다.

"조합(2단계)이 사업(3단계)을 관리(4단계)한다."

1단계
정비구역 지정

2단계
조합설립인가

3단계
사업시행인가

4단계
관리처분인가

5단계
일반분양

[재건축 · 재개발 사업의 5단계]

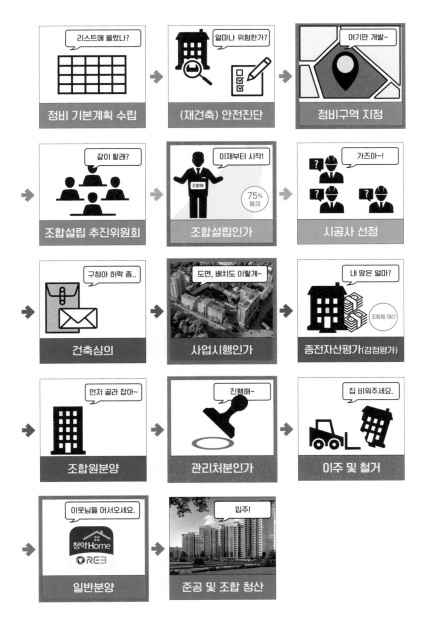

정리하자면 재건축·재개발 사업은 '조합에서 사업을 일으켜 관리하는 과정'으로 이루어진다. 그리고 앞의 문장만큼은 꼭 외워두길 당부한다. 재건축·재개발 사업의 핵심일 뿐 아니라 현장에서 '관리처분인가'와 같은 용어와 마주쳤을 때 '조합 → 사업 → 관리' 순이니까 '아! 거의 마지막 단계에 해당하는구나!' 하며 사업의 진척 정도를 단박에 짚어낼 수 있다.

자, 그럼 이제 본격적으로 1단계부터 시작해보자.

재건축·재개발의 태동
정비 기본계획 수립

기업의 목적은 이윤을 창출하는 것이고, 학교의 목적은 학생들에게 공부에 집중할 최적의 환경을 제공하는 것이다. 그렇다면 지자체의 목적은 무엇일까? 지역 주민들에게 걷은 세금이 쓸모 있는 곳에 공정하게 쓰이도록 배분하는 일일 것이다. 이때 더 많은 세수를 확보하기 위해서는 주민이 계속 유입될 수 있도록 조치를 취해야 한다.

지자체에서는 주거 환경을 개선하거나 택지지구를 조성하는 등 주민을 늘리기 위한 여러 방안을 마련해 더 많은 사람이 해당 지역으로 전입하고 싶게끔 유도한다. 지자체마다 10년 단위로 「도시·주거환경 정비 기본계획」을 수립해 5년마다 타당성을 검토하는 것도 그런 이유

1단계
정비구역 지정

2단계
조합설립인가

3단계
사업시행인가

4단계
관리처분인가

5단계
일반분양

[용인시 2030 도시·주거환경정비 기본계획 수립 고시(출처: 용인시청)]

에서다. 그리고 이러한 정보는 시(市)를 구성하는 인구가 50만 명을 넘을 때는 시장이, 그 이하일 때는 도지사가 주관해 각 지자체별 홈페이지에 공표한다.

재건축·재개발의 신호탄은 바로 이 「도시·주거환경정비 기본계획」이 수립된 시점에 쏘아진다. 해당 지자체에서 앞으로 정비할 필요성을 느끼는 구역을 미리 점찍어주는 가늠자 역할을 하기 때문이다. 경기도 용인시에서 2021년 3월에 발표한 「2030 용인시 도시·주거환경정비 기본계획」을 들여다보면 그 답이 보인다.

이 자료를 통해 우리는 용인시 기흥구에 예정된 정비사업이 대부분 재건축 사업이라는 점을 파악할 수 있다. 나아가 구갈한성1차(기흥

1), 구갈한성2차(기흥2), 풍림(기흥3)이 가장 먼저 염두에 두어야 할 단지라는 점도 포착할 수 있다. 2021년부터 이 세 단지는 정비 기본계획을

[용인시 기흥구 정비예정구역(출처: 용인시청, 호갱노노)]

○ 정비예정구역 세부 조서

구분	연번	구역명	단지명	사업유형	위 치	면적(㎡)	층 수	용적률(%) 기준	용적률(%) 상한	수립시기
신설	11	기흥1	구갈한성1차	재건축사업	기흥구 구갈동 380번지 일원	29,694	법정최고층수	250	290	1-1단계 (2021년~)
신설	12	기흥2	구갈한성2차	재건축사업	기흥구 구갈동 385-1번지 일원	20,445	법정최고층수	250	290	1-1단계 (2021년~)
신설	13	기흥3	풍림	재건축사업	기흥구 구갈동 385번지 일원	10,412	법정최고층수	250	290	1-1단계 (2021년~)
신설	14	기흥4	드림랜드	재건축사업	기흥구 신갈동 116-2번지 일원	10,169	법정최고층수	266	290	1-1단계 (2022년~)
신설	15	기흥5	구갈동부	재건축사업	기흥구 구갈동 384-1번지 일원	13,638	법정최고층수	250	290	1-1단계 (2022년~)
신설	16	기흥6	세원	재건축사업	기흥구 고매동 385-1번지 일원	11,267	법정최고층수	250	250	1-2단계 (2023년~)
신설	17	기흥7	구갈한양	재건축사업	기흥구 구갈동 390번지 일원	31,608	법정최고층수	250	290	1-2단계 (2023년~)
신설	18	기흥8	신미주	재건축사업	기흥구 신갈동 14-4번지 일원	7,138	법정최고층수	250	250	1-3단계 (2025년~)

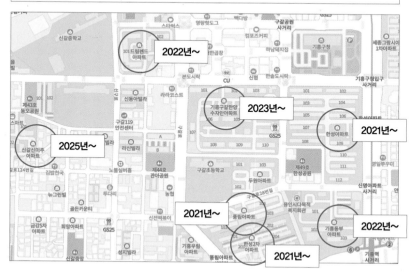

1단계
정비구역 지정

2단계
조합설립인가

3단계
사업시행인가

4단계
관리처분인가

5단계
일반분양

세울 수 있는 공식적인 자격을 부여받았기 때문이다. (2021년 7월 기준, 실제로 구갈한성1차와 구갈한성2차 아파트는 예비 안전진단에 통과해 정밀 안전진단을 신청할 계획에 있다.)

만약 아파트의 경우 지어진 지 30년이 넘었음에도 해당 목록에 등재되어 있지 않다면 어떻게 해야 할까? 재건축 연한인 30년을 넘겼다면 정비 기본계획에 속해 있지 않아도 주민들 간에 뜻을 모아 안전진단을 신청할 수 있다. 재개발 역시 노후도 요건 등을 충족할 수 있다면 주민 제안을 통해 해당 구역의 등재를 지자체에 요청할 수 있다.

재건축의 필수 관문
안전진단

앞서 재건축과 재개발의 차이를 설명하면서 재건축 사업은 '안전진단'이라는 요건을 꼭 충족시켜야 한다고 이야기했다. 안전진단이란 주택의 노후·불량 정도에 따라 구조안전성 여부, 보수비용 및 주변 여건 등을 조사해 재건축 가능 여부를 판단하는 작업으로, 안전진단을 신청하는 주체는 아파트 각 호의 소유자들이다. 이들 중 10분의 1 이상이 동의하면 소유자들이 십시일반 돈을 걷어 시·군·구청에 안전진단을 신청한다. 이를 접수받은 지자체에서는 30일 이내에 안전진단 시행 여부를 통보하고, 본격적으로 안전진단 기관을 선정해 진단에 착수한다.

그런데 이 안전진단을 통과하는 일이 결코 만만치 않다. 구조안전성, 설비 노후도, 주거환경 적합성, 비용 편익 등을 종합적으로 판단해 해당 아파트가 얼마나 안전한지, 혹은 더는 가만히 둘 수 없을 정도로 위험한지를 A~E등급으로 진단하는데, 이 중 최종적으로 E등급을 받아야만 본격적으로 재건축을 추진할 수 있다.

만약 D등급을 받는다면 적정성 검토를 통해 최종 통과 여부를 가린다. 2차 정밀 안전진단인 이 검사에서 E등급이 나와야 비로소 안전진

[**재건축 안전진단 절차**(2021년 7월 기준)]

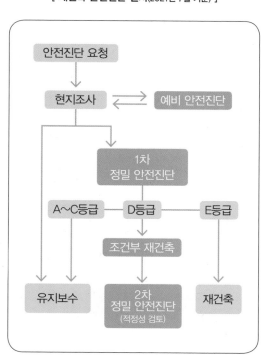

1단계
정비구역 지정

2단계
조합설립인가

3단계
사업시행인가

4단계
관리처분인가

5단계
일반분양

단을 무사히 통과했다고 보는 것이다. 그런데 만약 A~C등급이 나왔다면? 이때는 재건축 고려 대상에서 완전히 제외된다. 다만 안전진단을 새로 신청해 처음부터 절차를 다시 밟아서 최종적으로 E등급을 받는다면, 이때부터는 다시 재건축을 추진할 수 있다.

바로 이 안전진단으로 인해 희비가 엇갈린 곳이 목동이었다. 총 14개의 목동신시가지 단지들 가운데 6단지는 최종 안전진단에 통과한 반면, 9단지와 11단지는 탈락의 고배를 마시고 말았다. (2021년 7월 기준 남은 10개 단지는 적정성 검토를 진행하고 있으며 9단지와 11단지에서도 다시 안전진단을 신청할 가능성이 높다.) 비슷한 시기에, 그것도 비슷한 입지에 계획적으로 지어진 아파트 단지이지만 안전진단이라는 요건으로 누구도 예상할 수 없는 결과를 맞이한 것이다.

이처럼 재건축 사업이 멈춰 서자 안전진단의 기준을 완화해야 한다는 목소리가 봇물처럼 터져 나오고 있다. 특히 구조안전성 평가 비중을

[안전진단 평가 항목별 가중치(단위: %)]

50	구조안전성
15	주거환경 적합성
10	비용 편익
25	설비 노후도

낮춰야 한다는 의견이 주를 이루는데, 대부분 안전진단에서 탈락하는 이유가 2018년 이후 강화된 구조안전성에서 높은 점수를 받지 못하기 때문이다. 구조안전성은 건물의 붕괴 위험 등을 따지는 항목이다. 실제로 2019년 10월 송파구 올림픽선수기자촌에서는 안전진단 바로 직전에 구조안전성의 평가 비중이 높아진 탓에 정밀 안전진단의 벽을 넘지 못하고 C등급으로 탈락하기도 했다. (이후 올림픽선수기자촌은 다시 안전진단을 신청해 2021년 3월에 D등급을 받고 적정성 검토를 기다리고 있다.)

이렇듯 안전진단은 재건축 사업 과정에서 가장 먼저 만나는 거대한 산과 같다. 안전진단을 통과했다는 소식에 '이제 큰 산 하나를 넘었구나!'라고 생각해도 좋을 만큼 말이다. 그 정도로 통과하기가 힘들지만 한번 통과하고 나면 이보다 더 반가운 호재도 없는 것이다. 이제 현장에서 "경축! ○○아파트 안전진단 통과!"라는 플래카드를 보면 결코 무심히 지나칠 수 없을 것이다. 지금 눈앞에 엄청난 호재가 벌어지고 있다는 사실을 절대로 잊지 않는다면 말이다.

이제부터는 진정한 정비구역

재개발 구역이 「도시·주거환경정비 기본계획」에 포함되거나 구역 지정 요건(면적, 노후도 등)을 충족해 입주민들의 60% 이상 동의로 주민 제안을 한다면 지자체 심사를 거쳐 정비구역으로 지정될 수 있다. 재건

[수진1구역 주민 공람 공고문]

「도시 및 주거환경정비법」 제15조 및 같은 법 시행령 제13조 규정에 따라 성남시 수정구 수진동 963번지 일원의 수진1 재개발 정비예정구역에 대하여 정비계획 수립 및 정비구역 지정(안)을 수립하고 주민의견 청취를 위해 주민공람을 실시합니다.

2020. 8. 18.
성 남 시 장

1. 공람명칭 : 수진1 재개발 정비계획 수립 및 정비구역 지정(안) 주민 공람·공고
2. 공람기간 : 2020. 8. 20.(목) ~ 2020. 9. 21.(월)
3. 공람장소 : 성남시청 도시정비과(☎031-729-4422)
4. 공람내용 : 정비계획 수립 및 정비구역 지정 관계도서(공람장소 비치)
5. 정비계획 수립 및 정비구역 지정(안)
  가. 정비구역의 명칭 : 수진1 재개발 정비구역
  나. 정비구역의 위치 및 면적

구분	정비사업의 구분	구역의 명칭	위치	면적(㎡)			비고
				기정	변경	변경후	
신규	재개발사업	수진1 재개발 정비구역	성남시 수진동 963번지 일원	-	증)261,297.0	261,297.0	

축은 한발 더 나아가 안전진단까지 통과하면 공식적인 정비구역으로 지정된다. 기본계획에 속한 구역 중 설비 노후도 및 불량 건축물이 밀집한 정도 등을 파악해 각 시·도 지자체장이 지정하는 것이다.

구역 지정에 앞서 지자체는 정비계획안을 수립하고 30일간 주민 공람을 통해 공개한다. 위 그림은 성남시 수진1구역의 주민 공람 공고문이다.

주민 공람의 목적은 '이곳을 재건축·재개발 구역으로 지정해도 될까요?'라고 주민들에게 묻는 것이다. 이에 입주민들이 최종 동의를 하

면 지방도시계획위원회의 심의를 거쳐 마침내 정비구역으로 지정된다. 수진1구역의 경우 2020년 8월 20일부터 9월 21일까지 주민 공람을 공개했고, 2020년 12월 31일에 정비구역 지정 및 지형도면을 고시했다.

[수진1구역 재개발 정비구역 지정 및 지형도면 고시]

성남시 고시 제2020-338호

수진1 재개발 정비구역 지정 및 지형도면 고시

성남시 수정구 수진동 963번지 일원의 수진1 재개발사업에 대하여 「도시 및 주거환경정비법」
제16조의 규정에 의하여 재개발 정비계획 수립 및 정비구역을 지정하고, 「토지이용규제 기본법」
제8조의 규정에 의하여 지형도면을 고시합니다.

2020. 12. 31.
성 남 시 장

I. 2030 성남시 도시·주거환경정비기본계획(변경)
1. 정비예정구역 결정(변경)

구분	구역명	면적(㎡)	건폐율(%)	용적률(%)		정비계획 수립시기	비고
				기준	허용		
기정	수진1	242,491.0	50	250	265	2020	
변경	수진1	261,833.0	50	250	265	2020	

II. 정비계획 수립 및 정비구역 지정
1. 정비사업의 명칭 : 수진1 재개발 정비사업

2. 정비구역 및 그 면적

지정구분	정비사업의 구분	구역의 명칭	위 치	면적(㎡)	비 고
신 규	재개발사업	수진1 재개발 정비구역	성남시 수정구 수진동 963번지 일원	261,833.0	

3. 토지이용계획

구분	명칭	면적(㎡)	구성비(%)	비고
	합계	261,833.0	100.0	
주거시설	소계	188,724.0	72.1	
	공동주택1	40,646.0	15.5	
	공동주택2	112,268.0	42.9	
	공동주택(임대)	21,390.0	8.2	
	주차복합	14,420.0	5.5	

1단계
정비구역 지정

2단계
조합설립인가

3단계
사업시행인가

4단계
관리처분인가

5단계
일반분양

'정비구역으로 지정되었다'는 말을 현장에서는 '선을 그었다'라고 표현한다. 서울시는 클린업시스템(cleanup.seoul.go.kr)에서, 경기도는 경기도청(www.gg.go.kr) 내 정비사업 추진 현황을 통해 이처럼 '선이 그어

[서울시 클린업시스템(위)과 경기도청 내 정비사업 추진 현황]

진' 구역들을 확인할 수 있다. 그 밖에 다른 광역시에서 지정된 정비구역을 확인하고자 할 때에는 해당 지자체가 운영하는 홈페이지에 방문하면 된다.

관심 있는 지역이 있다면 홈페이지에 주기적으로 방문해 사업의 진행 현황을 체크할 필요가 있다. 다만 홈페이지에 정보가 업데이트되기까지는 시일이 조금 걸린다는 점을 기억하자. 놓치고 싶지 않은 구역이 있다면 현장으로 직접 전화를 걸어 '입품'을 팔아보길 권한다. (손품, 입품, 발품을 파는 노하우는 4장에서 자세히 다룬다.)

으쌰으쌰 선봉대!
조합설립 추진위원회

정비구역으로 지정이 됐다면 이제 본격적으로 판이 깔렸다고 봐도 좋다. 이제는 그 판 위를 종횡무진 뛰어다닐 입주민들의 역할이 중요하다. 그 첫 번째 과제는 '조합을 설립하는 일'이다. 2단계에서 더 자세히 다루겠지만, 조합을 세우기 위해서는 토지등소유자의 4분의 3 이상의 동의가 필요하다. 바로 이때 조합설립 추진위원회의 진가가 드러난다. 이들이 총대를 메고 나서서 동의서에 사인을 받아 오는 일을 도맡아 하는데, 이렇게 취합한 동의서를 시청이나 구청에 제출하는 역할까지 담당한다.

1단계
정비구역 지정

2단계
조합설립인가

3단계
사업시행인가

4단계
관리처분인가

5단계
일반분양

본격적인 조합이 아닌 추진위원회 단계임에도 아무나 그 자격을 부여받을 순 없다. 추진위원회 역시 토지등소유자(토지 또는 건축물의 소유자 또는 지상권자) 중 과반수의 동의를 받아야 하고, 시장이나 군수의 승인을 받아야만 비로소 그 자격이 인정된다.

벌써 1단계가 마무리되었다. 1단계를 마치면서 한 가지 꼭 당부하고 싶은 점이 있다. 1단계는 아직 조합이 설립되지 않은 단계다. 이 말은 곧 구역이 증발하듯 해제되어 버릴 수도 있다는 이야기다. 초기 단계에 진입해 그만큼 투자금이 적게 든다는 장점도 있지만, 이는 리스크가 크다는 의미이기도 하다. 더불어 입주 시점까지 꽤 오랜 시간을 기다릴 수 있다는 점도 유념해야 한다. 그 어느 단계보다 신중하게 접근해야 후회 없는 선택을 할 수 있다.

HAPPY POINT

1단계, 정비구역 지정

① 재건축에서 '안전진단 통과'는 대형 호재!

② 정비구역으로 지정되었다 = 선을 그었다

③ 사업 초기 단계이므로 구역이 해제될 수 있다는 리스크에 유의할 것

용적률이 전부는 아니다

　재건축을 추진하는 기존 주택의 용적률이 낮다면 이는 분명한 장점이다. 추후 용적률을 '꽉 채워서' 새 아파트를 지을 때 늘어난 용적률의 비율만큼 세대수는 늘어날 테고, 이는 곧 일반분양분의 몫으로 이어져 재건축의 사업성이 높아지는 결과를 낳는다. 사업성이 높아진다는 말은 곧 기존 주택을 소유하던 조합원들의 향후 부담금이 줄어든다는 의미이기도 하니, 이보다 더 좋을 수 없다.

　그런데 그만큼 중요한 것이 또 있다. 바로 '땅의 용도'다. 아파트가 들어서는 일반주거지역은 그 땅이 중심지에서 얼마나 가까운가에 따라 제1종, 제2종, 제3종으로 용도가 나뉜다. 이때 제3종일수록 상업시설 등이 밀집한 중심지에서 가깝다는 뜻으로, 제1종보다는 제2종이, 제2종보다는 제3종이 더 높은 용적률을 가질 수 있다. 즉, '용적률이 높다', '용적률이 낮다'를 판단하는 기준이 단순히 '몇 퍼센트 이하'로 정의할 수 있는 게 아니라 '땅의 용도'와도 밀접한 연관이 있는 셈이다. 따라서 기존 주택의 용적률이 '180%'로 똑같은 두 단지가 있어도, 이것이 제2종 일반주거지역에 속하느냐, 제3종 일반주거지역에 속하느

[용도지역별 용적률 적용 범위]

지역	세부지역	용적률 한도	서울시도시계획조례
주거지역	제1종 일반주거지역	100~200%	150% 이하
	제2종 일반주거지역	150~250%	200% 이하
	제3종 일반주거지역	200~300%	250% 이하
	준주거지역	200~500%	400% 이하 (조건부 500)
상업지역	중심상업지역	400~1500%	1000% 이하 (사대문 안 800)
	일반상업지역	300~1200%	800% 이하 (사대문 안 600)

냐에 따라 용적률이 낮을 수도 혹은 높을 수도 있다는 의미다.

하지만 제한된 용적률이 전부는 아니다. 종 상향(「국토의 계획 및 이용에 관한 법률」에 따라 세분화된 용도지역에 대해 제1·2종 일반주거지역을 제2·3종 일반 주거지역으로 높이는 것)이나 기부채납(국가 외의 자가 재산의 소유권을 무상으로 국가에 이전하여 국가가 이를 취득하는 것), 임대주택을 일정 비율 이상 계획하는 방법으로 용적률 인센티브를 받을 수 있다.

그 대표적인 예가 용산구 산호아파트다. 1977년에 건설된 이 아파트는 한강변의 알짜 입지를 자랑하고 있음에도 불구하고 230%가 넘

[용산구 산호아파트 재건축 기본 계획]

용산 산호아파트	기존	특별건축구역
용도지역	제3종 일반주거지역(서울시도시계획조례 용적률 최대 250%)	
용적률	230%	280%
층수	12층	35층
가구 수	554가구	647가구
임대가구	–	총 73가구 – 공공임대 40가구 – 소형주택 33가구
기부채납	–	2712㎡ (전체 면적의 약 10%)

는 높은 용적률 탓에 그동안 재건축을 염두에 두지 못하고 있었다. 그러던 차에 2021년 4월 서울시 특별건축구역으로 건축심의(3단계 사업 시행인가에서 자세히 다룬다)를 통과하면서 용적률을 280%까지 올려 지을 수 있게 된 것이다. 그러니 구태여 용적률에 목을 맬 필요는 없다.

용적률을 논할 때는 '대지지분'과의 상관관계도 빼놓을 수 없다. 대지지분은 아파트 전체 단지의 대지면적을 가구 수로 나눠서 등기부등본에 표시되는 면적을 말한다. 즉, 각 호의 대지지분이 클수록 해당 물건을 소유한 사람이 '깔고 앉은' 땅의 면적도 넓다는 것을 의미한다. 보통 재건축·재개발 사업은 내가 깔고 앉은 땅 가운데 일부를 기부채납 등으로 지역사회에 기여하고, 그 남은 몫을 신규 주택 단지에 제공해 새 아파트를 받는 형태다. 이때 기부채납분을 제외한 땅값이 공사비보다 적다면 조합원은 부담금을 더 내야 하고, 반대로 공사비를 충당하고도 남을 정도라면 환급금을 받을 수도 있다.

따라서 기존 주택의 대지지분은 클수록 좋고, 용적률은 기존 주택이 주어진 상한선을 100% 활용하지 않아서 신규 주택을 지을 때 건물을 늘려서 지을 여지가 충분한 매물을 골라야 한다. 예컨대 성산시영처럼 신축 아파트 34평을 짓고도 남을 대지지분을 가지고 있으면서(최근 전용면적 84㎡ 신축 아파트의 대지지분은 대략 13평이다), 땅의 용도가 제3종 주거지역(서울시도시계획조례 용적률 최대 250%)임에도 용적률을 148%만 사용해 추후 두 배가량 건물을 더 쌓아올릴 수 있는 물건을 고르는 게 이득인 셈이다. 이렇게 용적률과 대지지분을 고려하다 보면 재건축으로 수익률이 좋은 단지와 리모델링으로 갈 수밖에 없는 단지를 구별할 수 있다.

사업성이 낮다면 조합은 또 그만의 방법을 찾아낼 것이다. 시세를 조사하면서 느끼겠지만 누가 봐도 용적률이 낮고 눈에 띄게 대지지분이 높은 단지는 이미 시세에 그 가치가 반영되어 있다. 더욱이 재건축·재개발을 향한 열기가 강할수록 매물은 귀해질 것이므로, 좁은 선택지 안에서 최선의 선택을 내리려면 물건의 진가를 파악하는 안목이 중요하다.

결국은 '속도'다. 눈에 보이는 안전마진을 지체 없이 수익으로 실현하는 것. 그러기 위해서는 사업 속도가 빠를 단지를 골라내는 것이 결국에는 핵심이다.

3

75% 이상 뜻이 모였다! 가즈아~!

2단계 조합설립인가

정비 기본계획을 수립하고, 구역을 지정해 추진위원회를 발족하기까지 (재건축이라면 그사이에 안전진단이라는 거대한 산도 통과하며) 우리는 벌써 하나의 봉우리를 정복했다. 이제부터는 본격적으로 '사업'에 대해 논할 차례다. 앞서 추진위원회 단계가 비영리 목적의 '단체'였다면, 조합은 조합원들이 출자해 만든 '법인'이다. 이때까지 '입주민' 혹은 '소유자'로 불리던 조합 구성원도 이 단계부터는 '조합원'이란 호칭을 얻는다.

그중 조합장의 역할은 CEO와 같다. 여러 용역업체와 시공사, 지자체 관계자 등을 수시로 만나며 '적은 사업비'로 '멋지게 새 아파트를 짓는 일'에 앞장선다. 물론 지주회사 격이어서 조합장 마음대로 모든 일을 휘두를 순 없다. 그래도 한 가지 분명한 사실은, 조합장의 능력에 따

1단계
정비구역 지정

2단계
조합설립인가

3단계
사업시행인가

4단계
관리처분인가

5단계
일반분양

라 사업추진 속도가 달라지고, 조합원이 얼마나 의기투합하느냐에 따라 새 아파트에 입주할 시점이 앞당겨지거나 하염없이 뒤로 밀리기도 한다는 점이다.

자, 이제 드디어 '조합'이라는 한배에 탄 입주민들이 부푼 마음을 안고 출항에 나서기 시작했다. 함께 그 배에 올라보자.

회사를 경영한다는 마음으로

2단계, 즉 조합이 설립되는 과정에서 사업은 한 차례 풍파를 만난다. 수심이 얕을수록 파도가 요동치듯이, 나는 2단계에서 만나는 우여곡절이 재건축·재개발의 모든 과정을 통틀어 가장 높은 파도라고 생각한다. 그래서 이 단계만 잘 넘어도 절반은 통과했다고 여긴다.

조합설립 추진위원회 단계에서 강조했듯이 조합을 설립할 때 가장 큰 과제는 주민들의 동의율을 모으는 일이다. 반대하는 사람도 설득해

[**재건축·재개발 조합설립 시 필요한 주민 동의율**(출처: 「도시 및 주거환경정비법」)]

재건축	재개발
토지등소유자 3/4 이상 & 동별 구분소유자 1/2 이상 & 토지 면적의 3/4 이상 동의	토지등소유자 3/4 이상 & 토지면적 1/2 이상 동의

* 지자체별 조례에 따라 세부 내용은 달라질 수 있음

야 하고, 무관심한 사람도 챙겨서 필요한 만큼의 동의율을 이끌어내야 한다. 그리고 이에 동의한 사람만이 추후 재건축·재개발 사업의 조합원이 될 수 있다. (반대하는 사람은 기존의 건물 및 토지를 다른 사람에게 매도하거나 현금청산을 받아야 한다.)

통합 재건축을 추진하는 과천8·9단지는 총 31개 동(8단지 12개 동, 9단지 17개 동, 상가 2개 동)의 동의율을 확보하는 데 우여곡절을 겪었다. '토지등소유자'의 동의는 4분의 3 이상 받았지만, 9단지 중 한 개 동에서 '동별 구분소유자'의 동의를 2분의 1 이상 얻지 못했다. 동의서 단 몇 장이 부족해 과천8·9단지 전체의 재건축 사업에 발목이 잡힌 것이다.

결국 조합설립 추진위원회는 결단을 내렸다. 2020년 「6·17 부동산대책」이 발표되면서 신규 정비사업에 '2년 실거주 요건'이 추가될 위기에 놓여 있던 터라 더 이상 지체할 수 없었던 것이다. (해당 규제는 2021년 6월 백지화됐다.) 조합설립 추진위원회는 재건축 사업에서 해당 동을 전면 배제하기로 했다. 전체 31개 동 가운데 30개 동만 재건축한다는 방침이었다. 그러자 완강하게 반대하던 소유자들의 마음이 움직이기 시작했다. 그렇게나 기다리던 동의서를 몇 장 더 받아낸 것이다. 우여곡절 끝에 최종 동의율을 만족시킨 과천8·9단지는 추진위원회 승인 7개월 만에 조합설립 창립총회를 성공적으로 개최하고, 2021년 2월 과천시청으로부터 통합 재건축 조합설립인가를 무사히 받아냈다.

1단계
정비구역 지정

2단계
조합설립인가

3단계
사업시행인가

4단계
관리처분인가

5단계
일반분양

실제로 강동구 삼익가든(삼익맨션)에서는 이 같은 갈등으로 인해 단한 동만 빼고 조합설립인가를 받기도 했다. (삼익가든 재건축 추진위원회는 해당 동에 토지분할청구 소송을 낸 상황이다.)

1군 브랜드가 사업성을 대신 분석해준다
시공사 선정

시·군·구청으로부터 조합설립인가가 나오면 추진위원회는 그로부터 30일 안에 조합사무소가 속한 지역에 법인 등기를 내어 정식으로 조합을 설립한다. 추진위원회의 역할은 여기까지다. 이제부터는 조합이 모든 업무를 수행하기에, 추진위원회는 기존에 맡았던 모든 업무와 자산을 조합에 인계하며 해산 절차를 밟는다. (통상적으로 추진위원회장이 조합장이 되는 경우가 많다.)

조합이 상대해야 할 가장 큰 협력업체는 바로 시공사다. 서울을 제외하고는 바로 이 단계, 즉 조합설립인가를 받은 이후에 시공사를 선정한다. (서울은 3단계인 사업시행인가 이후에 시공사를 선정한다.)

시공사는 공개 입찰을 통해 결정된다. 이때 사업성이 높은 단지일수록 치열한 수주전이 펼쳐진다. 각 시공사마다 예상하는 평당사업비를 제시하고, 조합원들에게 제공할 여러 가지 혜택을 어필하면서 입찰 경

[압구정아파트 특별계획구역 3의 재건축 조합설립인가서]

[별지 제12호서식]

재건축정비사업 조합설립인가서

조합명칭	압구정아파트지구 특별계획구역 3 재건축정비사업조합			
대표자	성 명	안 중 근	생년월일	1953년 11월 1일
	주 소	서울특별시 강남구 압구정로27길 71 13동 1104호 (압구정동, 압구정 1, 2차아파트)		
설립목적	압구정아파트지구 특별계획구역 3 재건축정비사업의 시행			
주된사무소의 소재지	서울특별시 강남구 압구정로29길 57(압구정동, 현대아파트) (전화) 02-544-4446			
사업시행 예정구역	구역명칭	압구정아파트지구 특별계획구역 3	구역면적	369,187.8 ㎡
	위 치	서울특별시 강남구 압구정동 369-1번지 일원		
조합원수	3,657명	사업시행계획인가 신청예정시기	조합설립인가일로부터 3년 이내	
동의사항 (토지등 소유자수)	4,082 명 (토지소유자: 2명) (건축물소유자: 0명) (지상권자: 0명) (주택 및 토지소유자: 3,924명) (부대시설·복리시설 및 토지소유자: 156명)		동의율	89.59 % (3,657 / 4,082) (동의자수/토지등소유자수)
정비사업전문관리업자	명 칭	㈜주성 시.엠.시 ㈜동우 씨엔씨	대표자	김 점 균 이 부 일
	주된 사무소의 소재지	송파구 송파대로 201 A동 812호 (문정동) (☎412-3102) 서초구 마방로 44-5 3층 (양재동) (☎574-9887)		

「도시 및 주거환경정비법」 제35조 및 같은 법 시행규칙 제8조에 따라 위와 같이 압구정
아파트지구 특별계획구역 3 재건축정비사업조합의 설립을 인가합니다.

2021년 4월 19일

강남구청장 인

※ 붙임서류 : 조합정관 1부.
※ 조합설립(변경)인가 안내
 1. 인가를 받은 때에는 정관이 정하는 바에 따라 토지등소유자에게 그 내용을 통지하고 이해관계인이 열람할 수 있도록 하여야 합니다.(영 제30조)
 2. 조합은 조합설립인가를 받은 날부터 30일 이내에 주된 사무소의 소재지에서 등기함으로써 성립합니다(법 제38조)
 3. 계약(공사, 용역, 물품구매 및 제조 등을 포함)을 체결하려는 경우 도시 및 주거환경정비법령, 정비사업 계약업무 처리기준 등을 따라야 합니다.
    (법 제29조, 영 제24조)
 4. 조합은 총회에서 임원의 선임, 대의원의 선출 또는 시공자를 선정한 때에는 그 선임, 총회의의록, 선임 또는 선정된 자의 자격을 증명하는
    자료를 구청장에게 제출하여야 합니다.
 5. 조합원에게 권리변동에 따른 신고 및 권리 의무의 승계에 관하여 알려야 합니다.

210㎜×297㎜[백상지(80g/㎡) 또는 중질지(80g/㎡)]

쟁을 벌이는 것이다. 조합은 입찰서 제출 마감일 20일 이전까지(서울은 45일 이전까지) 현장설명회를 통해 시공사 입찰 전반에 필요한 사항들을 고지하고, 시공사 선정은 조합원 과반수가 참석한 시공사선정총회에서 투표로 최종 결정한다.

　어떤 시공사가 우리 구역에 관심을 보이는가는 조합원 사이에서 뜨

1단계
정비구역 지정

2단계
조합설립인가

3단계
사업시행인가

4단계
관리처분인가

5단계
일반분양

거운 감자다. 특히 요즘처럼 브랜드명이 아파트의 가치를 대변하는 시대에는 '1군 시공사'를 향한 열망이 뜨거울 수밖에 없다. 만약 내로라하는 1군 시공사에서 앞다투어 입찰에 참여한다면, 해당 구역의 사업성 분석은 '게임 끝'이라고 봐도 좋다. 시공사는 일반분양분을 성공적으로 '완판'시켰을 때 수익을 실현하는데, 입찰에 적극적으로 뛰어들었다는 건 '해당 구역에서 일정 규모 이상의 수익을 예상한다'는 뜻으로 풀이할 수 있기 때문이다.

시공사가 판단하기에 땅값이 비싼 지역에서 최고의 자재를 쏟아부어도 사업성을 의심할 여지가 없다면 '아크로'(대림), '써밋'(푸르지오), '디에이치'(현대), 르엘(롯데캐슬) 등의 프리미엄 특화 브랜드로 입찰을 넣을 것이다. 실제로 현대건설은 아래와 같은 조건에 단지명을 '디에이치한남'으로 제안하여 한남3구역 입찰에 성공했다.

[한남3구역 현대건설 사업제안서 주요 내용]

단지명	디에이치한남
공사비	1조 7377억 원(조합 예상치 대비 1500억 원 절감)
금융조건	이주비 LTV 100%, 사업촉진비 5000억 원 제안
상업시설	현대백화점 입점, 글로벌 부동산 컨설팅 회사 협업
서비스	전담 A/S센터 단지 내 배치, 조경가드닝 서비스 등

현대건설은 단지 내 현대백화점 입점, 준공 후 서비스 10년 운영에 이주비 지원 등을 약속했는데, 특히 이주비는 투기과열지구 주택담보 대출인정비율(LTV) 40%에 건설사에서 60%를 추가 지원하겠다고 제안했다. 이외에도 '사업촉진비 5000억 원 지원'을 공약해 조합원들의 분양가 부담을 낮추고, 부담금은 입주 1년 후에 100% 납부할 수 있도록 하는 등(입주 때까지는 추가로 돈이 들지 않는다.) 다양한 금융조건을 내걸어 조합원들의 마음을 사로잡았다. (시공사가 제시한 공약이 실제로 모두 이루어지는 것은 아니다. 이로 인해 조합과 시공사 간에 갈등을 겪기도 하며, 간혹 시공사를 교체하는 경우도 있다.)

한편 구역의 규모가 너무 크다는 이유 등으로 시공사 단독 입찰이 부담스러울 때는 '컨소시엄 형태'로 공동 출자해 입찰에 참여하기도 한다. 송파구 헬리오시티는 현대산업개발, 현대건설, 삼성물산이 가락시영아파트를 재건축했고, 강동구 고덕그라시움은 대우건설, 현대건설, SK건설 3사가 공동 시공했다.

이제 본격적인 사업을 '법인'에서 운영하게 되었다. 달리 말해 투자 측면에서는 비교적 안전한 투자처가 되었다는 의미다. 다만 2단계인 조합설립인가부터는 투기과열지구에서 '재건축' 물건을 매매할 때 각별한 주의를 기울여야 한다. 집을 사도 조합원 지위가 양도되지 않는 '조합원 지위 양도 금지'가 발동되는 시기이기 때문이다. (이에 관한 자세한 내용은 3장 '투기과열지구에서 주의할 것들'에서 꼼꼼히 다룬다.) 조합원의 지위를 양도받지 못한다는 것은, 곧 새 아파트에 입주하지 못하고 현금청산자가 된다는 뜻이다. 다만 이는 '투기과열지구' 내 '재건축 단지'에서만 조합설립인가 이후부터 적용되는 규제라는 점을 알고, 꼼꼼하게 짚어보되 무조건 안 된다는 낙담에 빠지지는 말길 바란다. (투기과열지구에서 '재개발'은 2018년 1월 24일 이후 사업시행인가를 신청한 조합에 한해 4단계인 관리처분인가부터 '조합원 지위 양도 금지'가 적용된다.)

1단계
정비구역 지정

2단계
조합설립인가

3단계
사업시행인가

4단계
관리처분인가

5단계
일반분양

HAPPY POINT

2단계, 조합설립인가

① 재건축 조합설립 동의율: 토지등소유자 3/4 이상 & 동별 구분소유자 1/2 이상 & 토지 면적의 3/4 이상 동의

② 재개발 조합설립 동의율: 토지등소유자 3/4 이상 + 토지면적 1/2 이상 동의

③ 어떤 시공사가 관심을 보이는지가 관건, 1군 시공사가 입찰했다면 사업성 보장! 단, 선정된 시공사의 행보를 반드시 예의주시할 것 (서울은 사업시행인가 이후 시공사 선정)

④ 투기과열지구 내 재건축 단지는 조합설립인가 이후 '조합원 지위 양도 금지'

두근두근, 조감도가 보인다!

3단계 사업시행인가

조합설립인가를 마쳤으니 박수 받아야 마땅하다. 그러나 진짜 정신을 똑바로 차려야 할 시점은 지금부터다. 안전진단이라는 '시어머니'를 통과했더니 등 뒤에서 '시할머니'가 기다리고 있다는 말을 들어본 적 있는가? 어쩌면 안전진단보다 더 큰 산, '건축심의' 단계다.

조금만 더! 조금만 더

건축심의

건축심의란 향후 건설될 새 아파트가 도시 미관을 어떻게 향상시키

1단계
정비구역 지정

2단계
조합설립인가

3단계
사업시행인가

4단계
관리처분인가

5단계
일반분양

고 공공성을 확보할 수 있는지를 각 지자체에서 따져보는 단계다. 특히 서울은 건축심의를 통과하기가 까다로워서 이를 통과했다는 사실만으로도 그 구역에 플래카드가 붙기도 한다.

앞서 살펴본 용산구 산호아파트도 조합설립인가를 받은 지 4년 만에 건축심의를 통과했다. 한강변이라는 입지적 특수성을 고려해 공공 건축가를 투입하여 조감도를 설계했는데, 한강 물결에 순응하는 디자인과 지역 주민들에게 개방하는 최상층 커뮤니티 시설 등 여러 요소를 충족시키고 나서야 비로소 심의를 통과할 수 있었다.

서울시는 특히 층수 제한 이슈에 민감하다. 성동구의 트리마제와 용산구의 래미안첼리투스가 그렇듯이 한강변의 50층 아파트가 갖는 의미는 남다르다. 그런데 서울시는 2014년부터 한강변에 위치한 주거용 건축물의 층수를 35층 이하로 제한하는 일명 '35층 룰'을 적용해 도시 전체의 스카이라인을 관리하고 있다. (2021년 서울시는 '2040 서울플랜' 계획 안을 통해 연말까지 한강변 아파트 35층 이하 규제를 폐지하겠다는 계획을 발표했다.)

[**서울시 높이 제한 기준 및 경관 관리 방안**(출처: 서울특별시 도시계획국)]

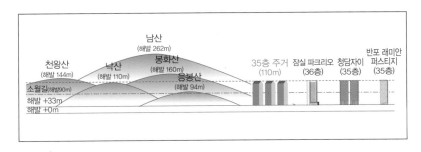

아파트의 최고 층수는 일반분양 물량과 밀접한 연관이 있는데, 서울에서는 50층으로 건축심의를 받기가 낙타가 바늘구멍을 통과하는 일만큼이나 어렵다. 우리 책에 자주 등장하는 잠실주공5단지 역시 2017년 서울시와 '50층 정비계획안'에 합의하여 이듬해 건축심의를 신청했지만, 2021년 7월 현재까지도 거듭 '심의 보류'를 통보받고 있다. 여기서 잠깐, 잠실주공5단지가 '35층 룰'을 초월해 '50층 정비계획안'에 합의하여 서울시와 협의에 이를 수 있었던 이유는 무엇일까? 그것은 바로 잠실역 사거리 인근 부지를 '준주거지역'(용적률 상한 500%)으로 종 상향해 서울시에서 추진하는 국제교류복합지구와 연계시킨다는 계획 덕분이었다. 하지만 심의 통과로는 쉽사리 이어지지 않고 있는 상황이다. 오세훈 서울시장이 2021년 재보궐선거에서 '한강변 50층 플랜'을 공약한 만큼, 잠실주공5단지가 심의를 통과할 수 있을지 귀추가 주목되는 시점이다.

이 밖에도 환경심의, 교통심의, 교육심의, 경관심의, 고도제한, 문화재 지표조사 등 통과해야 할 평가 항목은 많지만 그래도 그중에 끝판왕은 단연 '건축심의'다. 앞서 안전진단을 공부하면서도 배웠듯이, 건축심의를 통과했다는 소식을 그저 멍하니 흘려들어서는 안 된다. 건축심의를 통과했다는 것은 곧 사업시행인가가 임박했음을 알리는 대형 호재다. 3단계의 고지도 얼마 남지 않은 셈이다.

미래 주택의 밑그림을 그리다

건축심의를 받았다면 이제 사업시행인가의 고지가 눈앞에 보인다. 조합에서 먼저 사업시행계획을 세워 시·군·구청에 사업시행인가를 신청하면, 다음 절차에 따라 최종 사업시행인가를 고시받게 된다.

[사업시행인가 절차]

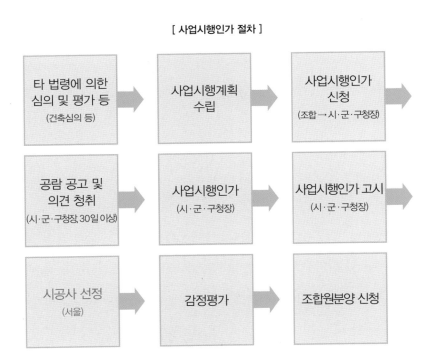

사업시행인가는 새로 지을 아파트의 조감도를 그리는 과정이다. 층수와 세대수 등의 건축 계획을 세우면 조합원분양, 일반분양, 임대주

택 물량이 대략적으로 나눠지는데 이에 따라 총사업비와 조합원분양가 등을 얼추 계산할 수 있게 된다. 물론 이 단계에서 계산한 값은 아직 평균값이다 보니 최종 분양가와는 약간의 차이가 있을 수 있지만, 재건축·재개발을 진행하며 추가로 부담해야 할 비용이 자신에게 합당한 수준인지 아닌지를 판가름하는 데는 충분한 도움이 될 것이다.

사업시행인가 단계에까지 이르렀다면 재건축·재개발 사업이 무산될 가능성은 현저히 낮다고 봐도 좋다. 그래서 시간을 너무 많이 쏟고 싶지 않은 사람이라면, 혹은 머지않아 새 아파트가 생긴다는 확신을 갖고 싶은 사람이라면 개인적으로 나는 이 단계의 물건에 주목하기를 추천한다. 실제로 이 단계는 투자자들 사이에 매수·매도가 가장 빈번하게 일어나는 타이밍이기도 하다.

다만 투기과열지구에서는 '조합원 지위 양도 금지'를 조심해야 한다. 조합설립인가를 설명하면서 우리는 2단계에서 '재건축'에 이 같은 규제가 적용된다는 것을 알았다. (재개발은 2018년 1월 24일 이후 사업시행인가를 신청한 조합에 한해 관리처분인가 이후 '조합원 지위 양도 금지') 즉, 규제가 적용되는 시점 이후에 물건을 매수한 사람에게는 조합원분양권이 이양되지 않는다는 의미다. ('조합원 지위 양도 금지'에 관한 내용은 '투기과열지구에서 주의할 것들'에서 다룬다.) 더불어 서울은 사업시행인가 이후에 시공사를 선정한다는 점도 기억해두자.

비로소 돈의 윤곽이 잡힌다

종전자산평가(감정평가)

사업시행인가를 받으면 다음 두 가지를 빠르게 진행해야 한다. 바로 '감정평가'와 '조합원분양 신청'이다.

먼저 감정평가는 문장으로 쉽게 풀어 설명하면 '(내가 소유한 기존 주택의) 감정(가를) 평가(한다)'는 의미다. 텔레비전 프로그램 「진품명품」을 떠올리면 단번에 이해할 수 있다.

감정평가액(= 현재 시점의 부동산 가치를 나타낸 값)

조합원들은 자신의 토지나 건물을 조합에 넘겨주는 대가로 새 아파트를 받는다. 그런데 모든 조합원이 바둑판처럼 똑같은 크기와 모양의 부동산을 가지고 있지는 않다. 현재 시점으로 계산한 토지나 건물의 가치는 면적에 따라서도 다르고, 층수에 따라서도 다르며, 도로에 인접했는지, 지어진 지 오래되지는 않았는지에 따라서도 모두 다르게 평가된다.

바로 이때 토지나 건물의 가치를 평가하는 사람이 감정평가사다. 조합이 사업시행인가를 받은 이후 두 곳의 전문 감정평가업체에 이를 위탁해 이루어진다. 이때 평가 기준은 공동주택 공시가격이며, 최종 감정평가액은 두 업체에서 나온 감정평가 금액의 평균으로 결정된다.

비례율(= 수익률)

그렇다면 왜 감정평가로 현재 시점의 부동산 가치를 계산하는 걸까? 그 이유는 바로 재건축·재개발 사업을 통해 발생한 수익을 공평하게 배분하기 위해서다. 주식을 할 때도 10주를 가진 주주와 1000주를 가진 주주의 배당금이 다르듯이, 정비사업 역시 5000만 원의 감정평가를 받은 땅과 1억 원의 감정평가를 받은 땅의 수익금이 다를 수밖에 없다. 재건축·재개발 사업에서는 이때 조합의 수익률을 '비례율'이라고 표현한다. 아래의 계산 공식을 살펴보자.

[비례율 계산 공식]

즉, 조합원분양가와 일반분양가, 임대수익 등을 합한 조합의 '총수입'('종후자산평가액'이라고 한다)에서 건축비 등 사업비 명목의 '총지출'을 빼고 남은 순수한 수익을 조합원 전체의 감정평가 총액('종전자산평가액'이라고 한다)으로 나누어 계산하는 것이다. 그러면 다음과 같은 비례율이 나온다.

1단계
정비구역 지정

2단계
조합설립인가

3단계
사업시행인가

4단계
관리처분인가

5단계
일반분양

- 비례율 약 90%: 손해. 수익보다 비용이 더 크다. 조합원 각자 10%씩

  메워야 한다.(추가 부담금)

- 비례율 약 100%: 수익도 손해도 아닌 상태. 사업비(부담금)만 내면 OK

- 비례율 약 110%: 수익. 출자한 금액에 따라 10%씩 나눠 준다.(환급금)

예컨대 비례율이 110%인 구역이 있다고 가정해보자. 이 구역에 새 아파트를 지으면 최종적으로 10%의 수익이 발생한다는 의미다. 그렇다면 조합에서는 남은 10%의 수익을 조합원들에게 돌려주려 할 것이다. 바로 이때 '감정평가액'과 '비례율'이 중요한 역할을 한다. 감정평가액에 비례율을 곱하면, 황무지를 개발한 후에 얻게 될 개발 이익까지를 합산한 '권리가액'을 추산할 수 있기 때문이다. 권리가액은 조합원들이 향후 새 아파트를 받기 위해 추가로 부담할 '부담금'을 계산하는 데 중요한 역할을 한다.

권리가액(= 감정평가액에 향후 개발 이익까지 합산한 가치)

다시 말해 비례율이 110%인 구역에서 1억 원의 감정평가액을 받은 A씨는 총 1억 1000만 원이라는 '새 아파트의 예상 가치'를 갖게 된다. 1억 원의 10%만큼 '배당금'을 받았으니 투자금으로 쓸 총알이 늘어난 셈이다. (반대로 비례율이 100% 미만이면 원금도 못 건지는 꼴이 된다.)

이때 A씨의 1억 1000만 원을 가리켜 '권리가액'이라고 한다. 권리가액이란 조합원들이 주장할 수 있는 권리의 가치로, 감정평가액에 비례

율이라는 수익률을 곱해 계산한다.

[권리가액 계산 공식]

| 권리가액 | = | 감정평가액 | × | 비례율 |

다음 예시를 보면 더욱 쉽게 이해가 될 것이다. 다음은 조합원 H씨가 받은 '분양 대상자별 종전가격 및 부담금 추산액 통보서'에서 주요한 부분만 재구성한 것이다. 이해를 돕기 위해 주식에 빗대어 설명하고자 한다. 계산기를 옆에 두고 보면 더욱 좋겠다.

[분양 대상자별 종전가격 및 부담금 추산액 통보서]

(1) 분양 대상자별 종전의 토지 또는 건축물의 명세 및 종전자산 감정평가액

토지평가액		건물평가액	
면적	평가액 ①	면적	평가액 ②
83㎡	280,000,000원	114㎡	30,000,000원

(2) 분양 대상자별 부담금 추산액

종전자산평가액 ③	310,000,000원	추정 비례율 ④	110%
권리가액 ⑤	341,000,000		추정 비례율은 조합원분양 신청, 시공사 본 계약, 일반분양가 등이 미확정된 상태에서 추정한 것으로 분양 신청 완료 후 관리처분계획에 따라 변경됨

* 표 안의 '종전자산평가액③'은 조합원들의 감정평가액을 모두 합한 금액이 아닌, 분양 대상자별 부담금 추산액을 계산한 결과임.

1단계
정비구역 지정

2단계
조합설립인가

3단계
사업시행인가

4단계
관리처분인가

5단계
일반분양

감정평가액(종전자산평가액, ③)은 토지평가액(①)에 건물평가액(②)을 합산한 금액이다. 이로써 H씨는 약 3억 1000만 원의 지분으로 조합에 출자한 주주가 되었다. 사업시행인가 이후 대략적으로 정해진 세대수와 분양가 등을 반영하여 추정 비례율(④)을 계산해보니 110%가 나왔다고 한다. 100%를 넘겼으니 다행히 배당금은 챙길 수 있게 되었다.

그렇다면 H씨 '계좌'에는 배당금을 포함해 총 얼마의 '잔고'가 남아 있을까? 친절하게도 조합에서 먼저 계산해 통보해주었다. 항목 ③과 항목 ④를 곱해 나온 권리가액(⑤)이 바로 그것이다. H씨의 '계좌'에는 현재 약 3억 4100만 원이 들어 있는 셈이다. '배당금'으로만 약 3100만 원이 떨어졌다.

H씨의 '배당금'

= 341,000,000원(⑤) - 310,000,000원(③) = 31,000,000원

이 '배당금'의 쓰임을 알기 위해서는 예상 분양가를 함께 봐야 한다.

[59형 예상 분양가]

구분	조합원분양가 ⑥	일반분양가
59형	458,000,000원	558,000,000원

H씨는 기존 주택과 토지를 대가로 새 아파트 59형을 선택하기로 했다. 평수를 넓혀서 가기 때문에 추가로 내야 할 부담금이 있다. 먼저 이를 단순하게 현시점의 순수한 물건 값인 감정평가액에 따라 계산해보자.

▶ 감정평가액으로 계산해본 예상 부담금

= 조합원분양가(⑥) - 감정평가액(③)

= 458,000,000원 - 310,000,000원

= 148,000,000원

이렇게 계산된 약 1억 4800만 원의 부담금은 해당 구역의 비례율이 100%일 때 부담해야 할 부담금의 액수다. 하지만 예시에서는 예상 비례율이 110%라고 했다. 즉, 100% 이상이므로 그만큼의 수익률을 고려해 계산해야 한다. 그렇다면 H씨가 실제로 지불할 예상 부담금은 얼마일까? 이는 감정평가액에 향후 개발 이익까지 합산한 가치, 즉 권리가액으로 계산해보면 알 수 있다.

▶ 권리가액으로 계산한 예상 부담금

= 조합원분양가(⑥) - 권리가액(⑤)

= 458,000,000원 - 341,000,000원

= 117,000,000원

1단계
정비구역 지정

2단계
조합설립인가

3단계
사업시행인가

4단계
관리처분인가

5단계
일반분양

'감정평가액으로 계산해본 예상 부담금'과 '권리가액으로 계산한 예상 부담금'의 차액을 계산해보면 정확히 배당금만큼인 약 3100만 원이 나온다. 이렇듯 조합원의 예상 부담금을 따져볼 때는 미래에 지어질 새 아파트의 예상 가치, 즉 권리가액을 기준에 두고 계산해야 한다.

[예상 부담금 계산 공식]

부담금 = 조합원분양가 − 권리가액

그런데 간혹 "'감정'에 감정 상한다"라는 말이 나올 때가 있다. 부동산 상승기에는 매매가의 상승률을 반영해 공동주택 공시가격이 제법 잘 나오는 편이지만, 그렇지 않을 때에는 감정평가에 만족하지 못하는 경우도 생긴다. 이의를 신청하는 사람이 많으면 그만큼 사업 진행은 늦어지기 마련이다.

한편 사업시행인가 단계에서 명심해야 할 것은 이때 계산되는 비례율과 부담금 모두 '예상' 금액이라는 사실이다. 그다음 단계인 관리처분인가 시 부담금을 계산하기 위해 비례율을 도출하지만 최종 비례율은 일반분양이 끝나고 입주할 시점에 비로소 확정된다.

물론 현 단계에서 비례율이 높게 책정되면 조합원들의 동의를 이끌어내는 데 수월하겠지만, 이것이 현실이 되지 못할 때에는 훗날 예상치 못했던 큰 지출을 조합원 각자가 부담금으로 감당해야 할 수도 있다.

눈치 싸움에 평수가 결정된다

조합원분양

감정평가에 이어 기다리고 기다리던 조합원분양 신청이 다가왔다. 조합은 사업시행인가가 고시된 이후 60일 이내에 조합원분양 신청을 완료해야 한다. '조합원분양 신청'이라고 해서 최종 계약이 이루어지는 단계처럼 보이지만, 사실 이 단계는 계약이 아닌 '평형'을 신청하는 단계다.

조합은 사업시행인가 이후 60일 이내에 '분양 대상자별 종전가격 및 부담금 추산액 통보서'를 배부해야 한다. 앞선 예시에서 조합원 H씨가 받은 통보서가 바로 그것이다. 이때 분양 신청 기간 등도 함께 공지가 되고, 분양을 신청하며 이주 시점까지 완주할지 혹은 조합원자격을 포기해 현금청산할지를 결정하면 된다. (투기과열지구에서 재개발 조합이라면 현금청산 대신 다른 사람에게 매도할 수도 있다.)

조합원분양을 결심했다면 이제부터는 눈치 싸움이 시작된다. 모두가 원하는 평형은 세대수가 한정되어 있는데, 누구나 부담금을 조금 더 내면 원하는 평수로 진입할 수 있어서 인기 있는 평형에는 신청자가 몰리곤 한다. 그렇다면 누구에게 우선순위를 줄까? 예상했겠지만 '지분', 즉 감정평가액에 따라 평형을 선택할 수 있는 우선순위를 부여한다. 상대원2구역을 사례로 보자.

2020년 1월 사업시행인가를 받은 상대원2구역은 그해 3월에 감

1단계
정비구역 지정

2단계
조합설립인가

3단계
사업시행인가

4단계
관리처분인가

5단계
일반분양

[상대원2구역의 평형별 예상 세대수]

타입	예상 세대수
39형	371
49형	248
59형	1803
74형	763
84형	861
101형	424
소계	4470

* 임대주택 등 포함 총 5050세대, 조합원 2324명

정평가를 마치고 5~7월에 조합원분양 신청을 받았다. 선호도가 높은 74형(공급면적 약 30평)과 84형(공급면적 약 34평), 101형(공급면적 약 38평)을 위주로 세대수를 더해보니 2048세대가 나왔다. 조합원은 총 2324명이므로, 조합원 대비 큰 평형의 비중이 높아서 74형 이상으로 분양 신청이 몰릴 가능성이 크다.

이 중에서도 '국민 평수'라 불리는 84형의 예상 세대수는 861세대 뿐이다. 그래서 자신이 받은 감정평가액이 조금 애매하다고 생각되면 전략을 잘 짜야 한다. 가족 구성원이 많아서 도저히 평수를 줄일 수 없다면 74형과 101형 중 어느 평형에 당첨 가능성이 더 높은지를 점쳐 봐야 하는 식이다. 상대원2구역은 84형이 단 하나의 타입으로 되어 있지만, 구역에 따라 조합원분양 신청을 84a, 84b, 84c 등으로 나누어

받는 경우도 있다. 이럴 때는 더욱 촘촘히 예상 경쟁률을 분석해봐야한다. 감정평가액 순으로 평형을 선택하기 때문에 청약의 주요 전략 중하나인 'B급 전략'(비선호 타입을 노리는 전략)도 원하는 평형의 당첨 확률을 높이는 데 도움이 될 수 있다.

보통 1순위, 2순위, 3순위까지 고른 평형을 조합원분양 신청서에 표기해 제출한다. 최종 동·호수 추첨 결과는 일반분양 시점에 청약홈 홈페이지(applyhome.co.kr)에서 확인이 가능하다.

[상대원2구역의 조합원분양 신청 결과]

구분		신축세대수	조합원 분양신청 현황		
			1순위	1+1	소계
타입	39형	781	3	5	8
	49형	458	19	15	34
	59형	1803	269	98	367
	74형	763	712	0	712
	84형	861	851	0	851
	101형	424	416	0	416
소계		5090	2271	118	2389

이러한 과정에서 우리는 한 가지 사실을 알게 된다. 왜 청약에서는 그토록 작은 평형의 물량이 많은지를 말이다. 조합원 간에도 원하는 평

수를 선택하기 위한 눈치 싸움이 치열하기에(그래도 조합원은 자신이 선택한 평형 안에서 대부분 동·호수를 배정받는다. 상대원2구역의 조합원들도 모두 원하는 평형을 받았다), 일반분양에서는 조합원분양에서도 선택받지 못한 남은 물량만 풀리게 되는 것이다. 그리고 이는 보통 작은 평수에 몰려 있다.

지금으로부터 2~3년 후에 상대원2구역이 일반분양할 때는 59형에서 가장 많은 청약 당첨자가 나올 것이다. 내가 '청약의 신'이라 불리며 일반분양분을 정확하게 예측할 수 있었던 것도 바로 조합원분양분을 분석한 결과에서 비롯됐다. 이처럼 청약과 재건축·재개발은 '뫼비우스의 띠'처럼 떼려야 뗄 수 없는 관계인 셈이다.

조합원에게는 더욱이 로열동과 로열층을 배정한다. 실제로 청약홈에 들어가 동·호수 추첨 결과를 마주할 때면 마치 '84점 만점'의 청약통장을 손에 넣은 것 같은, 남부럽지 않은 뿌듯함이 생기곤 한다. 그 누구보다 훌륭한 뷰를 누리면서도 상승장에서는 '신고가'를 기대하게 하고, 하락장에서는 최후의 순간까지 가격 방어가 되는 귀한 물건이 내손안에 들어오니 말이다.

때로는 비조합원에게 일반분양을 하느니 조합원들에게 '1+1 분양'(조합원에게 두 채의 분양권이 돌아가는 것)을 해주는 게 낫다고 판단되는 경우도 있다. '단군 이래 최대 규모'라 불리는 둔촌주공도 분양가상한제로 인해 사업성에 발목 잡히자, 조합원들에게 1+1 분양하는 방향으로 선회하면서 일반분양분을 줄이려는 추세다.

그렇다면 조합원분양 신청 이후 상대원2구역을 매수하기로 한 사람

1단계
정비구역 지정

2단계
조합설립인가

3단계
사업시행인가

4단계
관리처분인가

5단계
일반분양

은 무엇을 중점적으로 봐야 할까? 아임해피가 첫 내 집을 장만했을 때를 떠올려보자. 재건축의 'ㅈ'도 모르는 부린이도 거뜬히 해냈던 만큼 매수 과정은 생각보다 굉장히 심플하다.

일단 부동산에서 조합의 상황을 상세히 브리핑해준다. 네이버부동산만 봐도 대략적인 예상 부담금과 해당 물건을 내놓은 조합원이 어떤 타입의 평형을 신청했는지 등이 깔끔하게 정리되어 있다.

[상대원2구역의 조합원분양 신청 이후 매물 예시(출처: 네이버부동산)]

막상 물건을 보면 앞서 공부한 권리가액이니 비례율이니 하는 것들은 드러나 있지 않다. 그저 '매매가'와 '부담금'(예시에서는 '추가분담금'이라고 쓰임)을 보고, 과연 얼마의 가격에 미래의 새 아파트를 살 수 있는지를 파악하면 된다.

위 물건에서 눈여겨봐야 할 단서는 총 세 가지다.

1단계
정비구역 지정

2단계
조합설립인가

3단계
사업시행인가

4단계
관리처분인가

5단계
일반분양

1) 74신청 = 조합원분양 시 74형을 신청한 물건이다.

= 30평 아파트

2) 최종매수가 8.97억 = 매매가 6억 8500만원 + 부담금 2억 1200만원

3) 투자금 4.28억 = 기존 보증금과 대출 가능한 금액을 제외하고 해당

물건을 계약할 시점에 실제로 들어가는 현금

결론: 나는 8억 9700만 원(2)에 30평짜리(1) 새 아파트를 산다.

이 중에서 계약할 때는 현금 4억 2800만 원(3)이 있어야 한다.

내가 내 생애 첫 집인 신매탄주공2단지를 매수할 때의 일을 기억하는가? 그때와 다를 게 하나도 없다.

다만 과정이 간단하다고는 해도 이게 '잘하는 투자'인지는 반드시 짚어봐야 한다. 그런데 이마저도 어렵지 않다. 몇 년 전만 해도 어려운 공식을 암기해가며 마치 수학문제를 풀 듯 수익률을 계산해야 했지만, 지금은 '신축이 입지'라 불릴 만큼 새 아파트가 각광받는 '신축의 시대'가 아니던가. 휴대전화 화면 터치 몇 번 만에 수익률을 직관적으로 파악할 수 있다.

e편한세상금빛그랑메종은 상대원2구역 주변의 대장 아파트 중 하나다. 이 단지의 29평(74형) 아파트가 2021년 6월 약 10억 원에 거래되었으니, 1~2억 원의 안전마진을 확보한 셈이다. 상대원2구역에 들어설 아파트가 향후 가장 최신 단지가 될 것이고, 앞서 분양한 신흥역하늘채랜더스원, e편한세상금빛그랑메종과 달리 상대원2구역은 민간

분양으로 이루어진다는 점에서 향후 거래 가격은 더 높아질 것으로 예상된다.

이처럼 주변의 신축 대장 아파트와 재건축·재개발 구역의 매수가를 비교해보면, 복잡한 공식에 대입해 도출한 예상 수익가와 소름 끼칠 만큼 절묘하게 맞아떨어진다는 걸 알 수 있다. 누구나 뺄셈만 할 수 있다면, 아니 계산기만 두드릴 줄 안다면 이토록 쉽게 예상 수익률을 파악할 수 있다.

실제 투자금과 예상 수익률을 계산하는 방법은 너무나 중요하므로 4장에서 보다 자세히 다룰 예정이다. 드디어 3단계인 사업시행인가도 마무리되었다. 남아 있는 단계에서 조합원이 기억해야 할 굵직한 과정은 이주와 철거, 그리고 일반분양 후 입주다. 이제부터는 가벼운 마음으로 책장을 넘겨보자.

HAPPY POINT

3단계, 사업시행인가

① 예상 총세대수를 보고 조합원분양과 일반분양의 물량을 체크할 것

② 조합원분양 시 평형 선택에 눈치 작전 필요!

③ 서울은 사업시행인가 이후 시공사 선정

조합원분양을 포기한다면?

만약 조합원분양을 신청하지 않으면 어떻게 될까? 한마디로 말해 '현금청산자'가 된다. 재건축에서는 '매도청구권'(매도한다고 청구할 수 있는 권한)을 사용한다고 하고, 재개발에서는 '토지수용'(국가나 지자체에서 강제적으로 토지의 소유권 등을 취득하는 일)을 당한다고 표현한다. 시세보다 낮은 감정평가액으로 보상을 받게 되는 것이다.

이때 분양을 신청한 조합원 입장에서는 현금청산자가 많을수록 좋을 것이라 생각할 수도 있다. 조합원분양 물량이 줄어든 만큼 일반분양을 늘리면 사업성이 좋아질 거라는 판단에서다. 과연 진짜 그럴까?

분양을 포기한 사람들에게 청산해주는 현금은 결국 조합의 사업비로 충당된다. 즉, 오히려 비용이 늘어나는 셈이다. 모든 조합원이 분양에 참여한다는 전제하에 계산하는 비례율 역시 조정될 수밖에 없다. 따라서 조합원분양과 현금청산을 결정한 인원이 명확하게 나뉘는 순간, 사업의 진짜 비례율이 확정된다고 볼 수 있다. 이로써 현금청산자에게 보상한 비용이 일반분양분의 수익으로 충당될 수 있는지도 비로소 알게 되는 것이다.

조합원분양을 포기해 현금청산 대상자가 되는 경우 말고도 의도치 않게 현금청산자가 될 수 있는 경우도 있으니 각별히 주의를 기울여야 한다. 다음은 「도시정비법」에 명시된 현금청산 대상자다. (2018년 2월 9일 이후 관리처분인가를 신청한 조합부터 적용된다.)

[「도시정비법」 제73조에 따른 현금청산 대상자]

- 나대지 단독 필지로 30㎡ 미만 소유자
- 나대지 단독 필지로 30㎡ 이상, 90㎡ 미만 소유자로 유주택자
- 나대지 공유지분 90㎡ 미만 소유자
- 분양 신청을 하지 않은 경우
- 분양 신청을 철회하는 경우(분양 신청 기간 종료 이전에 분양 신청을 철회한 자)
- 인가된 관리처분계획에 따라 제외되는 경우(너무 좁은 토지 또는 건축물, 권리산정기준일 후 분할된 토지를 취득한 자)
- 5년 재당첨제한에 해당하는 경우(3장 '투기과열지구에서 주의할 것들' 참고)

만약 현금청산 결과를 받아들일 수 없다면 지방토지수용위원회에 수용재결(공익을 위하여 국가의 명령으로 특정물의 권리나 소유권을 강제로 징수하여 국가나 제삼자의 소유로 옮기는 처분에 대한 행정부 내 위원회의 사법적 판단)을 신청하면 된다. 여기서도 결과에 불복한다면 중앙토지수용위원회에 회부한다. 지방법원에서 대법원으로 가는 과정과 비슷하다고 생각하면 된다. 협의는 감정평가액의 120~150% 선에서 이루어지는 경우가 대

부분이다. (현금청산을 하기로 한 사람이 결정을 번복하려 할 경우, 간혹 구제해주는 경우도 있지만 이는 조합에 따라 다르다.) 부천의 괴안2D구역은 재개발에 반대하는 사람들에게 공시지가의 170%까지 조합이 현금으로 청산해주겠다고 설득했으나, 결국 이마저도 받아들여지지 않아 구역 자체가 해제된 바 있다.

5

축하합니다, 대망의 철거를 하는군요!

4단계 관리처분인가

이제 분양을 진행할 사람과 진행하지 않을 사람이 정해졌다. 그동안 예상으로만 점쳐오던 수익률도 확정되는 순간이다. '조합이 사업을 관리한다'는 재건축·재개발 여정이 막바지로 치달았다.

'입주권'이 되는 날

조합원분양 신청의 마지막 날은 사업의 규모가 확정되는 날이자 '관리처분계획수립일'이라고도 한다. 조합원분양 물량에 따라 감정평가액 총액이 결정되고, 일반분양과 임대주택의 물량, 보류지(추후 소송 등에 대

1단계
정비구역 지정

2단계
조합설립인가

3단계
사업시행인가

4단계
관리처분인가

5단계
일반분양

비해 공실로 남겨둔 것, 입주 완료 후에까지 남아 있으면 신문 공고를 통해 조합에서 매도한다), 정비사업비 추산액 등도 이때 정해진다. 다만 조합원분양가는 아직 평균가로 발표되는데, 정확한 금액은 동·호수 추첨 후에 각자가 당첨된 층수와 호수에 따라 개별적으로 안내된다.

관리처분계획을 수립해 최종 인가를 받기까지는 다음의 과정을 따른다.

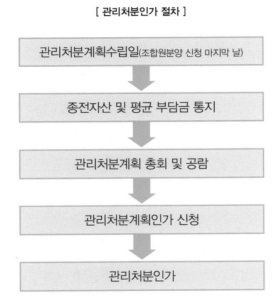

[관리처분인가 절차]

관리처분계획수립일(조합원분양 신청 마지막 날)

⬇

종전자산 및 평균 부담금 통지

⬇

관리처분계획 총회 및 공람

⬇

관리처분계획인가 신청

⬇

관리처분인가

관리처분인가일을 기점으로 조합원의 물건은 '권리' 상태인 '입주권'으로 바뀐다. 또한 이날 이후 투기과열지구에서 조합원은 '재당첨제한'

대상자가 된다. (자세한 내용은 3장 '투기과열지구에서 주의할 것들'에서 다룬다.)
사실 관리처분까지 왔다면 인가가 잘 안 나오면 어쩌나 하는 걱정은 접
어두어도 좋다. 웬만하면 관리처분인가는 잘 나오는 편이기 때문이다.

다만 이제부터는 조합원, 세입자들의 이주가 얼마나 빨리 이루어지
는지가 관건이다.

마지막 단 한 명까지
이주 및 철거

재건축 사업이라면 이주를 크게 걱정하지 않아도 된다. 다만 한꺼번
에 이주 수요가 몰려 주변 전세 가격이 한 차례 출렁거릴 수는 있다.

재개발은 이주 과정이 조금 힘들 수 있다. 앞서 재개발과 재건축의
차이를 설명할 때 언급했듯이 재개발 사업에는 세입자를 보호하는 장
치가 있지만, 끝까지 명도를 거부하는 사람들이 나오기 마련이고 이들
을 강제로 끌어내지는 못한다. 마지막 한 가구가 빠질 때까지 철거에
돌입할 수 없어서 시간이 더욱 지체되기도 한다. 따라서 세입자의 비중
이 높은 구역이나, 너무 낙후되어 주변에 갈 곳이 없는 곳, 남은 주민들
의 입장이 강성인 구역은 지체된 기간만큼 이주비 대출 이자 등 사업
비가 늘어나므로 투자에 주의를 기울이는 편이 좋다.

한 가지 반가운 소식은, 세입자를 내보낼 때나 실거주하던 조합원

이 잠시 머물 곳을 찾을 때 요긴하게 쓸 수 있는 이주비 대출이 나온다는 점이다. 한도 등은 4장에서 대출을 설명할 때 자세히 다루겠지만, 주택이라는 실물이 곧 없어질 예정임에도 담보대출을 받을 수 있다는 건 분명 희소식이다. 금융기관은 조합에서 선정한다. 조합원은 이주계획서를 작성해 지정된 기관에 송부한 뒤 이삿날 공실에 대한 확인증을 받고 미리 써둔 대출 자서를 바탕으로 근저당을 설정할 수 있다. 만약

1단계
정비구역 지정

2단계
조합설립인가

3단계
사업시행인가

4단계
관리처분인가

5단계
일반분양

[이주 절차]

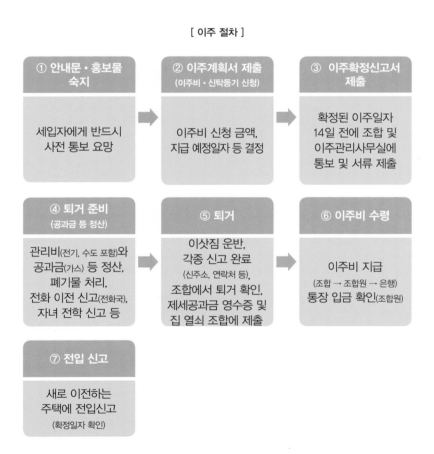

① 안내문·홍보물 숙지

세입자에게 반드시 사전 통보 요망

② 이주계획서 제출
(이주비·신탁등기 신청)

이주비 신청 금액, 지급 예정일자 등 결정

③ 이주확정신고서 제출

확정된 이주일자 14일 전에 조합 및 이주관리사무실에 통보 및 서류 제출

④ 퇴거 준비
(공과금 등 정산)

관리비(전기, 수도 포함)와 공과금(가스) 등 정산, 폐기물 처리, 전화 이전 신고(전화국), 자녀 전학 신고 등

⑤ 퇴거

이삿짐 운반, 각종 신고 완료
(신주소, 연락처 등),
조합에서 퇴거 확인, 제세공과금 영수증 및 집 열쇠 조합에 제출

⑥ 이주비 수령

이주비 지급
(조합 → 조합원 → 은행)
통장 입금 확인(조합원)

⑦ 전입 신고

새로 이전하는 주택에 전입신고
(확정일자 확인)

관리처분인가 단계에서 들어올 투자자라면 '○○구역 금융기관 선정'이라는 뉴스를 보고 '앞으로 이주와 철거가 곧 이루어질 것'임을 해석할 수 있어야 한다.

100% 이주가 끝나면 이제 건물 철거 승인이 나고 본격적인 철거가 시작된다. 철거 소식은 곧 일반분양 시점이 다가오고 있다는 신호다. 철거를 하고 난 후 착공과 동시에 모델하우스가 지어지고, 일반분양 직전에 조합원 동·호수 추첨 결과가 청약홈 홈페이지에 발표된다. 이어서 로열동과 로열층을 받아 든 조합원은 모델하우스로 가 분양계약서를 쓰면 된다. 이후에는 그저 느긋한 마음으로 최종 단계인 일반분양 과정을 지켜보면 된다.

HAPPY POINT

4단계, 관리처분인가

① 관리처분인가를 받기는 비교적 수월한 편!

② 관리처분인가일 이후 조합원의 물건은 '입주권'으로 바뀌고, 투기과열지구에서는 '재당첨제한' 대상이 됨

③ 재개발은 이주 과정에서 조금 지체될 수 있음

④ 조합원을 위한 '이주비 대출'이 있음

⑤ 조합원 동·호수는 일반분양 직전에 추첨 결과 발표

⑥ 2018년 1월 24일 이후 사업시행인가를 신청한 투기과열지구 내 재개발 단지는 관리처분인가 이후 '조합원 지위 양도 금지'

입주권과 분양권, 무엇이 다를까?

'입주권'이라는 말이 나온 김에 많은 사람이 헷갈려 하는 '입주권'과 '분양권'의 차이에 대해 알아보자. 둘 다 새 아파트의 권리를 받는다는 점에서는 같다. 하지만 이 권리가 어디에서 비롯되었는지에 따라 용어가 다르고, 각각의 권리에 따라 주어지는 혜택이나 규제 등이 다르다.

먼저 입주권은 재건축·재개발 조합원에게서 나온 권리를 뜻하는 것이고, 분양권은 일반분양에 성공한 청약 당첨자에게서 나온 권리다. 그렇다면 이 둘 사이에 어떤 차이점이 있을까?

앞서도 살펴봤듯이 재건축·재개발 조합원은 로열동과 로열층을 선점하고, 분양 시 조합에 따라 각종 혜택도 받을 수 있다. 반면 조합이 취하고 남은 선택지를 분양받는 분양권의 경우 혜택이 거의 없다고 봐도 무방하다. (사실 일반분양은 당첨된 것만으로도 축복이다.)

분양권의 전매제한 조건을 보면 왜 지금 내가 이토록 재건축·재개발을 강조하는지 그 이유를 납득할 수 있을 것이다. 현재 분양가상한제가 적용되는 지역에서 일반분양분은 '소유권 이전 전매 금지'와 '거주의무기간'이 동시에 적용된다. 전매제한과 거주 의무기간은 지역과 분

[입주권과 분양권의 차이(취득 시점 기준)]

구분	입주권	(정비사업) 분양권
동·호수	대부분 로열층·로열동	조합원(입주권) 물량이 빠진 후 남은 것
혜택	조합에 따라 확장비 무료, 가전제품 서비스, 이주비 대출(무이자, 이자후불제) 가능	없음
전매제한	투가과열지구 내 – 재건축은 조합설립인가 이후 소유권 이전 전매 금지 – 재개발은 관리처분인가 이후 소유권 이전 전매 금지(2018년 1월 24일 이후 사업시행인가를 신청한 조합부터 적용) – 예외 시 전매 가능	– 현재 수도권 과밀억제권역 및 성장관리권역, 5대 광역시 소유권 이전 전매 금지 – 분양가상한제 지역 전매제한 기한 최대 10년, 거주 의무기간이 있을 수 있음
초기 투자금액	분양권에 비해 많은 편 (프리미엄까지 일괄 지급)	입주권에 비해 적은 편 (당첨 시 계약금만 지급)
취득세	토지 4.6% 등 물건에 따라 다양함	계약 당시에는 없으며, 완공 후 입주 시점에 발생
재산세	있음(종합부동산세 포함)	없음(종합부동산세 포함 ×)
양도세	– 1년 미만 70% – 1년 이상 2년 미만 60% – 2년 이상 기본 세율 – 관리처분인가 이후에는 양도세 중과 없음	지역에 상관없이 – 1년 미만 70% – 1년 이후 60%

양가에 따라 달라지는데, 2021년 6월에 분양한 반포래미안원베일리의 청약 당첨자는 10년간 전매가 금지된다.

이처럼 새 아파트에서 살 수 있는 기회는, 그리고 새 아파트를 살 기회는 점점 줄어들고 있다. 청약의 물량도 물량이거니와 당첨된 사람이 팔 수조차 없으니 시장에서 매물이 잠길 수밖에 없는 것이다.

그래서 지금이 조합원 입주권에 관심을 가져야 할 때다. 조합원 입주권은 투기과열지구에서만 소유권 이전 전매가 금지되며, 잘만 찾는다면 운 좋게 투기과열지구에서도 예외 물건이 나오기도 한다.

더욱이 2021년 6월부터는 일반분양권에도 지역에 상관없이 양도세가 부과되기 때문에, 다주택자에게는 사기도 어려운 데다가 팔아도 남는 게 없는 '계륵' 같은 상품이 되어버렸다. 이에 다주택자들은 마지막 남은 상품으로 '양도세가 중과되지 않는 관리처분인가 이후의 입주권'을 눈여겨보고 있다.

요지의 지역에서 새 아파트는 씨가 마르고 있다. 청약으로 당첨되기도 힘들고, 당첨된 사람의 물건을 살 수도 없는 상황에서 누구나 새 아파트를 살 수 있는 '입주권'은 거의 유일한 대안으로 떠오르고 있다. 다만 입주권 역시 투기과열지구에서는 재당첨제한 등의 규제가 있다는 점을 기억해야 한다.

6

드디어 새 아파트에 불이 켜졌다!

5단계 일반분양

마지막 5단계까지 무사히 온 것을 축하한다. 남은 절차를 계속 설명할 테지만, 조합원이라면 이제 두 다리 쭉 뻗고 편안하게 책장을 넘겨도 좋다.

조합과 HUG의 줄다리기

일반분양가는 누가 정할까? 바로 '조합'이다. 그런데 우리나라는 조합이 마음대로 분양가를 확정할 수 없다. '고분양가 관리지역'과 '분양가상한제'라는 규제가 있기 때문이다. 특히 분양가상한제 지역에 속하

1단계
정비구역 지정

2단계
조합설립인가

3단계
사업시행인가

4단계
관리처분인가

5단계
일반분양

는 구역은 일반분양가를 두고 주택도시보증공사(HUG)와 치열한 밀고 당기기를 해야 한다. 관리처분인가 때 나왔던 평당 분양가보다 HUG에서는 더 낮은 분양가를 제시하는 일도 비일비재하기 때문이다. 이에 자재비와 인건비 등 늘어난 사업비와 공시가격 상승분을 반영해 후분양을 시도하는 단지들도 속속 생겨나고 있다.

마침내 입주다
준공 및 조합 청산

일반분양을 마치면 준공 일자(공사가 완성되는 날짜)가 다가오고, 준공인가를 받으면 마침내 기다리던 입주를 할 수 있게 된다. 입주 후에는 소유권 이전 등기를 해야 한다. 이전에는 토지, 기존 건축물 등으로 되어 있던 등기를 새 아파트로 균등하게 나누는 과정이다. 조합원이었던 원소유자가 많다면 최종 등기가 나오기까지는 시일이 걸리는 편이다. 북아현뉴타운에 속했던 e편한세상신촌의 경우 2018년 5월부터 입주를 했는데, 약 1년 뒤인 2019년 4월 10일이 되어서야 이전 고시(등기)가 나왔다. 일반분양으로 입주하는 사람 중에 소유권 이전 시까지 전매제한 기간이 있다면 최종 등기가 나오는 이때까지 아파트를 매도할 수 없다. 등기가 없는 상태에서 매매한다면 이는 불법 전매에 해당하기 때문이다. 그래도 최근에는 등기 절차가 빨라지는 추세여서, 신정1-1구역을 재개발한 목동센트럴아이파크위브는 완공 후 두 달 뒤에 바로 소유권이 이전되었다.

대지 또는 건축물에 소유권 이전이 끝났다는 건 '조합이 청산되었음'을 의미한다. 설립 당시의 목적인 '새 아파트를 받는다'는 임무를 마쳤으니, 이제 폐업 신고만이 남은 것이다. 이때 바로 최종 비례율이 나온다. 남겨둔 예비비와, 공사를 하면서 늘거나 줄어든 사업비를 셈하여 최종 정산하는 과정이다. 이때 만약 조합이 사업을 잘해서 이익이 남으면 조합원에게 청산금으로 지급되거나 단지 내 편의시설을 늘리는 방향으로 소진되고, 예상보다 지출이 커서 추가 부담금이 생기면 조합과 조합원 간의 다툼이 발생할 수도 있다.

지금까지 우리는 조합이 설립되고 해산하는 모든 과정을 한 편의 드라마처럼 스토리로 살펴보았다. 이 과정에서 조금 어렵거나 헷갈리는 부분도 충분히 있을 거라 짐작된다. 그럴 때는 3장을 반복해 읽으면서 재건축·재개발의 흐름을 잡는 데 집중해보자. '이제 사업시행인가가 났으니 기존 주택의 가치를 판단하는 감정평가를 하겠구나! 그럼 곧 조합원분양 신청을 위한 우편이 오겠네!' 하며 마치 물 흐르듯 다음 순서가 머릿속에 그려질 것이다.

'조합이, 사업을, 관리한다.'

복잡한 재건축·재개발 과정도 이토록 단순하게 이해하는 능력이 부동산 투자에서 진짜 실력이라는 사실을 잊지 말길 바란다.

1단계
정비구역 지정

2단계
조합설립인가

3단계
사업시행인가

4단계
관리처분인가

5단계
일반분양

HAPPY POINT

5단계, 일반분양

① 일반분양가는 조합과 HUG의 줄다리기로 결정!

② 소유권 이전 등기를 마치면 조합은 해산! 청산금 또는 추가 부담금이 결정된다.

7

그래서 언제
사야 할까요?

"과정은 이해했는데, 어느 타이밍에 들어가야 할지 감이 안 잡혀요."

투자에 앞서 아직 고민이 끝나지 않았다면 다시 한번 총정리를 하면서 타이밍을 짚어보자.

먼저, 정비 기본계획이 수립되었다면 재건축 아파트는 '대략 몇 년도부터 사업이 진행될 것 같다'는 시그널을 읽을 수 있다. 초기 투자를 노리고 있다면 지자체에서 향후 계획을 발표하는 이때를 노려 먼저 들어가 거주를 하면서 재건축을 기다려보아도 좋다. 만약 상황을 조금 더 지켜보고 싶다면 '최종 안전진단에 통과했다'는 소식만큼은 절대 흘려들어선 안 된다. 비교적 적은 투자금으로 재건축 투자에 진입할 때는 이보다 더 좋은 타이밍이 없기 때문이다.

재개발이라면 구역 지정 후 추진위원회를 찾아가 그들이 얼마나 뜨거운 의지로 사업을 추진하고 있는지를 살펴야 한다. 또 구역을 직접 돌아다니면서 지역 주민들의 마음이 얼마나 '꿈틀꿈틀'하는지, 즉 얼마나 간절히 재개발을 원하고 있는지를 읽어낼 줄 알아야 한다.

그다음은 조합설립 단계다. 투기과열지구에서 재건축은 조합설립인가 이후에 예외 물건을 제외하고는 매수가 불가능하다. 따라서 투기과열지구에서는 조합설립의 조짐이 보이면 그 전에 매수를 진행하는 것도 좋은 전략이다. 안전진단을 생략하는 재개발은 동의율만 만족하면 조합설립이 크게 어렵진 않지만, 모두가 주목하는 구역일수록 매매가가 비싸다는 리스크가 있다.

이렇게 조합설립인가라는 큰 산을 넘었다면, 이제는 시공사에 주목할 차례. 서울을 제외하고는 이 단계에서 시공사를 선정하는데 어떤 브랜드가 입찰에 참여하는지를 보고 '1군 브랜드'에서 앞다투어 선심성 공약을 쏟아낸다면 사업성이 나쁘지 않다는 신호로 받아들일 수 있다. 다만 이때 시공사의 공약을 100퍼센트 믿어서는 안 된다. 전체적인 분양가나 공사비는 사업시행인가 이전에 건축심의를 통과해야 대략적으로 가늠할 수 있기 때문이다.

다른 지역에 비해 서울은 건축심의가 까다로운 편이다. 따라서 서울에서 건축심의를 받았다는 소식은 투자에 중요한 신호탄이 된다.

사업시행인가가 나오면 조감도가 나온다. 하지만 조감도 그 자체보다는 감정평가가 나오는 그 시점이 아주 중요한 투자 포인트다. 감정평가를 기준으로 누군가는 사업에 동참하고, 또 누군가는 함께 가기를 포기하기 때문이다. 바로 이때 물건을 정리하는 소유자들이 나오면서 시장에 물건이 더러 풀리게 된다. 또한 '국민 평수'인 84형(약 34평)을 신청할 수 있는 세대와, 그렇지 않은 세대의 윤곽이 잡히면서 동·호수 추첨 시 더 유리한 매물은 매수가가 훌쩍 뛰기도 한다.

관리처분인가가 나오면 모든 게 얼추 정해진다. 투기과열지구에서 재개발은 이때부터 소유권 이전 완료 시점까지 물건을 팔 수 없기 때문에, 중간중간 세일 기간(자세한 내용은 3장 '투기과열지구에서 주의할 것들'에서 다룬다)이 아니고서는 관리처분인가 직전에 매도하고자 하는 물건을 많이 보게 될 것이다.

투기과열지구가 아닌 곳에서는 이주할 시점에 물건이 더러 나오기도 한다. 전세가가 높아서 이주비 대출만으로는 세입자를 내보낼 수 없을 때, 현금 여력이 없는 소유자들의 물건이 시장에 나오는 것이다. 이주비 대출을 아예 받을 수 없는 다주택자의 물건도 이때 나올 가능성이 크다. (양도세 중과가 안 되는 시점이라 더욱 그렇다.) 따라서 시간을 오래 투자하고 싶지 않아서 관리처분인가 이후의 매물을 찾는 사람이라면 '이주 시기가 정해지기 이전'에 부동산을 찾아 이렇게 문의해야 한다.

"사장님, 이주가 언제부터이지요? 이주비 대출을 받지 못하는 다주택자 물건이 있으면 바로 연락 주세요."

그러다가 동·호수 추첨을 마치면 그다음부터는 '입주권'의 개념으로 바뀐다. 이어서 착공을 하고 준공까지 완료하면 진정한 '새 아파트'로 거듭나는 것이다.

　재건축·재개발 사업에 투자할 때는 '어디가 제일 쌀까?'를 고민해서는 안 된다. '어떤 타이밍에 그나마 고를 수 있는 물건이 가장 많을까?'로 질문의 방향을 바꿔야 한다. 단계를 밟아갈수록 선택할 수 있는 물건의 폭은 줄어들기 마련이다. 자금 여력이 충분하다고 해도 투자할 수 있는 물건 자체가 동날 수 있다는 뜻이다. 그래서 재건축·재개발 투자는 '타이밍'이 중요하다. 적절한 타이밍을 포착하고 그 시점에 투자금이 비슷하게 드는 몇몇 물건을 발견한다면, 그중에서 어떤 구역에 더 큰 안전마진이 남을지를 따져보면 된다.

　"아임해피님은 주로 어떤 타이밍에 투자를 했나요?"

　이렇게 물으면 나는 '사업시행인가 전후의 물건'을 가장 많이 매수했다고 답한다. 이때 산 물건으로 조합원분양 때 84형을 신청하여 큰 수익을 누렸다. 더불어 이제 막 따끈따끈하게 조합을 설립한 구역이나 힘겹게 건축심의를 통과한 구역이 있다면, 사고 싶은 물건을 장바구니에 담아두듯 '나만의 관심 매물 목록'을 만들어 해당 구역을 눈여겨보곤 했다. 하지만 이제는 초기 정비사업도 주의 깊게 살펴본다. 부동산 열기가 뜨거워지면서 주변 시세가 신축을 중심으로 크게 상승하다 보니 재건축·재개발에 대한 입주민들의 열기도 덩달아 높아졌기 때문이다. 그만큼 초기 정비사업 구역의 속도도 빨라지고 있다.

한 가지 더 보태자면, 개인적으로 나는 관리처분인가 이후에 물건을 매수한 경험은 없다. 하지만 나의 '첫 내 집 마련'처럼 당장 입주가 급한 상황이라면 이 단계에서 매수를 고려하는 것도 좋은 방법이라고 할 수 있다.

'그렇다면 도대체 나는 얼마를 주고 새 아파트를 사는 걸까?'

이에 대한 답을 찾는 여정이 4장에서 기다리고 있다. 이제 본격적으로 계산기를 두드리며 내 집 마련의 시뮬레이션을 돌려보자.

재건축·재개발 핵심 키워드 총정리

① 감정평가액

사업 구역 내에 보유하고 있는 토지 및 건물 등의 경제적 가치를 판정하여 그 결과를 가치에 상당하는 금액으로 표시한 것. 쉽게 말해 '현재 시점의 부동산 가치를 나타낸 값'이다. 「부동산 가격공시 및 감정평가에 관한 법률」에 의해 감정평가 자격을 갖춘 감정평가사가 감정을 수행한다. 빌라, 아파트 등의 집합건물은 공시가격과 거래 사례를 비교해 평가하며, 단독주택 및 다가구주택은 토지 가치와 건물 가치를 합산해 평가한다.

② 비례율

재건축·재개발의 사업성을 나타내는 지표로, 사업 완료 후 총수입에서 총사업비를 공제한 금액을 종전자산평가액으로 나눈 값이다. 통상 100% 이상은 사업성이 좋다고 판단하고, 100% 이하는 사업성이 좋지 않다고 판단한다.

③ 종전자산평가액

조합원들이 현재 시점에 보유한 총 감정평가액. (현금청산자 제외)

④ 종후자산평가액

조합원분양분, 일반분양분, 상가, 임대주택 등 사업이 완료된 후 사업장이 가지게 된 전체 자산의 총액. 조합원분양 수익에 일반분양 수익을 합한 금액이다.

⑤ 권리가액

조합원이 주장할 수 있는 부동산에 대한 권리의 가치로, 감정평가액에 향후 개발 이익까지 합산한 가치다.

⑥ 부담금

조합원들이 조합원분양을 받기 위해 추가로 내야 하는 금액.

$$부담금 = 조합원분양가 - 권리가액$$

⑦ 토지등소유자

재개발의 경우 정비구역 안에 위치한 토지 또는 건축물의 소유자 또는 지상권자. 재건축의 경우 정비구역 안에 위치한 건축물 및 그 부속 토지의 소유자. 추후 조합원의 자격을 얻는다.

⑧ 건폐율

대지면적에 대한 건축면적의 비율. 바닥면적을 덮고 있는 건축물 면적의 비율로, 건폐율이 낮다는 것은 '건물 사이사이 녹지나 공간이 많다'고 표현할 수 있다.

만약 한강변에 '50층 아파트'가 현실이 된다면, 해당 단지는 건폐율이 낮아지는 수혜를 입게 된다. 높아진 층수만큼 한 동에 많은 호수가 들어설 수 있으므로 군이 동 간 간격을 좁히면서까지 세대수를 욱여넣을 필요가 없기 때문이다.

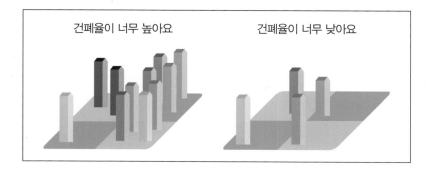

건폐율이 너무 높아요   건폐율이 너무 낮아요

⑨ 용적률

대지면적에 대한 건축연면적(건축물의 바닥면적을 모두 합친 면적)의 비율.
수직으로 쌓은 층별 바닥면적의 합계를 대지면적으로 나눈 것이다.

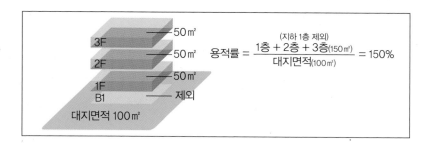

⑩ 공동주택 공시가격

토지와 건물을 일괄한 공동주택의 적정 가격. 공시주택가격이라고
하며, 줄여서 '공주가'로 부른다. 감정평가액의 기준이 되며 통상적으
로는 실거래가보다 낮게 책정된다.

PLUS CHECK

투기과열지구에서 주의할 것들

(feat. 조합원 지위 양도 금지, 재당첨제한)

「○○주공단지 재건축 멈추나… 조합·비대위 첨예한 갈등」

「아파트 안 주고 현금청산이라니… △△△구역 반발」

재건축·재개발과 관련된 뉴스를 보다 보면 이런 헤드라인을 종종 접하게 된다. '아니, 재건축·재개발이 좋은 투자라고 이야기했으면서 왜 갑자기 이런 기사를 보여주는 거지?'라고 생각하는 분들도 있을 것이다. 물론 재건축·재개발이 새 아파트를 마련하는 좋은 방법임에는 틀림없으나 이에 따르는 리스크도 분명 존재하기에, 그리고 그것이 매우 치명적일 수 있기에 반드시 짚고 넘어가고자 했다.

모든 재건축·재개발 사업에 장밋빛 미래만 펼쳐지는 것은 아니다. 조합원 개인의 의지와 상관없이 조합장의 비리나 조합에 반대하는 비상대책위원회가 생기면 사업이 더뎌지거나 아예 멈추는 경우도 간혹 발생한다. 지자체의 심의 문턱을 통과하기가 '하늘의 별 따기'일 때도 있고, 부동산 경기가 침체 국면에 접어들면 본의 아니게 발목을 잡히고 만다.

그래서 재건축·재개발은 특별히 더 철저한 공부가 필요하다. 용어 자체도 익숙지 않기에 공부를 하며 틈틈이 키워드를 노트에 적어놓고 입에 붙도록 훈련해야 한다. 권리를 사고파는 투자라고 해도 그 지역에 직접 찾아가 주변을 둘러보고 매물을 스스로 판단해보는 일도 중요하다. 특히 모든 부동산 투자에서 그렇겠지만 재건축·재개발 역시 투기과열지구 내에서의 거래는 더욱 유심히 살펴야 한다.

① 투기과열지구에서는 사고팔지 못하는 기간이 있다고요?

2017년 8월 2일에 발표한 「실수요 보호와 단기 투기수요 억제를 통한 주택시장 안정화 방안」(이하 '8·2 대책') 내 '조합원 지위 양도 제한'에

[**투기과열지구 지정 현황**(2021년 7월 기준, 출처: 청약홈)]

지역	지정 지역
서울특별시	전역(25개 구)
경기도	광명시, 과천시, 성남시 분당구·수정구, 하남시, 수원시, 안양시, 안산시 단원구, 구리시, 군포시, 의왕시, 용인시 수지구·기흥구, 화성시(동탄2만 지정)
인천광역시	연수구, 남동구, 서구
대구광역시	수성구
대전광역시	동구, 중구, 서구, 유성구
세종특별자치시	행정중심복합도시 건설 예정 지역
경상남도	창원시 의창구(대산면 제외)

따르면, 특정 시점 이후에 투기과열지구에서 재건축·재개발 물건을 매수할 경우 '조합원 자격을 주지 않는다'는 규제 조치가 생겼다. 즉, 내가 토지나 건물을 매수해 소유자가 되었다고 해도 정비사업 조합원 자격을 얻지 못한다는 뜻이다. 여기서 말하는 특정 시점이란 재건축 사업은 '조합설립인가' 이후, 재개발 사업은 '관리처분인가' 이후에 해당한다.

[조합원 지위 양도 금지 기준]

사업	기간
재건축	조합설립인가 이후
재개발	관리처분인가 이후

이로써 원조합원은 내가 팔고 싶을 때 집을 매도할 수 없고, 매수 희망자도 이 기간에 물건을 살 수 없게 된다. 그렇다면 지금으로서는 아예 입주권도 얻지 못하고 전매도 불가능한 걸까? 2021년 7월 기준 서울의 재개발 지역은 대부분 전매가 가능한데, 이는 전매 금지가 적용되는 시점 덕분이다. 재개발 전매 금지의 경우 2018년 1월 24일 이후 사업시행인가를 신청한 조합부터 적용받는다. 그런데 현재 관리처분인가 단계에 있는 서울의 재개발 구역들은 2018년 1월 24일 이전에 사업시행인가를 신청한 곳이 대부분이라 전매가 가능하다.

[투기과열지구 내 재건축·재개발 지구 전매제한의 예외 상황]

	재건축	재개발
근무상 등	근무상, 생업상, 질병치료, 취학, 결혼으로 세대전원이 타 시군으로 이전하는 경우	
상속주택으로의 이전	상속으로 취득한 주택으로 세대전원이 이전하는 경우	
해외 이주	세대전원이 해외 이주 및 2년 이상 체류하는 경우	
소유 및 거주	1세대 1주택자가 10년 이상 소유하고 5년 이상 거주한 경우 • 상속주택인 경우 피상속인의 소유 기간 및 거주 기간을 합산함 • 거주 기간은 주민등록표를 기준으로 하며, 소유자가 거주하지 않고 직계비존속이 거주한 경우도 합산함	
그 밖에 대통령령으로 정하는 경우	㉠ 조합설립인가 이후 3년이 지나도 사업시행인가 신청을 못한 재건축 사업 (예, 잠실주공5단지) ㉡ 사업시행인가 이후 3년 동안 착공을 못한 재건축 사업 (예, 방배13구역) ㉢ 착공일로부터 3년 이상 준공되지 않는 재건축·재개발 사업 (단, ㉠, ㉡, ㉢ 모두 3년 이상 계속 소유하고 있던 사람에게만 전매 예외를 허용한다.) ㉣ 상속 이혼으로 소유한 경우 (2003년 12월 31일 이전 조합설립된 재건축 지구) ㉤ 재건축 사업의 토지가 경매 또는 공매가 된 경우 ㉥ 투기과열지구 지정 전 매매계약이나 30일 이내 부동산 거래신고를 한 경우	㉠ 투기과열지구 지정 전 매매계약이나 30일 이내 부동산 거래신고를 한 경우 ㉡ 2018년 1월 24일 이전 사업시행인가를 신청한 구역의 경우

다만 사업시행인가 시기에 관계없이 특수한 경우에 한하여 전매가

가능한 예외 조항도 있다.

재건축과 재개발 모두 1가구 1주택자가 10년 이상 보유하고 5년 이상 거주한 경우 이는 투기의 목적이 아니라고 판단하여 전매 및 입주권 양도가 가능하다. 또한 질병, 학교, 직장 등의 이전으로 집을 팔아야 할 경우에도 역시 마찬가지다.

전매 거래로 입주권을 획득하고 싶은 사람이 가장 눈여겨봐야 할 조항은 재건축 지구 예외 상황 중 '그 밖에 대통령령으로 정하는 경우'이다. 재건축 사업 과정에서 조합이 설립된 이후 3년이 되도록 사업시행인가를 신청하지 않았다거나(㉠), 사업시행인가를 받았음에도 3년 이상 착공을 하지 못한 사업장의 경우(㉡), 착공을 했음에도 3년 동안 준공이 되지 않았을 경우(㉢)에는 재건축 사업이 원활하게 진행되고 있지 않다고 판단하여 전매 및 입주권 양도가 가능하다.

이런 사업장들은 한시적으로 '세일 기간'을 마련해주는데, 나는 이때를 '블랙프라이데이'라고 부르며 최고의 매수 타이밍이라 말한다. 매수하는 사람 입장에서도 이미 어느 정도 사업을 진행한 구역의 입주권을 받기에 최고의 타이밍이지만, 매도하는 사람 입장에서도 이 시기를 놓치면 언제 다시 매도 타이밍을 잡을 수 있을지 가늠하기 어렵기 때문이다. (8·2 대책 이전까지는 투기과열지구가 아니었다가 이후에 투기과열지구로 지정되는 경우 역시 '조합원 지위 양도 제한'에 새롭게 포함된다.)

사실 이때가 투기과열지구 내 재건축 단지에서 입주권을 사고팔 수 있는 절호의 기회다. 그리고 이런 '블랙프라이데이'의 수혜자는 오랜 시간 그 지역을 살펴보고 기회를 노린 사람들이다. 기회는 '반짝' 하고 찾아온다. 모두가 우왕좌왕하며 길을 헤맬 때, 나에겐 기회가 없다고 좌절할 때, 오직 준비된 사람들만이 기다렸다는 듯이 기회를 낚아챈다. 꺼진 불도 다시 보자는 마음으로 나에게는 기회가 정말 없는지 틈틈이 찾고 또 찾아보길 바란다. (오세훈 서울시장은 재건축·재개발 과열 방지 대책으로 조합원 지위 양도 금지 시점을 앞당기려 하고 있다. 재건축은 안전진단 이후, 재개발은 조합설립인가 이후로 내다보는데, 2021년 7월 기준 아직 정확한 내용은 확정되지 않았다.)

② 투기과열지구에서는 조합원 자격이 제한되거나 취소되기도 한다고요?

미리 고백하건대 이번 주제는 머리가 좀 아플 것이다. 설명하는 내용에 해당하는 사람은 극소수라는 걸 염두에 두고 가볍게 읽어내려 가자.

조합원 자격을 주지 않는다는 건 다시 말해 '헌 집 줄게, 새 집 다오'가 불가능해진다는 것을 의미한다. 즉, 철거 후에 새 아파트를 받는 게 아니라 물건의 감정평가액만큼 현금을 받고 집을 팔아야 한다. 이것이 앞서 말한 '현금청산'이다. 현금청산의 대상이 된다는 것은 미래 가치를 보고 진행하는 재건축·재개발 투자에서 꽤나 큰 리스크가 된다. 더불어 감정평가액만 돌려받고 나머지 돈은 보상받을 수 없기 때문에 금전적으로도 손해가 발생할 수 있다.

청약과 마찬가지로 재건축·재개발 역시 내가 '재당첨제한'에 걸리지는 않는지 꼼꼼하게 따져보아야 한다. 이 역시 8·2 대책의 일환으로 투기과열지구 내 재건축·재개발 아파트의 조합원분양 대상자, 일반분

[투기과열지구 내 재당첨제한]

이전 당첨(요건)	5년 內 →	재당첨 대상(효과)	
1) 정비사업(재건축·재개발 지역) 일반분양		정비사업(재건축·재개발 지역) 일반분양	×
2) 정비사업(재건축·재개발 지역) 일반분양		조합원분양	×
3) 조합원분양		정비사업(재건축·재개발 지역) 일반분양	×
4) 조합원분양		조합원분양	×

1) 정비사업 일반분양에 당첨된 세대에 속한 자는 5년간 정비사업 일반분양분 당첨에 제한
2) 정비사업 일반분양에 당첨된 세대에 속한 자는 5년간 2017년 10월 23일 이후 취득한 주택을 통한 조합원분양분 당첨에 제한
3) 조합원분양을 받은 자는 5년간 정비사업 일반분양분 당첨에 제한
4) 조합원분양을 받은 자는 5년간 2017년 10월 23일 이후 취득한 주택을 통해 조합원분양분 당첨에 제한

양 대상자는 5년 동안 투기과열지구 내 다른 재건축·재개발 아파트의 조합원분양과 정비사업 일반분양 모두에 신청이 불가능하다.

여기에서 중요한 것은 분양 대상자를 판단하는 기준이다. 일반분양의 경우 당첨일로부터 당첨된 것으로 간주하는데, 재건축·재개발의 경우 당첨된 것으로 간주되는 시기는 바로 '관리처분인가일'이다. 즉, 조합원분양은 최초 관리처분인가일 당시의 대상자를 입주 당첨자로 보면 된다. 만약 투기과열지구 내에서 관리처분인가 이전에 입주권을 매수했고 관리처분인가가 났다면 이는 조합원분양 대상자가 되므로 5년 이내에 투기과열지구 내에서 재건축·재개발 조합원분양 신청과 정비사업 일반 청약에 당첨될 수 없다. 1순위 제한 조건에 걸리니 사실

상 청약조차 가망이 없다.

예를 들어, 광명2구역의 관리처분인가 당시 조합원이었던 사람은 재당첨제한 기간인 5년 동안 다른 재개발 구역인 광명11구역(2021년 8~9월 관리처분인가 예정) 물건을 살 수 없다. 단, 국토교통부 등의 주도로 일괄적으로 정비되는 택지지구에서 나온 물량이라면 경우가 다르다.

[광명2구역 최초 관리처분인가일(당첨일) 기준 재당첨제한 조건(출처: 청약홈)]

당첨주택명 동/호수	당첨일	제한사항				
		재당첨 제한	특별공급	부적격 당첨자 제한	투기과열지구·청약과열지역 (1순위 청약제한)	가점제 당첨제한
광명제2R구역주택 재개발정비사업조합 0000 / 0	2018-11-09	○ (2023-11-08)			○ (2023-11-08)	

조회기준일 : 2021-04-21

예컨대 동탄2신도시 내 동탄역디에트르 청약에 당첨된 사람은 광명 11구역의 물건을 살 수 있다. 이는 동탄역디에트르가 재건축·재개발을 통한 정비사업 물량이 아닌 택지지구에서 나온 물량이기에 재당첨제한을 적용받지 않는 것이다.

그런데 만약 전매 예외조항을 통해 관리처분인가 이후에 입주권을 매수했다면? 이때는 조합원분양 대상자로 간주되지 않는다. 즉, 청약이 가능한 셈이다. 그러므로 재당첨제한에 해당하는 사람은 '관리처분인가 이후의 물건'을 집중적으로 공략하는 것도 좋은 방법이다.

사실 투기과열지구 내에서 '관리처분인가 당시의 물건을 보유(조합원분양)'하면서 동시에 일반분양까지 당첨되는 사례는 매우 극소수이기 때문에 재당첨제한에 걸리는 경우 역시 극히 일부다. 하지만 재당첨제한의 대상인 줄 모르고 재건축·재개발 투자에 뛰어들었거나, 일반분양에 청약해 부적격 처리를 당하는 경우가 아주 간혹 벌어지기도 한다. 따라서 한 번이라도 내가 투기과열지구 내에서 '당첨'에 준하는 기회를 획득했다면 면밀히 주의를 기울여야 한다. (법 시행일은 2017년 10월 23일부터이며, 최초 관리처분인가일을 기준으로 한다.)

마지막으로 한 가지 꼭 당부하고 싶은 말이 있다. 조합원 지위 양도제한과 재당첨제한은 오직 투기과열지구 내에서만 해당되는 규제라는 점이다. 즉, 투기과열지구에 속해 있지 않은 곳에서는 얼마든지 자유롭게 물건을 사고팔 수 있고, 재당첨이 되어도 자격을 박탈당하지 않는다. 또한 투기과열지구 안에서도 예외 조건을 노리면 얼마든지 입주권의 주인이 될 수 있다. 그러니 막연한 두려움과 걱정은 모두 털어버려도 좋겠다.

하루에도 수백 건씩 쏟아지는 재건축·재개발 뉴스에 귀를 기울이고, 앞으로 예정될 구역에 대해 조사를 하다 보면 내가 가야 할 방향이 어디인지를 알게 될 것이다. 그러다가 문득 자신에게 맞는 재건축·재개발 구역이 보인다면 더 이상 미루지 말고 과감하게 도전해보는 자세도 필요하다. 거듭 강조하지만 철저히 공부하되 절대로 겁먹지 않았으면 한다.

4장

도대체 나는
얼마에 새 아파트를 사는 걸까?

1

감정평가 전
언제 팔아야 할 집인가?

이제부터는 실전 감각을 익혀보자. 실제 매수자의 입장에서 물건을 바라보면 이론만 공부했을 때와는 또 다른 관점을 얻게 될 것이다. '도대체 나는 얼마를 주고 새 아파트를 사는 걸까?' 이 물음에 대한 답을 찾는 여정이 이번 장의 핵심이다.

앞으로 우리는 총 네 가지 과정에 주목할 것이다. 첫 번째 '감정평가 전', 두 번째 '감정평가 후', 세 번째 '이주 후', 네 번째 '동·호수 추첨 후'이다. 그중에서도 감정평가 전 단계는 실제 투자금액(이하 '실투금')이 가장 적게 드는 투자 타이밍이다. 단, 실투금에 예상 부담금을 합쳐서 계산해본다고 하더라도 '새 아파트를 취득하는 데 최종적으로 드는 금액'(총매수가)을 정확히 가늠하기는 아직까지 힘들다는 걸 염두에 두자.

감정평가 전, 매수 시점에 매도 타이밍 정하기

감정평가 전, 그러니까 조합을 설립하고 건축심의에 통과해 이제 막 사업시행인가 도장을 받아낸 시점까지는 여타 다른 주택을 거래할 때와 마찬가지로 매매가격을 기준으로 물건을 사고판다.

[감정평가 전 시점]

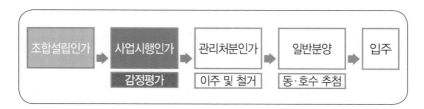

이때 한 가지 팁이 있다면, 물건을 사는 시점에 '언제 팔아야 할지'를 함께 고민해야 후회 없는 선택을 할 수 있다는 것이다. 아직 물건을 고르지도 않았는데 매도할 계획부터 세워야 한다니 조금은 의아할 수 있다. 하지만 이 시점에 물건을 매수해 완공할 때까지 기다리려면 적지 않은 시간이 필요하다. 그래서 2장에서 언급한 것처럼 재건축·재개발 물건을 사서 입주 시점까지 가져가는 사람은 전체의 10%도 되지 않는 것이다. 한번 산 물건을 끝까지 가져가야 한다는 생각은 편견이다.

'지금 매수하는 물건을 끝까지 가져갈 것인가? 아니면 중간에 팔아

서 시세차익을 볼 것인가?'

본인이 이 질문에 어떤 답을 내리느냐에 따라 감정평가 전에 선택할
수 있는 물건은 전혀 달라진다. 과연 이 말이 어떤 의미인지 사례를 통
해 살펴보자.

[X 구역 매물 비교]

구분	A 빌라	B 빌라	C 빌라
매매가격	455,000,000원 (①)	560,000,000원	530,000,000원
전세금액	120,000,000원	주인 거주 (주인 전세 가능. 180,000,000원)	150,000,000원
실제 투자금액	335,000,000원 (②)	380,000,000원	380,000,000원
층수	1층	4층	2층
대지지분	24.49㎡(7.14평)	44.38㎡(13.43평) (④)	24.8㎡(7.51평)
전용면적	59.98㎡(18.15평)	60.23㎡(18.22평)	60.52㎡(18.31평) (⑤)
건축연도	2000년	1995년	2002년 (⑥)
공동주택 공시가격 (2020년 기준)	88,000,000원 (③)	143,000,000원	157,000,000원
예상 프리미엄	340,600,000원	374,100,000원	325,900,000원

우선 X 구역의 A 빌라는 다른 두 매물에 비해 매매가격이 싸다(①). 이
와 함께 매매가격에서 전세금액을 제한 실투금도 가장 적은 편이다(②).

한편 B 빌라는 빌라로서는 보기 드문 넓은 대지지분을 가졌다(④). 다른 두 매물과 비교해보아도 거의 두 배 가까이 차이가 난다. C 빌라는 전용면적이 가장 넓지만(⑤) 그리 눈에 띨 만큼의 차이는 아니며, 대신 세 물건 가운데 가장 신축에 가깝다(⑥).

당신이 매수자라면 어떤 물건을 선택하겠는가? 앞서 나는 감정평가 전이라면 매수를 하는 시점에 매도 타이밍을 가장 먼저 생각해야 한다고 이야기했다.

만약 당신이 중간에 물건을 팔고 시세차익을 취할 생각이라면 A 빌라를 매수하는 편이 좋다. 건축연도가 비교적 최근이라 전세가격이 떨어질 위험이 적고, 매매가격 자체도 가장 저렴해 지금 당장 실투금이 적게 들기 때문이다. '사업이 진행되는 중간 단계에서 누가 내 물건을 받아줄까?'라는 관점에서 따져보면 A·B·C 빌라 중 시드머니가 가장 적게 드는 A 빌라를 매수할 사람이 훨씬 많을 것이다.

반면, 최종적으로 새 아파트에 직접 입주하는 것이 목표라면 B 빌라를 고르는 편이 더 유리하다. 건축연도가 오래되어 전·월세가격은 점차 하락하겠지만, 높은 대지지분이 높은 사업성으로 연결될 가능성이 가장 크기 때문이다. 지금 시점에서 볼 땐 A 빌라가 가장 저렴해 보일 수 있어도 훗날 감정평가액을 받고 여기에 비례율을 곱해 권리가액을 계산한다면 결과적으로 부담금이 가장 낮을 B 빌라가 새 아파트에 입주하는 가장 저렴한 길일 수 있다. (공동주택 공시가격에 130%를 곱하면 감정평가 전 단계에서도 예상 감정평가액을 얼추 계산해볼 수 있다.)

[감정평가 전 매물 가격 형성]

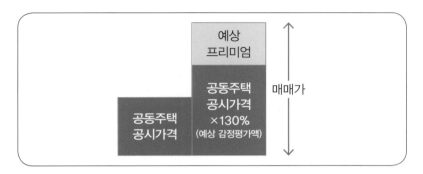

지금 시점의 매매가액은 예상 감정평가액에 예상 프리미엄을 더한 가격이다. 얼마의 프리미엄이 붙었는지를 가늠할 수 있지만 현재는 아직 예상치일 뿐이라는 것도 기억해둬야 한다. 어떤 물건을 선택하든 세입자가 들어와 살고 있는 경우라면 반드시 임차인과 집 상태를 꼼꼼히 확인해봐야 한다. 가장 좋은 경우가 B 빌라처럼 이전에 살고 있던 집주인이 전세 세입자로 계속 사는 경우다. 이를 줄여서 '주전'(주인 전세)이라고 부른다. 보통 주전 물건이 나오는 이유는 기존 소유주가 추후에 낼 부담금을 감당할 여력이 없어서인데, 오래 거주한 빌라를 처분하고 주변 신축 빌라로 이사하기 전까지 원래 살던 집에 계속 머무르며 이주 시점을 가늠해보는 것이다. 이런 집은 아무래도 이전 소유주가 애정을 갖고 오래 살아온 만큼 작은 하자에 크게 민감하게 반응하지 않아서 관리하기에 수월하다.

　사실 앞서도 이야기했지만 초기 투자금과 부담금의 관계는 '조삼모사'와 같다. 초기 투자금이 적게 들면 훗날 부담금이 커질 것이고, 초기 투자금이 큰 물건을 택했다면 부담금을 지불해야 할 시점에 비교적 여유로울 수 있다. 그러니 현재 본인이 가진 예산 안에서 지나치게 무리하지 않고 물건을 고르는 편이 가장 현명한 방법이다.

2

감정평가 후
물건의 브리핑이 달라진다

이처럼 감정평가 전 단계의 거래는 일반적인 부동산 거래와 크게 다르지 않다. 수요와 공급의 법칙에 따라 매도자와 매수자 간의 적정 가격으로 매매가가 형성된다는 점이 같기 때문이다. 그런데 감정평가를 받은 후부터는 물건의 가치가 객관적으로 좀 더 명확해진다. 전문 감정평가사가 물건의 가치를 공식적으로 평가해주면 매도자가 거기에 프리미엄을 붙여서 판매하기 때문에 계산도 딱딱 맞는다. 이처럼 사업시행인가와 관리처분인가 사이에 나온 감정평가를 기점으로 매수의 방향은 한 차례 변곡점을 맞이한다.

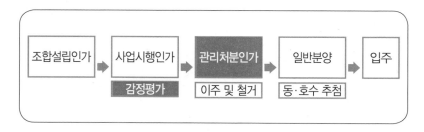

예산을 알고 나를 알아야 백전백승

감정평가를 받았으니 당연히 감정평가액을 알게 되었다. 이제 물건의 매매가는 '감정평가액'에 매도자가 붙인 '프리미엄'을 합산한 금액으로 형성된다.

Y 구역의 매물을 사례로 한번 살펴보자. 공인중개소에 가면 소장님

[감정평가 후 매물 가격 형성]

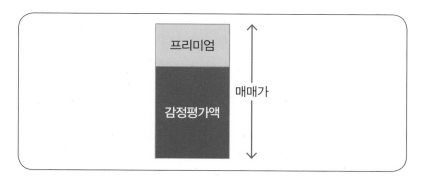

이 다음과 같은 표를 보여주면서 물건에 대한 브리핑을 해줄 것이다. 어렵지 않다.

[Y 구역 84형 신청 매물 비교]

구분	A 빌라	B 주택
감정평가액	240,000,000원	341,500,000원
프리미엄	410,000,000원	410,000,000원
매매가격	650,000,000원	751,500,000원
전세금액	150,000,000원	77,000,000원
융자가능금액 (무주택자 또는 1주택자 처분 조건)	0원	220,000,000원
실제 투자금액	500,000,000원	454,500,000원
예상 비례율	117.22%	
예상 권리가액	281,328,000원	400,306,300원
84형 예상 조합원분양가	566,000,000원	
예상 부담금	284,672,000원	165,693,700원
총매수가	934,672,000원	917,193,700원

사업시행인가 당시 Y 구역의 예상 비례율은 117.22%였다.

그렇다면 Y 구역에서 약 34평(84형) 새 아파트를 살 때 얼마가 필요한 걸까? A 빌라와 B 주택 중 더 나은 물건은 무엇일까?

1) 계약할 시점에 필요한 돈

= 실제 투자금액[매매가격(감정평가액 + 프리미엄) - 전세금액 - 융자가능금액]

= A 빌라 5억 원, B 주택 4억 5450만 원

---

2) 새 아파트를 취득하는 데 최종적으로 필요한 금액

= 총매수가(매매가격 + 예상 부담금)

= A 빌라 9억 3467만 원, B 주택 9억 1719만 원

실투금과 입주시점까지 필요한 총매수가가 적게 드는 물건은 B 주택이다. 더욱이 B 주택을 매수하면 A 빌라에서는 나오지 않는 주택담보대출(융자가능금액)이 나온다. 매수자 입장에서는 대출을 받으면 실투금이 줄어들기 때문에 이익이 커진다. 해당 구역이 규제지역(투기과열지구·조정대상지역)이라면 다주택자에게는 대출이 나오지 않는다. 규제지역에서는 주택담보대출이 세대당 1건만 가능하기 때문이다. 1주택자 중에서도 기존 주택을 처분하는 조건이라야만 대출이 가능하다. (구체적으로 어떤 지역이 규제지역에 해당하는지는 4장 '대출과 세금'에서 자세히 다뤘다.)

만약 Y 구역이 규제지역이라면 이처럼 여러 조건을 따졌을 때 무주택자이거나 1주택 처분 조건에 응하는 사람은 B 주택을, 다주택자라면 A 빌라가 투자하기에 더 나은 선택지가 될 것이다. (융자를 제하면 A 빌라의 실투금이 더 적다.)

마지막으로 한 가지 주의를 당부하고 싶다. 감정평가 후 물건에 대한

브리핑을 들을 때는 중개사가 '감정평가액'을 기준으로 물건을 설명해주는지, 아니면 '권리가액'을 기준으로 물건을 설명해주는지 반드시 확인하고 또 확인하고 넘어가야 한다. 서울이나 경기도에서는 보통 의심을 하지 않아도 감정평가액을 기준으로 브리핑해준다.

그런데 지방에서는 종종 권리가액으로 설명해주는 경우가 있다. 감정평가액에 비례율을 곱한 권리가액으로 설명을 들으면 해당 구역의 사업성이 무척 좋아 보여서다. 하지만 사업시행인가 단계에서 추산하는 비례율은 어디까지나 '예상치'일 뿐이다. 훗날 후회 없는 결정을 내리려면 반드시 권리가액이 아닌 감정평가액을 기준으로 브리핑을 요청해 매수 전 계산을 정확히 해두어야 한다.

3

이주 후
이주비 대출이 실투금을 좌우한다

이주 후면 더 이상 기존 주택에 사람이 살고 있지 않은 상태다. 본인이 거주했다면 2~3년간의 공사 기간 동안 머물 거처를 마련해야 하고, 세입자가 살고 있었다면 보증금을 빼줘야 한다. 이때 '이주비 대출'이 큰 도움이 된다.

감정평가액에 해당 지역의 LTV(주택담보인정비율)를 곱한 금액만큼 대출이 가능한데, 보통 투기과열지구에서는 40%, 조정대상지역에서는 50%, 비조정대상지역에서는 60%까지 LTV를 적용받을 수 있다.

다만 규제지역(투기과열지구·조정대상지역)에서는 이주비 대출이 세대당 한 건만 가능하다는 점을 꼭 기억해야 한다. (대출에 관한 내용은 4장 '대출과 세금'에서 자세히 다룬다.)

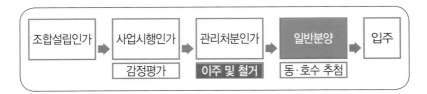

꼭 받아야 하는 대출인가?

이주비 대출의 금리는 조합이 은행과 협의하여 결정한다. 그래서 대출 금리는 조합 정관에 따라 다르다. 수원시 팔달6구역의 경우 일정 금액 이하의 대출금에 한해서는 조합에서 이자를 대신 내주는 '무이자 혜택'을 제공하기도 했다. 이처럼 관리처분인가를 받고 이주 시점의 물건을 매수할 때는 공인중개사로부터 이주비 대출에 관한 내용까지 상세히 안내받아야 한다.

[이주 후 매물 가격 형성]

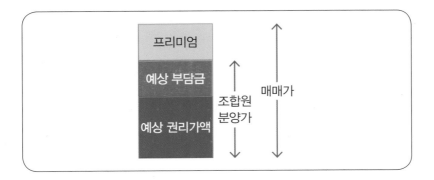

물건의 '총매수가'는 '조합원분양가'(권리가액 + 부담금)에 '프리미엄'을 합쳐서 형성된다. 그럼 이제 수원 권선6구역의 매물을 함께 살펴보자.

[수원 권선6구역 71A형 매물]

감정평가액	88,000,000원
프리미엄	560,000,000원
매매가격	648,000,000원
이주비 대출(LTV 40%)	35,200,000원
실제 투자금액	612,800,000원
조합원분양가	343,300,000원
예상 부담금	255,300,000원
총매수가	903,300,000원
무상 옵션 품목	발코니 확장, 가전제품

권선6구역은 투기과열지구에 해당하며 71A형 매물의 이주비 대출 한도(LTV)는 감정평가액의 40%까지 나온다. 여기서 다시 한번 강조하고 싶은 것은 LTV 한도가 '매매가격'의 40%가 아닌 '감정평가액'의 40%라는 점이다. 그렇다면 권선6구역에 들어설 새 아파트에 입주하기 위해서는 총 얼마의 돈이 필요할까?

1) 계약할 시점에 필요한 돈

= 실제 투자금액[매매가격(감정평가액 + 프리미엄) - 이주비 대출]

= 6억 1280만 원

---

2) 새 아파트를 취득하는 데 최종적으로 필요한 금액

= 총매수가(매매가격 + 예상 부담금)

= 9억 330만 원

주택담보대출의 일환인 이주비 대출은 세대당 한 건만 가능하다는 사실도 잊지 말아야 한다. 규제지역에서는 현재 무주택 상태라면 관계없지만, 다주택자라면 대출을 새로 받거나 승계할 수 없고, 1주택자라면 기존 주택을 처분한다는 조건에 응해야만 대출이 가능하다.

또 이주비 대출은 매매가가 아닌 감정평가액에 LTV를 산정한다는 점도 기억해야 한다. 즉, 기대했던 것보다 대출 금액이 크지 않을 가능성이 높다. 따라서 1주택자라면 무턱대고 이주비 대출을 받기보다는 기존 주택을 처분하는 조건에 대한 기회비용을 면밀히 살핀 후에, 이주비 대출을 받는 편이 더 나은지, 아닌지를 결정할 것을 권하고 싶다.

이주비 대출에 관한 내용은 다음 그림과 같이 조합에서 상세하게 안내해주니 크게 걱정하지 않았으면 한다.

[반포주공1단지 이주비 대출 안내서]

반포주공1단지(1,2,4주구) 주택재건축정비사업조합   이주 및 신탁등기 안내

2. 각 평형별 이주비 대출한도 (예시)

구분		평균가액	이주비 대출한도 (평균가액×40%)	비고
반포 주공1 단지	32평형	2,646,000,000	1,058,400,000	
	42평형	3,262,000,000	1,304,800,000	
	60평형	4,097,000,000	1,638,800,000	
반포 현대	28평형	2,163,000,000	865,200,000	
	37평형	2,621,000,000	1,048,400,000	
상가		세대별 종전평가금액 × 40%		

※ 상기 각 평형별 이주비 대출한도(예시)는 종전 감정평가 평균가액 기준이며, 개별 세대의 종전평가금액에 따라 차이가 발생할 수 있습니다.

3. 조합원 이주비 대출 대상자 (예시)

○ 다음 1에 해당하는 조합원의 경우 1주택자로서 이주비대출 40% 가능
  1. 반포주공1단지 아파트 1주택을 소유하고, 아파트 1주택 분양신청한 자
  2. 반포주공1단지 상가 1채를 소유하고, 아파트 1주택 분양신청한 자
  3. 반포주공1단지 아파트 1주택을 소유하고, 아파트 1주택 분양신청한 자로서, 타지역 1주택을 2018년 9월 13일 이전에 매입하여 임대사업자등록(구청신고필)을 필한 자

○ 다음 1에 해당하는 조합원의 경우 2주택자이며, 준공 후 2년 이내 1주택을 처분한다는 조건의 약정서를 체결한 경우 이주비대출 40% 가능
  1. 반포주공1단지 아파트 1주택을 소유하고, 아파트 1+1주택 분양신청한 자
  2. 반포주공1단지 아파트 1주택을 소유하고, 아파트 1주택을 분양신청한 자로서, 타지역 1주택을 소유한 자
  3. 반포주공1단지 아파트 1주택을 소유하고, 아파트 1+1주택 분양신청한 자로서, 타지역 1주택을 2018년 9월 13일 이전에 매입하여 임대사업자등록(구청신고필)을 필한 자

※ 상기 이주비 대출 대상자 중 각 세대의 상황에 따라 대출이 불가할 수 있으니, 필히 이주비대출 취급 은행에 상담하여 주시기 바랍니다.
※ 상기 이주비 대출 대상자 이외의 조합원께서는 사전에 이주비대출 취급 은행과 반드시 상담하여 주시기 바랍니다.

- 10 -

176   2부 하루라도 더 빨리 미래가치를 선점하라

숨어 있는 비례율을 찾아라

방금 전 이주 후에 들어가는 비용을 분석하며 예시로 든 수원 권선 6구역 매물을 다시 들여다보자.

[수원 권선6구역 71A형 매물]

감정평가액	88,000,000원
프리미엄	560,000,000원
매매가격	648,000,000원
이주비 대출(LTV 40%)	35,200,000원
실제 투자금액	612,800,000원
조합원분양가	343,300,000원
예상 부담금	255,300,000원
총매수가	903,300,000원
무상 옵션 품목	발코니 확장, 가전제품

위의 표에는 한 가지 숨겨진 사실이 있다. 바로 비례율과 예상 권리

가액이다. 공인중개소에서 브리핑을 들을 때는 무조건 고개를 끄덕이지 말고 감춰진 부분도 스스로 찾아내 검산할 수 있어야 한다.

해당 공인중개소는 비례율을 몇 퍼센트로 계산했을까? 먼저 3장에서 공부한 예상 부담금 계산 공식부터 되짚어보자.

[예상 부담금 계산 공식]

이를 권선6구역 물건에 대입해보면 다음과 같다.

255,300,000원 = 343,300,000원 - (88,000,000원 × 비례율)

이때 조합원분양가(343,300,000원)에서 비례율을 곱하지 않은 감정평가액(88,000,000원)을 뺐더니 표에 기재된 예상 부담금(255,300,000원)과 같은 값이 나왔다. 즉, 해당 공인중개소는 비례율을 100%로 계산한 셈이다. (그러므로 감정평가액에 비례율을 곱한 예상 권리가액도 88,000,000원이다.)

그렇다면 이제 현장에서 마지막으로 해야 할 일은 해당 비례율이 조합원들에게 제공되는 책자 속에 기재된 내용과 동일한지를 조합에 물

어 확인하는 것이다. 이처럼 돌다리도 두드려본다는 마음으로 물건의
세부 내역을 스스로 확인해야 후회 없는 투자를 할 수 있다.

동·호수 추첨 후

이제부터는 십 원 한 장까지 확실하게!

매물의 동·호수 추첨이 끝났다는 것은 달리 말해 동·호수마다 제각
각 확정된 조합원분양가를 받았다는 이야기다. 즉, 이제부터는 추산된
평균 분양가가 아닌 저마다 새 아파트의 '정가'를 기준으로 계산기를
두드리게 된다.

또한 동·호수 추첨 결과가 나오면 조합원은 계약서를 작성하고 부
담금의 10%를 계약금으로 지불한다. 따라서 동·호수 추첨 후의 물건
을 매수할 때 실투금은 '매매가격'(조합원부담금을 완납하기 전 상태이므로 권
리가액에 프리미엄을 더한 값)에서 '이주비 대출금'을 뺀 다음 '계약금'을 더
해서 셈한다.

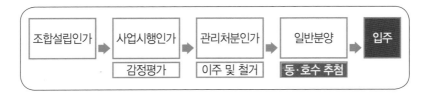

[동 · 호수 추첨 후 시점]

부담금에 가까워지는 시간

수원 팔달8구역을 재개발해 2022년에 입주 예정인 매교역푸르지오 SK뷰 사례를 살펴보자.

[수원 매교역푸르지오SK뷰(팔달8구역) 59A형 매물]

조합원분양가	295,200,000원
프리미엄	450,000,000원
총매수가	745,200,000원
권리가액	54,000,000원
매매가격	504,000,000원
분양 계약금(부담금 × 10%)	24,120,000원
중도금 1~3회차(부담금 × 30%)	대출 중
이주비 대출	18,600,000원
실제 투자금액	509,520,000원

* 취득세 4.6% 별도

권리가액	54,000,000원
부담금	241,200,000원
조합원분양가	295,200,000원

감정평가 전후로도 그랬고 이주 후에도 마찬가지였지만 공인중개소에서 브리핑을 해줄 때 작성해주는 표를 보면 실투금과 총매수가를 직관적으로 확인할 수 있다. 하지만 우리는 돌다리도 하나씩 두드려보며 건너기로 했다. 차근차근 나만의 방식으로 점검해볼 필요가 있다.

1) 잔금 시점에 필요한 돈

= 실제 투자금액[매매가격(권리가액 + 프리미엄) - 이주비 대출 + 분양 계약금]

= 5억 952만 원

2) 59A형 새 아파트를 취득하는 데 최종적으로 필요한 금액

= 총매수가(조합원분양가 + 프리미엄)

= 7억 4520만 원

이렇게 실투금을 치르고 물건을 매수했다면 곧이어 남은 부담금을 납부할 차례다. 동·호수 추첨까지 완료하고 나면 입주를 기다리는 일 밖에 없으니 이 시기가 더욱 빠르게 다가오는 것처럼 느껴질 것이다.

부담금은 조합에 따라 납부하는 방식이 다른데, 보통은 부담금의 10%를 계약금으로 낸 뒤 나머지를 청약의 중도금처럼 6회 차로 나누어 지불하고, 마지막에 잔금을 치른다. 이주비 대출은 이 부담금의 '중도금 대출' 개념이라고 생각하면 쉽다. 이 역시 해당 지역의 LTV만큼 대출이 나온다. 단, 규제지역에서는 다주택자이거나 처분 조건에 응하지 않는 1주택자는 대출을 받지 못하고 부담금의 중도금 회차마다 자비로 부담해야 한다. 이전까지는 비규제지역이었다가 이주비 대출 자서를 써야 할 시점에 갑자기 규제지역으로 지정된 경우에도 마찬가지다. (대출에 관한 내용은 4장 '대출과 세금'에서 자세히 다룬다.)

최근에는 '계약금 10% + 잔금 90%'나 '입주 후 100% 잔금' 등의 조건을 내걸며 시공사 입찰에 성공하는 건설사도 늘고 있다. 이때는 '입주 시점의 KB시세'에 LTV가 적용되는 '잔금대출'을 이용할 수 있어서 돈 걱정을 크게 덜 수 있다.

이주비 대출에 이어 부담금 대출까지, 하나도 어려운 대출을 두 개씩이나 받아야 한다니 머리가 어지러울 수도 있다. 하지만 복잡하게 생각할 필요가 전혀 없다. 우리는 그저 재건축·재개발로 새 아파트를 매수할 때 '돈이 오고가는 네 가지 경우'가 있다는 것만 기억하면 된다. 그 중에서 어떤 시점에 매수하느냐에 따라서 챙겨서 봐야 할 항목이 달라지는 것뿐이다.

아임해피가 생애 첫 집을 계약할 때 종이에 끄적였던 숫자들을 기억하는가? 지금 이 페이지까지 온 당신이라면 그때의 나보다 더 똑똑하게 미래의 새 아파트를 장만할 수 있을 것이다. 단지 A4 용지 한 장만 쥐어 줘도 말이다. '당신도 할 수 있다'는 내 응원이 진심으로 마음에 와닿기를 바란다.

숨어 있는 감정평가액을 찾아라

앞서 사례로 본 수원 매교역푸르지오SK뷰 매물에서도 숨겨진 내용이 있다. 바로 '감정평가액'과 '비례율'이다.

[수원 매교역푸르지오SK뷰(팔달8구역) 59A형 매물]

조합원분양가	295,200,000원
프리미엄	450,000,000원
총매수가	745,200,000원
권리가액	54,000,000원
분양 계약금(부담금 × 10%)	24,120,000원
중도금 1~3회차(부담금 × 30%)	대출 중
이주비 대출	18,600,000원
실제 투자금액	509,520,000원

* 취득세 4.6% 별도

권리가액	54,000,000원
부담금	241,200,000원
조합원분양가	295,200,000원

수원은 투기과열지구에 속하므로 LTV 한도가 40%까지 적용된다. 표에 나온 이주비 대출금액을 통해 감정평가액을 역산할 수 있다.

$$감정평가액 \times 40\% = 18,600,000원(이주비\ 대출)$$

$$\downarrow$$

$$감정평가액 = 18,600,000원 \div 40\%$$

$$감정평가액 = 46,500,000원$$

즉, 팔달8구역 59A형 매물의 감정평가액은 4650만 원이다. 감정평가액을 도출했으니 비례율도 쉽게 계산할 수 있다. 감정평가액에 비례율을 곱하면 권리가액이 나오니, 이를 반대로 적용하면 비례율이 계산된다.

$$46,500,000원(감정평가액) \times 비례율 = 54,000,000원(권리가액)$$

$$\downarrow$$

$$비례율 = 54,000,000원 \div 46,500,000원$$

$$비례율 = 약\ 116\%$$

이로써 우리는 표에 감춰진, 그리고 공인중개사가 애써 설명해주지 않는 매물의 감정평가액까지도 스스로 계산할 수 있게 되었다.

5

손품, 입품, 발품이
후회 없는 선택을 만든다

좋은 집을 한 번에 찾아낼 수 있는 '절대 법칙'이 있다면 얼마나 좋을까? 하지만 세상에 그런 법칙은 없다. 투자의 세계에서는 꾸준히 공부하고 정보를 업데이트하는 부지런함만이 누구에게나 통하는 절대 불변의 성공 법칙인 셈이다.

앞서도 말했듯이 부동산은 생물이다. 경기에 따라 같은 물건도 다르게 평가되고, 어제는 쏟아지던 매물이 오늘은 머리카락 한 올 보이지 않을 만큼 잠겨버리기도 한다. 이처럼 유동적으로 변하는 시장에서 살아남으려면 손품, 입품, 발품으로 내가 직접 정보를 확인하고 정리하는 것만이 해답이다.

그렇다면 재건축·재개발을 공부하는 우리는 어떤 사이트를 들여다

보고(손품), 또 어떤 멘트로 전화를 걸어(입품), 어디를 바삐 다녀야 할까
(발품)? 지금부터 함께 살펴보자.

손품으로 조사하기

1. 정비사업 구역 파악하기

지자체 공식 홈페이지

앞서 3장에서 언급한 대로 서울은 클린업시스템(cleanup.seoul.go.kr)
에서, 경기도는 경기도청(www.gg.go.kr) 내 정비사업 추진 현황을 통해
사업 진행 상황을 주기적으로 확인할 수 있다. 기타 지방 도시도 마찬
가지다. 각 지자체 홈페이지에 방문해 '정비사업', '도시환경', '재개발'
등을 검색어로 입력하면 어느 구역이 조합을 설립했고, 어느 구역이 최
근에 사업시행인가를 통과했는지 엑셀 파일로 다운로드받아 상세히
확인할 수 있다.

2. 물건의 시세와 위치 파악하기

호갱노노(hogangnono.com) & 네이버부동산(land.naver.com)

호갱노노와 네이버부동산은 부동산에 조금이라도 관심이 있는 사람이라면 아마도 하루에 수십 번씩 들락거릴 애플리케이션일 것이다. 호갱노노는 해당 지역의 대장 아파트를 한눈에 파악하고 단지별 실거래가를 비교하는 데 유용하다. 또한 '규제' 탭을 누르면 해당 지역이 투기지역, 투기과열지구, 조정대상지역 중 어디에 속하는지를 직관적으로 보여줘 대출 계획을 세우는 데 매우 쓸모 있다. 더불어 '재건축'으로 필

[호갱노노에서 '규제' 탭을 눌렀을 때의 화면]

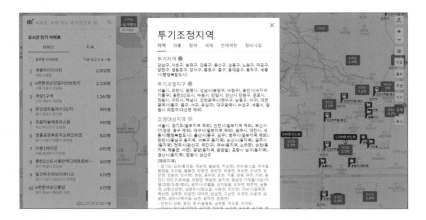

[네이버부동산에서 '지적편집도' 탭을 누르고 '재건축', '재개발'을 선택했을 때의 화면]

터링해 재건축 현황을 한 눈에 볼 수 있는 점도 편리하다.

한편 네이버부동산은 전국 모든 지역의 부동산 호가를 파악하고 개별 물건의 상태를 파악하는 데 가장 용이하다. '지적편집도' 탭을 클릭

하면 해당 지역이 제1종·제2종·제3종 일반주거지역 중 어디에 해당하는지를 쉽게 확인할 수 있으며, '재건축', '재개발'을 선택해 필요한 매물만 솎아서 파악하기에도 편리하다. 무엇보다 네이버지도에서 제공하는 '거리뷰'는 '랜선 임장'이 가능할 만큼 생생해서, 거리가 먼 지역의 매물 상태를 미리 가늠하는 데 큰 도움이 된다.

3. 부동산 이슈 섭렵하기

아유경제(www.areyou.co.kr) & 하우징헤럴드(www.housingherald.co.kr)

재건축·재개발에 대한 최신 기사가 가장 자주 업데이트되는 인터넷 신문사들이다. 다른 언론사에서는 뭉뚱그려서 다루는 내용도 이 두 곳에서는 비교적 상세히 확인할 수 있다. 무엇보다 구역별로 사업 진행

현황이 업데이트되고 있어서 현장의 분위기를 객관적으로 파악하는데 유용하다. 경제 신문에서 재건축·재개발 관련 뉴스를 스크랩해두고 업데이트하는 습관도 중요하다.

4. 지역의 노후도 알아보기

부동산플래닛(bdsplanet.com)

특히 초기 재개발 구역의 사업 진행 여력을 파악하는 데 유용한 사이트다. 궁금한 지역을 검색한 후 지도에서 '탐색' 탭을 누르면, 해당 지도가 보여주는 영역 내 모든 건물의 노후도를 한눈에 파악할 수 있다. 지도에서 빨간색 비중이 압도적으로 높다면 재개발을 추진해도 좋을 만큼 노후했다는 뜻이고, 파란색 비중이 크다면 매수 관심을 다시 한번 재고해보는 편이 나을 수도 있다.

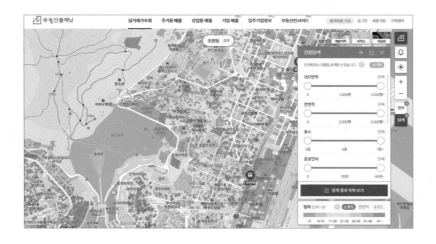

5. 지도로 재개발 구역 쉽게 파악하기

아실(asil.kr)

그동안 재개발은 재건축에 비해 구역 정보를 정확히 파악하기가 쉽지 않았다. 아실은 부동산 플랫폼 최초로 재개발 구역을 지도에 표기한 애플리케이션이다. 아파트처럼 지도에서 위치가 뚝 떨어지지 않는 재개발 구역을 파악할 때 참 유용하다. (지도에서 파란색이 재개발 구역이다.)

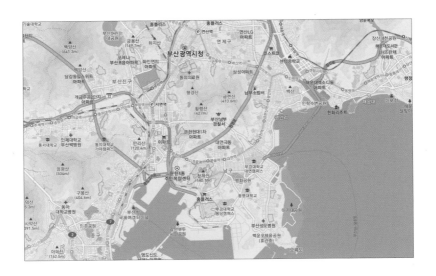

6. 생생한 후기 읽어보기

블로그 & 카페

개인 투자자들이 올리는 블로그나 부동산 관련 카페의 글도 지역의 동태를 파악하는 데 큰 도움이 된다. 직접 임장을 다녀온 사람들이 올

려놓은 정제되지 않은 후기와 사진, 매물의 특이점 등이 날것 그대로 생생하게 전달되어 발품을 팔기 전 해당 구역의 분위기를 가늠하는 데 매우 유용하다. 한 가지 팁을 주자면 '최신순'으로 정렬해야 보다 더 시의적절한 후기를 감상할 수 있다. 그리고 네이버카페 '똑똑한 부동산 투자'(cafe.naver.com/iamhappyschool)에도 재건축·재개발 임장 기록들이 있다.

한편 손품을 팔 때는 그저 사이트를 드나들기만 해서는 정보가 내 것이 되지 않는다. 조합의 사무실 위치나 해당 구역의 사업 진행 단계, 감정평가액(만약 없다면 평당 가격)이나 예상 비례율, 프리미엄 등을 자신만의 포맷으로 정리해 기록해두려는 노력이 필요하다. 실제로 내가 사용하는 표를 참고하여 자신만의 빅데이터를 차곡차곡 쌓아보자.

[손품 조사 정리표]

구역/사업		매입가	
조합사무실 위치		평당 가격 /공동주택 공시가격	
사업 진행 단계		감정평가액 /비례율 /권리가액	
시공사 /평당 공사비		프리미엄 /신청 평형	
건립세대수 /조합세대수 /일반세대수 /임대세대수		이주비 /이사비 /부담금	
조합원분양가 /일반분양가 /비례율		초기투자금 /중기투자금 /말기투자금 /총매수가	

입품으로 조사하기

손품을 팔아 관심 있는 구역을 어느 정도 추렸다면, 이제는 '전화 임장'을 해볼 차례다. 네이버부동산에서 매력적인 매물을 찾았거나, 블로그 글을 통해 해당 구역을 꽉 잡고 있는 부동산의 연락처를 찾아냈다면 주저하지 말고 '통화' 버튼을 누르자. 공인중개사와 통화하는 것조차 부담스러워하는 '부린이'들을 위해 친절히 예상 시나리오를 준비해 놓았다. 전화를 걸어 대체 무슨 이야기부터 꺼내야 할지 막막하다면, 아래의 내용을 그대로 따라 읽기만 해도 괜찮다.

* A: 매수자, B: 공인중개사

A: 안녕하세요, 사장님! 지금 ○○구역에 물건이 있나요?

B: 네, 있습니다.

A: 사장님 혹시 조합 책자도 갖고 계신가요?

B: 네, 저희 부동산에 있어요.

A: 지금 ○○○○인가 단계 맞죠? 조합원은 정확히 몇 명이에요?

B: ○○○명입니다.

A: 총세대수는 정확히 어떻게 되나요?

B: ○○○세대입니다.

A: 그럼 그중에서 일반분양은 몇 세대예요?

B: ○○○세대로 예상하고 있어요.

A: 시공사가 ○○○○이던데, 평당사업비는 얼마이고 사업비 중 총공사비는 몇 퍼센트나 되나요?

B: 평당사업비는 ○○○○만 원이고, 총공사비는 ○○퍼센트 될 것 같습니다.

A: 그럼 지금 네이버에 올려주신 물건은 평당 가격과 프리미엄이 어떻게 되나요?

B: 매도인이 평당 ○○○○만 원에 내놓았고요. 프리미엄은 ○○○○만 원 붙었네요.

A: 지금 세입자가 살고 있나요?

B: 네, 전세가 ○○○○만 원에 들어 있어요.

A: 조합원분양가는 얼마나 될까요?

B: ○억 ○○○○만 원쯤 되지 않을까 보고 있습니다.

A: 그럼 저는 총매수가 ○억 ○○○○만 원에 사는 거네요?

B: 그렇지요.

A: 그럼 일반분양가는 얼마일까요? 이주는 언제쯤으로 보세요? 여기 지금 상가와 학교, 종교시설이 있던데….

대화에서 '조합 책자'를 갖고 있느냐고 묻는 이유는 해당 공인중개사가 조합원인지 아닌지를 파악하려는 의도다. 조합 책자는 조합원에게만 제공되는데, 공인중개사가 이를 갖고 있다면 그 역시 조합원일 확률이 매우 높다는 뜻으로 더 상세한 정보를 얻을 수 있다.

사실 전화 임장의 내용은 해당 구역이 조합설립인가 단계인지, 사업시행인가 단계인지, 관리처분인가 단계인지에 따라 달라진다. 예컨대 아직 감정평가가 나오지 않은 사업시행인가 전 단계라면 예상 비례율이 없는 상태이므로 부담금 계산이 어렵다. 이때는 "감정평가는 언제 하나요?"라는 질문을 꼭 해야 한다.

관리처분인가가 나왔다면 정확한 이주 시기를 확인해야 하고, 실투금을 좌우할 세입자가 있는지 여부를 확인해야 한다. 한편 이제 막 조합설립 움직임을 보이는 초기 단계라면 학교나 종교시설 등의 위치를 파악한 후 이들이 어디로 이동할 수 있을지 묻는 것도 좋다.

전화 임장은 발품을 파는 과정에서 놓칠 수 있는 정보를 미리 수집한다는 목적이 있다. 발품을 팔면서 조합원 사무실에도 방문하게 되겠지만 실제로 이때 사업 진행 상황이나 시공사 선정, 감정평가 결과나 대지지분 등을 알려주지 않는 조합도 많다. 경우에 따라서는 물건을 빼앗긴다고 생각하는 사람도 있기 때문이다. 따라서 발품 조사를 통해서는 현장에서만 포착할 수 있는 리스크를 파악하는 일에 주력하고, 나머지 모든 수치적인 정보는 손품과 입품 조사를 통해 미리 챙겨두는 편이 좋다.

발품으로 조사하기

앞서 2장에서 언급한 대로 '사업의 시간을 늦추는 요인'을 찾는 일에 주력하는 단계다. 학교나 종교시설의 위치를 살피고, 재건축·재개발 반대 비상대책위원회가 내건 플래카드가 얼마나 많은지(왜 반대하는지), 상가는 협조적인지 아니면 강성인지, 단독주택의 비중은 얼마나 되는지 등을 파악해야 한다.

더불어 구역에 방문한다면 조합사무실에도 들러 조합원들의 의지와 향후 계획을 파악하는 일도 중요하다. 더불어 현장에서는 꼭 공인중개소에도 방문하기를 권한다.

역세권이라면 직접 역까지 걸어보는 것도 좋고, 지역의 오래된 터줏대감 같은 공인중개소에 방문하여 구역의 역사와 지역 분석을 듣는 것도 유익한 방법이다. 더불어 눈여겨본 구역 외에도 경쟁 관계에 있는 구역이나 정반대의 특징을 가진 구역에 방문해 각자의 장단점을 서로 비교해보기도 한다.

이렇게 손품과 입품으로 약 90%를 정리한 자료를 바탕으로 나머지 빈약한 10퍼센트를 현장에서 채우는 식이다. 실제 현장에서 듣는 정보가 진짜 정보다. 손품, 입품으로 모은 정보의 팩트 체크를 하면서 새로 알게 된 정보를 추가하다 보면 나만의 완벽한 '임장 보고서'가 완성된다.

재건축·재개발은 이론만큼이나 실전 감각을 익히는 작업도 중요하다. 장담하건대 이 보고서는 훗날 돈으로도 바꿀 수 없는 당신만의 값 진 인사이트가 되어줄 것이다.

6

주눅 들 것 없다, 대출과 세금

어렵게 고르고 골라 선택한 집인데 막상 계약을 앞두고도 잠이 잘 오지 않는다. 역시나 가장 큰 고민은 '돈'일 것이다. 대출 자체가 많이 복잡한 데다가 조건마저 까다로우니 '그냥 포기해버릴까' 싶은 마음도 굴뚝같을 것이다.

그래도 우리는 이번 장에서 이주비 대출과 부담금 대출을 잘만 활용하면 실투금을 크게 줄일 수 있다는 점을 배웠다. 여기에서는 한 발짝 더 나아가 대출받을 때 챙겨야 할 사항들을 꼼꼼하게 따져보겠다.

이주비 대출, 얼마까지 가능할까?

대출 가능 금액을 알아보기에 앞서 이주비 대출도 주택담보대출의 일환이라는 것을 알아야 한다. 우리나라에서는 주택담보대출에 여러 규제가 적용되는데, 그중 가장 유의해야 하는 건 '규제지역(투기과열지구·조정대상지역)에서는 세대당 한 건만 주택담보대출이 가능하다'는 사실이다. 무주택자라면 지금 당장 물건을 매수해도 큰 문제가 없지만,

[규제지역 지정 현황(2021년 7월 기준)]

투기과열지구	서울시, 과천시, 광명시, 성남시(분당구, 수정구), 용인시(수지구, 기흥구), 동탄2신도시, 수원시, 안양시, 안산시 단원구, 군포시, 의왕시, 구리시, 하남시, 인천광역시(연수구, 남동구, 서구), 대전광역시(동구, 중구, 서구, 유성구), 대구광역시 수성구, 세종시, 창원시 의창구(대산면 제외)
조정대상지역	서울시, 경기도(일부지역 제외), 인천시(일부지역 제외), 부산시(기장군, 중구 제외), 대구시(일부지역 제외), 광주시, 대전시, 세종시(행정복합도시), 울산시(중구, 남구), 청주시(일부지역 제외), 천안시(동남구 동지역, 서북구 동지역), 논산시(동지역), 공주시(동지역), 전주시(완산구, 덕진구), 여수(동지역, 소라면), 순천(동지역, 해룡면, 서면), 광양(동지역, 광양읍), 포항시 남구(동지역), 경산시(동지역), 창원시 성산구

- 경기도 : 김포(통진읍, 대곶면, 월곶면, 하성면), 파주(문산읍, 파주읍, 법원읍, 조리읍, 월롱면, 탄현면, 광탄면, 파평면, 적성면, 군내면, 장단면, 진동면, 진서면), 연천, 동두천, 포천, 가평, 양평, 여주, 이천, 용인시 처인구(포곡읍, 모현면, 백암면, 양지면, 원삼면 가재월/사암/미평/좌항/두창/맹리), 광주시(초월읍, 곤지암읍, 도척면, 퇴촌면, 남종면, 남한산성면), 남양주시(화도읍, 수동면, 조안면), 안성시(일죽면, 죽산면, 삼죽면, 미양면, 대덕면, 양성면, 고삼면, 보개면, 서운면, 금광면), 양주시(백석읍, 남면, 광적면, 은현면)
- 인천시 : 강화, 옹진, 중구(을왕동, 남북동, 덕교동, 무의동)
- 대구시 : 달성군(가창면, 구지면, 하빈면, 논공읍, 옥포읍, 유가읍, 현풍읍)
- 청주시 : 낭성면, 미원면, 가덕면, 남일면, 문의면, 남이면, 현도면, 강내면, 옥산면, 내수읍 및 북이면

이미 기존에 갖고 있던 주택에 담보대출을 실행한 1주택자라면 6개월 이내에 기존 주택을 처분한다는 조건에 응해야만 신규 주택담보대출을 받을 수 있다. 물론 앞서 말한 대로 다주택자라면 규제지역에서 대출 자체가 불가능하다.

그런데 만약 1주택자가 입주권 상태의 물건을 사면 어떻게 될까? 이미 이주를 마치고 철거에 돌입했는데, 새 아파트로 완공되기까지 공사기간이 적어도 2~3년은 소요될 텐데 당장 6개월 안에 기존 집을 매도해서 길거리로 나앉아야 하는 걸까?

물론 그렇지 않다. 주택담보대출을 받아 입주권을 매수한 1주택자에게는 예외 조건이 적용된다. 정석대로라면 '일시적 2주택'으로 6개월 이내에 기존 주택을 처분해야 하지만, 이런 경우라면 그 기간이 입주시점까지 연장된다. 바로 이 같은 이점 덕분에 나는 갈아타기를 염두에 둔 1주택자에게는 조합원 입주권을 1순위로 추천한다.

앞서 우리는 이주비 대출의 한도가 감정평가액을 기준으로 정해진다는 것을 배웠다. 다시 한번 강조하지만, 매매가격이 아닌 감정평가액이다. 이때 한도는 지역별 LTV(주택담보대출비율: 주택을 담보로 빌릴 수 있는 대출 가능 한도)에 따라 결정되며, 기존 주택담보대출과는 달리 대출 심사 시에는 DTI(총부채상환비율: 대출상환액이 소득의 일정 비율을 넘지 않도록 정한 계산 비율)와 DSR(총부채원리금상환비율: 개인이 받은 모든 대출의 연간 원리금을 연소

득으로 나눈 비율)을 따지지 않는다.

본래 이주비 대출의 진짜 목적은 공사 기간 동안 잠시 머물 거처를 마련하기 위함이다. 따라서 대출의 만기일도 새 아파트 입주일이 맞는다. 이때까지 자신의 돈으로 이주비 대출을 다 갚든지, 어렵다면 잔금 대출로 전환하든지 둘 중 하나를 선택해야 한다. 잔금 대출은 입주 시점에 새 아파트의 KB시세를 기준으로 한도가 결정되는 만큼 대출 가능 금액도 커진다. 입주 시기가 도래해 만기일이 다가왔다면, 완공된 새 아파트로 주택담보대출을 받아 이것으로 전환하면 된다.

부담금 대출, 얼마까지 가능할까?

재건축·재개발 투자에서 또 하나 주목해야 할 대출은 부담금 대출이다. 조합원분양가에서 권리가액을 뺀 금액, 즉 조합원 개인의 부담금에 지역별 LTV만큼 한도가 적용된다. 이로써 조합원은 이주비 대출과 부담금 대출이라는 총 두 번의 자서(은행의 대출 승인)를 받게 된다. 부담금 대출이 이주비 대출과 다른 점이 있다면, 이주비 대출은 '아직 허물어지지 않은 주택'을 담보로 빌리는 담보대출인 반면, 부담금 대출은 '입주권'이라는 권리에 대한 대출을 받는 신용대출이라는 것이다. 규제 지역에서는 대출이 세대당 1건만 가능한데, 통상적으로 이주비 대출과 부담금의 중도금 대출은 둘이 합쳐 한 건으로 취급된다.

[이주비 대출과 부담금 대출의 차이]

이주비 대출	관리처분인가 이후 이주를 위해 보증회사(HUG)의 보증서를 담보로 금융기관이 조합원에게 실행한 대출
부담금 대출	조합원의 분양 부담금을 납부하기 위하여 HUG의 보증서를 담보로 금융기관이 조합원 앞으로 실행한 후 조합 또는 시공사에 지급하는 대출

보통 부담금은 청약처럼 계약금 1회, 중도금 6회, 잔금 1회로 나누어 납부한다. (조합에 따라 완납해야 하는 경우도 있다.) 계약금은 자비로 부담해야 하며, 1회 차 중도금부터 대출을 받을 수 있다. 아래 예시로 보는 동대구2차비스타동원은 본래 중도금을 6회에 걸쳐 10%씩 납부하는 일정이었으나, 중도금 납부 직전에 갑자기 LTV가 50%까지 나오는 조

[동대구2차비스타동원 부담금 납부 일정 예시]

공급금액	조합원 권리가액	부담금	환급금
320,050,000원	141,690,700원	178,359,300원	–

계약금 (10%)	중도금(60%)						잔금 (30%)
	1차(10%)	2차(10%)	3차(10%)	4차(10%)	5차(20%)		
계약 시	2021.05.10	2021.09.10	2022.01.10	2022.05.10	2022.10.10		입주지정일
17,835,930원	17,835,930원	17,835,930원	17,835,930원	17,835,930원	35,671,860원		53,507,790원

정대상지역으로 지정되면서 5회 차 일정으로 변경되었다. (여기서 5회차 중도금은 대출로 절반만 충당할 수 있다.)

부담금 대출도 이주비 대출과 마찬가지로 입주 시점에 상환하는 것이 원칙이고, 추후에 잔금 대출로 전환할 수 있다. 또한 대출을 심사할 때는 여타 주택담보대출과는 달리 DTI와 DSR을 적용받지 않는다는 점도 이주비 대출과 동일하다.

실제로 대출은 어떻게 실행될까?

재건축·재개발의 과정도 그렇고 대출을 이해할 때도 마찬가지다. 이론만 들으면 마치 제2외국어를 공부하는 것처럼 어렵고 생소하게 느껴진다. 영어도 어려운데 독일어까지 배워야 하는 심정이라니, 애써 내색하지 않아도 얼마나 어렵게 느껴질지 잘 알고 있다.

하지만 남들 다 하는 영어만 공부해서는 경쟁력을 얻을 수 없다. 어설프더라도 독일어를 할 줄 안다면 나만의 특별한 무기가 생기는 셈이다. 어려운 이론을 가장 쉽게 이해하는 방법은 실제 사례에 대입해보는 것이다. 앞서 3장에서 재당첨제한을 설명하며 예시로 들었던 광명2구역을 실제로 매수한 사례다. 대출이 어떻게 이루어지는지 함께 살펴보자.

K씨는 2017년 1월에 1억 5000만 원으로 물건을 매수했다. 당시는 감정평가도 나오지 않은 상황이라 물건의 정확한 가치를 판단할 수

[광명2구역 분양 대상자별 부담금 추산액]

종전자산평가액 (감정평가액)	106,359,000원	추정 비례율	97.06%
권리가액	103,232,045	추정 비례율은 조합원분양 신청, 시공사 본계약, 일반분양가 등 미확정 상태에서 추정한 것으로 분양 신청 완료 후 관리처분계획에 따라 변경됨	

주택 규모	예상 조합원분양가	추정 부담금
84B형	420,309,045원	317,077,000원

없었는데, 훗날 감정평가액이 1억 635만 원 나오면서 프리미엄을 약 4400만 원 얹어 매수한 셈이 되었다.

매수 당시 해당 물건은 '주인 전세'가 든 매물로 보증금 1억 원에 실투금으로 5000만 원이 들었다. K씨는 최근에 있었던 조합원분양에서 84B형 아파트를 신청했다. 부담금으로는 약 3억 1707만 원이 들 것이라고 한다. 이로써 K씨가 새 아파트를 갖는 데 쓴 최종 투자금액은 '매매가격(실투금 5000만 원 + 전세 보증금 1억 원) + 부담금 약 3억 1707만 원'으로 약 4억 6707만 원이다. (현재 주변 시세가 14억 원 정도이니 9억여 원의 시세차익을 덤으로 얻었다.)

이주를 하면서 K씨는 이주비 대출과 부담금 대출을 받을 것이다. 이를 반영해 향후에 들어갈 돈을 미리 계산해보자.

먼저 이주비 대출이다. 해당 물건의 감정평가액은 1억 635만 원이다. 광명2구역은 투기과열지구이므로 LTV가 '감정평가액의 40%'까지 나온다. 따라서 K씨는 약 4254만 원의 이주비 대출을 받을 수 있다. 이때 안고 있던 전세 보증금이 1억 원이므로, K씨는 세입자에게 약 5746만 원을 자비로 내줘야 한다.

K씨의 이주비 대출 가능 금액

= 감정평가액 1억 635만 원 × LTV 40%

= 약 4254만 원

K씨가 세입자에게 돌려줄 금액

= 전세금 1억 원

= 이주비 대출 4254만 원 + 자비 부담 5746만 원

이번에는 부담금 대출을 계산해보자. 먼저 부담금의 10%인 계약금(약 3170만 원)은 자력으로 지불해야 한다. 그다음에 납부할 부담금의 40%(약 1억 2683만 원), 즉 1~4회 차 중도금은 대출로 충당할 수 있는데, 나머지 부담금의 5·6회 차 중도금(약 3170만 원 × 2)은 LTV 한도를 넘었으니 또한 자비로 납부해야 한다. 그리고 이제 잔금으로 남은 30%(약 9512만 원)를 잔금 대출을 일으켜 해결하게 되는데, 바로 이 시

점에 만기일이 도래하는 이주비 대출과 부담금 대출을 함께 잔금 대출로 전환한다.

K씨의 부담금 대출 가능 금액

= 추정 부담금 317,077,000원 × LTV 40%

= 약 1억 2683만 원

이주 시점부터 입주 전까지, K씨가 자비로 부담해야 할 돈

= 전세보증금 일부 5746만 원 + 계약금(부담금의 10%) 약 3170만 원 +

부담금의 5·6회 차 중도금 약 6341만 원

= 약 1억 5257만 원

그런데 잔금 대출의 한도는 완공된 새 아파트의 KB시세를 기준으로 정해진다. 즉, 현재 광명2구역 주변 시세가 34평에 약 14억 원이니 광명2구역에서 탄생한 새 아파트의 시세 또한 14억 원으로 가정한다면, 약 4억 6000만 원의 잔금 대출을 받을 수 있는 셈이다. 이는 이주비 대출 4254만 원과 부담금 대출 1억 2683만 원, 여기에 잔금 9512만 원을 합한 금액보다 더 큰 액수다. 이로써 K씨는 총매수가 약 4억 6707만 원에 현재 시세로 약 14억 원의 가치를 지닌 매물을 매수했으니, 대략 9억 원의 시세 차익을 챙긴 셈이다. 돌이켜보면 매우 성공적인 투자였다고 말할 수 있다.

내야 할 세금도 확인해보자

이번에는 세금과 관련된 사항을 정리해보자. 우선 처음 물건을 매수하면서 자산의 소유권을 갖게 될 때 부과되는 세금, 즉 '취득세'를 내야 한다. 취득세 세율은 주택과 토지에 따라 다르게 적용되며 취득한 시점이 언제인지도 세율을 결정하는 데 중요한 요인이 된다.

우선 주택의 경우부터 살펴보자. 원조합원, 즉 재건축·재개발 구역으로 지정되기 전부터 물건을 보유하고 있던 사람들은 훗날 새 아파트에 입주할 때 부담할 취득세가 다르다. 재건축의 경우 공사도급금액을 면적별로 안분(일정한 비율에 따라 고르게 나누는 것)한 가액을, 재개발의 경우 '분양가액'에 '옵션가액'을 합한 값에 '권리가액'과 '부가가치세'를 뺀 금액을 과세표준으로 하여 원시취득(어떤 권리를 기존 권리와 관계없이 새로 취득하는 것)에 따른 취득세를 2.8% 납부하게 된다.

한편 재건축·재개발 입주권을 매수할 때는 자신이 보유한 주택 수에 따라 다음 페이지의 표와 같은 세율이 적용되는데, 이때 주택이 철거되고 멸실된 상태의 입주권을 사면 자신이 보유한 주택의 개수와 상관없이 무조건 4.6%(토지 세율)의 동일한 세율이 부과된다.

토지를 매수할 때의 취득세는 4.6%다. 기존에 취득한 주택이나 토지가 있어도 세율이 중과되지 않는다. 따라서 다주택자라면 사업 진행 단계에 상관없이 토지를 매수하거나, 멸실된 이후 주택의 입주권을 사는 편이 취득세 면에서 유리하다.

[재건축·재개발 취득세 세율 비교]

구분	비조정지역	조정대상지역
1주택 (주택가액에 따라 달라짐)	1~3%	1~3%
2주택	1~3%	8%
3주택	8%	12%
4주택 이상	12%	12%
토지	4.6%	
원조합원	원시취득에 따른 2.8%	

　다음은 부동산을 보유한 기간 동안 부과되는 재산세와 종합부동산세에 대해 알아보자. 먼저 재산세는 토지, 건물, 주택 등 일정한 재산을 갖고 있는 사람이라면 누구에게나 부과되는 지방세다. 세율은 매년 공시지가를 기준으로 적용된다. 한편 주택시장 안정화를 위해 고안된 종합부동산세는 공시지가가 6억 원을 초과하는 주택을 소유한 사람(1세대 1주택자는 9억 원을 초과하는 자) 또는 종합 합산한 토지의 공시가격 합계액이 5억 원을 초과하는 사람에게 부과되는 세금이다. 둘 다 '공시가격'을 기준으로 삼는다는 점이 같다. 이는 재건축·재개발 투자 시 꽤 유리한 이점인데, 재건축·재개발 물건은 매매가 대비 공시지가가 제법 낮기 때문에 세금 부담이 훨씬 가벼워진다.

　취득 또는 보유 시점에 내는 세금 외에도 매도 시 양도차익에 부과하는 양도소득세도 있다. 세율은 지역과 보유 기간, 양도차익 금액에 따라 달라지는데 그 기준은 다음과 같다.

[양도소득세 세율 기준]

구분		주택, 입주권	분양권
1주택	1년 미만	70%	70%
	1~2년 미만	60%	60%
	2년 이상	기본세율 (6~45%)	
조정대상지역 2주택		기본세율 + 20%	
조정대상지역 3주택		기본세율 + 30%	

* 기간에 따른 세율과 중과세율 중 세액이 큰 것을 납부함

　보유한 지 2년이 지나야 비로소 기본세율 구간에 들어온다. 즉, 취득한 지 2년 미만의 주택을 매도하면 양도차익의 60~70%를 세금으로 물게 된다.

　다만, 예외 조건도 있다. 관리처분인가 이후에 매도하는 물건은 보유 시점에 관계없이 양도소득세 중과 대상에서 제외된다. 관리처분인가가 났다는 것은 곧 이주 후 멸실이 된다는 뜻이니 주택으로 치지 않고 세금 중과를 면제해주는 것이다. (단, 양도세 중과를 산정할 때는 입주권의 개수도 주택 수에 포함된다.)

　또한 원조합원에게는 '대체주택 비과세 특례'가 적용된다. 원조합원이 사업시행인가 이후 대체 주택을 매수할 경우, 훗날 해당 주택을 매

도할 때 비과세 혜택을 적용해준다는 것이다. 단, 조건이 조금 까다롭다. 원조합원은 반드시 사업시행인가 이후에 대체 주택을 매수해야 하고, 해당 주택에서 1년 이상 거주한 뒤, 보유한 기존 주택(재건축·재개발 물건)이 새 아파트로 완공되고부터 2년 이내에 세대원 전원이 이사해서 1년 이상 거주해야 한다. 또한 준공되고 2년 이내에 대체 주택을 처분해야 한다. (일시적 2주택의 비과세 요건을 따지는 보유기간과 거주기간하고는 상관이 없다.) 꽤 복잡하긴 하지만 절세 방법을 고민할 때 참고하면 좋겠다.

사실 이번 장에서 다룬 대출과 세금 정보는 모두가 숙지해야 하는 기본적인 내용들로 구성했다. 대출과 세금은 개인의 사정에 따라 조언해줄 수 있는 방법이 천차만별이기에 궁금한 점이 있다면 대출과 세금 전문가들에게 적극적으로 문의해야 한다.

다만 내가 한 가지 확신할 수 있는 건 '닥치면 다 하게 된다'는 점이다. 이는 무책임한 조언이 아니다. 지레 겁부터 먹으며 '부동산은 영 내 체질이 아니다'라고 일찍부터 단념할 필요가 전혀 없다는 의도에서 하는 말이다. 아직 무주택자라면 더더욱 대출과 세금 앞에서 주눅들 이유가 없다.

다음 장부터 우리는 본격적으로 '지역 사냥'에 나설 것이다. 책장을 넘기기에 앞서 당부하고 싶은 말이 있다. 우선은 지금 자신이 살고 있는 지역부터 탐구해보길 권한다. 나와 가장 가까운 곳에는 어떤 구역이 있고, 또 어떤 호재가 기다리고 있는지를 탐색하다 보면 어느새 재건축·재개발이 한결 가깝게 느껴질 것이다.

다음 장에서는 팔팔하게 살아 움직이는 정보들이 쏟아져 내린다. 이를 자신의 것으로 만들 수 있는가는 당신의 소화 능력에 달려 있다. 책을 읽으며 호갱노노와 네이버부동산 애플리케이션을 수시로 들여다보길 바란다. 그래도 조금 부족하다 싶을 땐 용기 내어 전화 임장도 서슴지 않아야 한다. 그래야 모든 정보가 내 것이 된다. 원석을 가다듬어 다이아몬드로 만드는 세공 장인들처럼, 당신도 실력을 갈고닦아 나만의 보석을 발견할 수 있어야 한다.

자, 그럼 이제 본격적인 사냥을 하러 떠나보자.

3부

지도를 보면
미래의 대장 아파트가 보인다

5장

부의 급행열차가 출발했다,
서울 재건축

↑ QR코드를 찍고 따끈따끈한 지역별 최신 업데이트 내용을 확인하세요!
- QR코드 업데이트는 2021년 12월 31일분까지 제공됩니다.
- 책에 수록된 데이터는 2021년 7월 기준입니다.

1

서울의 아파트가
늙고 있다

지금 부동산 시장에서 가장 뜨거운 이슈는 '서울 재건축'이다. 대한민국에서 가장 땅값이 비싼 강남3구(강남구·서초구·송파구)에는 지어진 지 30년이 지난 아파트들이 즐비하고, 용산이나 여의도 등 서울의 노른자 땅이라 불리는 지역에는 무려 50년도 더 된 아파트들이 '낡았다'는 이유 하나만으로 입지값을 제대로 받지 못하고 있다. 여기에 예로부터 '아파트 밭'을 이루던 목동과 상계동 역시 한꺼번에 재건축 연한이 도래하면서 또 하나의 거대한 변화의 물결이 서울 곳곳에 일렁이고 있다.

[서울에서 재건축이 활발한 자치구 현황]

도봉구
강북구
노원구
은평구
성북구
중랑구
서대문구
종로구
동대문구
강서구
마포구
중구
성동구
광진구
강동구
용산구
양천구
영등포구
동작구
송파구
구로구
강남구
금천구
관악구
서초구

이러한 기초 사실을 바탕으로 우리는 크게 세 가지 경우에 집중해보
고자 한다. 일명 '큰 놈', '갈 놈', '들어올 놈'이다.

먼저 '큰 놈'은 말 그대로 재건축의 대어라 손꼽히는 강남구, 서초구,
용산구이다. '과연 내가 이곳에 집을 살 수 있을까?'라는 문제를 떠나
서, 우리나라에서 부동산을 공부한다면 반드시 짚고 넘어가야 할 지역
이기에 열린 마음으로 따라오기를 권한다. 좋은 물건이 비싼 건 당연한
이치다. 그러므로 우리는 현장을 시세순으로 나열해보면서 '오를 수밖
에 없는' 물건의 비밀을 파악해보도록 하겠다. 이와 함께 용산구 동부
이촌동에 불어온 재건축 훈풍이 서울의 부촌 지도를 어떻게 바꿔놓을

지도 지켜보면 좋겠다.

두 번째로 '갈 놈'은 잠실주공5단지를 품고 있는 송파구와, 1970~1980년대에 지어져 이제 더는 물러설 곳이 없는 영등포구 여의도동이다. 강남3구 가운데 실제 투자금액이 가장 적게 드는 송파구는 경기도에서 살던 사람이 상급지로 갈아타 이사 오기에 최적의 입지로 손꼽힌다. 여의도동은 '구축이라는 점을 뺀 나머지'가 전부 호재라 할 수 있을 만큼 '직주근접'(직장과 주거공간의 거리가 가깝다는 뜻의 신조어), '상권', '한강뷰' 등 최고의 조건을 다 갖추었다. 이제는 재건축 사업으로 '갈 일'만 남은 지역들인 셈이다.

마지막으로 '들어올 놈'은 2021년 7월 기준 안전진단에 한창 열을 올리고 있는 양천구 목동과 노원구 상계동의 오래된 주공아파트 단지들이다. 한 단지가 앞장서면 나머지 단지가 도미노처럼 따라갈 이들 지역에서 어떤 드라마틱한 변화가 펼쳐질지 지켜보는 재미가 쏠쏠할 것이다.

안전진단, 건축심의, 토지거래허가제

본격적인 지역 분석에 들어가기에 앞서 서울 재건축 사업에서는 '안전진단', '건축심의', '토지거래허가제' 그리고 '투기과열지구'라는 키워드를 반드시 기억해야 한다.

[서울 토지거래허가구역 지정 현황(2021년 7월 기준, 출처: 서울시청)]

지정권자	지정구분	지정기간	면적(㎢)
서울특별시장	소계		40.27
	강남구 (개포, 세곡, 수서, 율현, 자곡, 일원, 대치동 일원)	2021.5.31~ 2024.5.30	6.02
	서초구 (내곡, 신원, 염곡, 원지, 우면, 방배, 서초, 양재동 일원)		21.27
	국제교류복합지구 및 인근지역 (강남구 삼성·청담·대치동, 송파구 잠실동)	2021.6.23~ 2022.6.22	14.4
	공공재개발 후보지(기존) 8곳 (종로, 동대문, 강북, 영등포, 동작, 관악구)	2021.1.26~ 2022.1.25	0.13
	공공재개발 후보지(신규) 16곳 (노원, 강동, 동작, 성동, 종로, 양천, 서대문, 송파, 동대문, 중랑, 성북, 영등포구)	2021.4.4~ 2022.4.3	0.9
	주요 재건축 단지 등 (양천, 영등포, 성동, 강남구)	2021.4.27~ 2022.4.26	4.57
국토부장관	소계		2.98
	강서구 (오곡동)	2020.12.26~ 2021.12.25	0.02
	강서구 (과해, 오곡, 오쇠동)	2021.5.13~ 2022.5.12	2.19
	용산구 (이촌동, 한강로1, 2, 3가, 용산동 3가)	2021.5.20~ 2022.5.19	0.77

먼저 안전진단은 지어진 지 30년이 지나야만 입주민들이 뜻을 모아 구청에 신청할 수 있다. 앞서 3장에서 설명했듯이 이 안전진단이라는 산을 통과하기가 무척 까다로운데, 구조안전성이 심각하게 취약할 때만 받는 E등급을 받아야 비로소 조합을 설립하는 다음 단계로 나아갈 수 있다. 비슷한 시기에 지어진 목동신시가지 단지들의 희비가 엇갈리는 것도 이 안전진단 결과가 제각각이기 때문이다.

서울에서는 조합설립 이후 건축심의를 통과하는 일도 하늘의 별 따기다. 따라서 속도가 확실하게 붙을 단지를 찾는다면 '건축심의'를 통과한 구역을 유심히 살필 필요가 있다. 이어서 토지거래허가구역을 미리 파악하는 일도 중요하다. 토지거래허가구역에서는 반드시 실거주를 해야 한다. 즉, 전세를 끼고 물건을 매수하는 행위가 불가능하다. 실제 투자금액이 높아질 수밖에 없는 이유다. '서울 토지거래허가구역 지정 현황' 표에서 빨간색 글자로 표시한 지역은 특히 재건축으로 핫한 지역이다.

2

큰 놈

강남구 & 서초구 & 용산구

대한민국 재건축 지도를 머릿속에서 그려보자. 시세의 등고선이 어느 지역에서 절정을 이루는가? 열이면 열 '강남'이라고 대답할 것이다. 서울이라고 해서 다 같은 서울이 아니듯이, 강남이라는 입지가 지닌 상징성은 아직까지 그 어느 곳도 대체하지 못할 만큼 압도적이다. 그리고 이러한 사실은 앞으로도 쉽게 변하지 않을 것이다.

별들의 전쟁, 강남구

본격적으로 강남구 재건축 사업을 들여다보기 전에 토지거래허가구

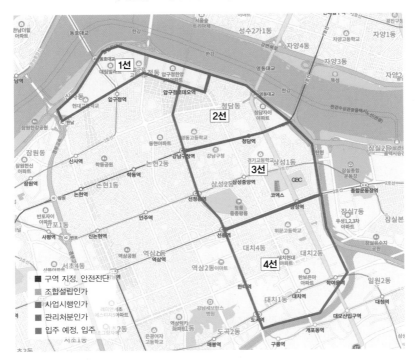

[강남구 토지거래허가구역(출처: 네이버지도)]

역으로 지정된 지역부터 살펴보자.

　같은 입지 안에서 어디가 더 좋은지를 판단할 때는 권역을 나눈 후 서열을 잡는 작업부터 시작해야 한다. 강남구 안에서는 토지거래허가구역이 재건축 단지의 권역을 나눌 때 유용하다. 2021년 7월 기준, 지도에서 한강과 맞닿은 압구정동을 1선, 그 아래로 청담동을 2선, 삼성동을 3선, 대치동을 4선으로 나누는데 이 숫자의 순서가 강남구 시세의 서열이기도 하다.

먼저 1선인 압구정동은 2020년 하반기부터 2021년 상반기까지 대한민국 부동산 시장을 뜨겁게 달군 주인공이었다. 2020년 6·17 대책의 일환으로 '재건축 조합원 2년 실거주' 의무 요건이 「도시 및 주거환경정비법」 개정안에 포함되면서, 법안이 통과되기 전에 서둘러 조합설립인가를 받으려는 구역의 움직임이 활발했기 때문이다. 그 결과 실제로 미성 1·2차를 제외한 모든 재건축 추진 구역에서 조합설립인가를 받았다. (2021년 7월 「도시 및 주거환경정비법」 개정안에서 실거주 의무 요건은 폐기되었다.) 신축이 아니어도 평당 1억 원의 시세를 뚫은 압구정동(80평 약 80억 원에 거래)은 이제 누구나 살 수 있는 곳이 아닌 명품 중에서도 하이레벨로 올라가버렸다.

[강남구 압구정동 재건축 지도]

2선인 청담동에는 강남구에서 재건축 절차가 가장 빠르게 진행되고 있는 삼익아파트와 홍실아파트가 있다. 2021년 7월 기준 삼익아파트는 롯데건설이 시공을 맡아 청담르엘이라는 이름으로 분양을 앞두고 있고, 홍실아파트는 대림아크로라는 이름으로 이주 및 철거 단계를 거치고 있다. 이 중에서 홍실아파트는 '1:1 재건축'을 진행하고 있는데, 조합원분양분 이상으로 세대수를 늘릴 수 없어 일반분양을 받지 않는다는 게 특징이다. 3선인 삼성동에는 현재 재건축을 진행 중인 단지는 없다. 하지만 현대자동차그룹 삼성동 글로벌비즈니스센터(GBC)가 들어선 이후 하루 60만 명의 유동인구가 어디에서 거주하게 될지를 생각해본다면 미래 집값이 움직이는 향방을 짐작하게 될 것이다.

[강남구 대치동 재건축 지도]

4선인 대치동에도 관리처분인가 이상의 단계에 속한 단지들이 있다. 대치동 구마을 1·2지구와 3지구가 그러한데, 이들은 814개의 학원이 밀집한 전국 최대 규모의 대치동 학원가와 인접해 있다는 게 가장 큰 이점이다.

지하철 3호선 대치역~도곡역 주변의 1선 단지들은 재건축 움직임이 잠잠한 상태다. 그 유명한 은마아파트 역시 1979년에 지어져 2010년 안전진단을 통과했지만, 여전히 추진위원회 단계에 머물러 있다. 은마아파트 바로 아래에는 일명 '우선미'라 불리는 우성·선경·미도아파트가 있다. 학군과 환경 인프라는 물론 직주근접에 교통망까지 다 갖췄지만, 아직 재건축을 하려는 움직임은 보이지 않고 있다. 아마도 은마아파트의 재건축이 가시화되면 강남구의 재건축 축은 이쪽으로 넘어올 것이다.

강남구의 압구정동, 청담동, 삼성동, 대치동 일대는 모두 토지거래허가구역으로 실제 거주를 할 사람에게만 매수할 자격이 주어진다. 그렇기에 실제 투자금액으로 매매가의 100퍼센트가 필요하다는 점을 염두에 두어야 한다. 또한 서울은 전 지역이 투기과열지구다. 재건축에서는 조합설립 이후 '10년 보유 5년 거주' 등의 예외 물건이 아닌 이상 매매 자체가 힘들다. (조합설립인가 이후 3년이 지나도 사업시행인가 신청을 못한 재건축 단지, 사업시행인가 이후 3년 동안 착공을 못한 재건축 단지, 착공일로부터 3년 이상 준공되지 않는 재건축·재개발 단지에는 세일 기간이 적용된다.) 그야말로 물건에 씨가 마를 수밖에 없는 상황이다. 따라서 이 구역에 관심이 있다면 '어떤 물건이 더 좋을지'를 고민하며 진입 타이밍을 놓치기보다는, 거주할 수 있고 자금 여력이 된다는 전제 하에 '강남구는 어떤 물건이든 다 좋다'는 확신을 가지고 과감하게 결단하기를 바란다.

그렇다면 강남구 내 모든 재건축 아파트가 토지거래허가구역에 속할까? 결론부터 말하자면 그렇지 않다. 개포동, 도곡동, 일원동 일대는 실제 거주하지 않아도, 즉 전세를 끼고 물건을 매수할 수 있는 지역이다. 개포동에서는 저층의 주공 아파트들이 디에이치퍼스티어아이파크(2024년 입주), 래미안블레스티지, 디에이치아너힐즈, 개포프레지던스자이(2023년 입주) 등 막강한 신축 아파트로 거듭난 이후, 그 바통이 개포주공5·6·7단지로 넘어가고 있는 추세다.

도곡동은 이제 시작이다. 조합설립 이전 단계에서 살 수 있는 매물을 찾는다면 강남구에서는 도곡동을 1순위로 봐야 한다. 도곡동의 재건축 열차가 순조롭게 출발한다면 그 여파는 일원동에까지 미칠 것으로 보인다.

강남구에서 재건축 안전마진을 계산할 때는 래미안대치팰리스와 견주는 편이 좋다. 앞에서도 언급했듯이 재건축·재개발 단지의 가격은 주변의 대장 아파트 시세에 거의 수렴하기 때문이다. 강남구의 시세는 어디까지 오를까? 그 답은 '천장이 없다'라는 것이다. 이곳이 우리나라 재건축의 축이 움직이는 지역이라는 걸 기억하며 그 여파가 주변 어디에까지 미칠지를 생각해보길 바란다.

재건축의 황금 텃밭, 서초구

[서초구 지도(출처: 네이버지도)]

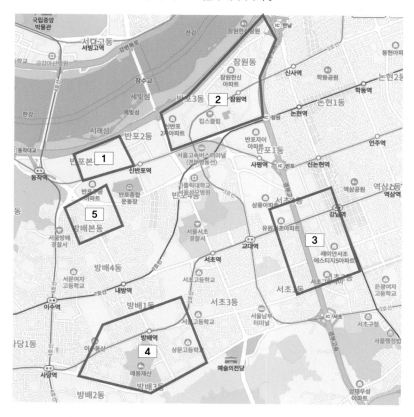

서초구는 강남구와 비교하면 뭔가 다르다. 관리처분인가를 받은 곳도 많고, 일반분양을 마친 곳도 더러 보이며, 사업시행인가와 조합설립인가 단계를 밟고 있는 단지도 적지 않다. 그만큼 서초구는 '재건축 밭'이라는 표현이 어색하지 않을 정도로 '많은' 구역이 '빠르게' 순항하고 있다.

강남대로를 중심으로 오른쪽이 강남구라면 그 왼쪽은 서초구다. 서초구 역시 강남구처럼 시세 지도를 그릴 수 있는데, 분양 예정인 반포주공1단지(①)를 시작으로 잠원동(②), 강남역 인근(③), 방배동(④), 방배동~반포주공아파트 사이(⑤)를 돌면서 시계방향으로 시세가 형성되어 있다.

서초구는 강남구와 달리 토지거래허가구역이 없다. 단 투기과열지구에 적용되는 '조합원 지위 양도 금지'는 강남구와 동일하게 적용된다. 따라서 '10년 보유 5년 거주' 등의 예외 물건이나 '세일 기간'에 접어든 매물이 아닌 이상 물건을 매수하거나 매도하기 힘들다.

서초구의 1번 주자인 반포주공1단지부터 살펴보자.

[서초구 반포주공1단지 주변 재건축 지도]

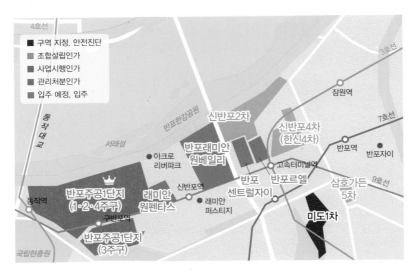

반포주공1단지는 중대형 평형인 1·2·4주구와 비교적 작은 평형인 3주구가 재건축을 따로 진행한다. 1973년에 지어진 '반포 중의 반포(구반포)'로 그만큼 이들은 연식이 오래되었다. 래미안퍼스티지(반포주공2단지 재건축)와 반포래미안원베일리(신반포3차·경남아파트 재건축, 2023년 입주)를 이웃 단지로 두고 있고, 반포주공1단지 1·2·4주구 바로 곁에는 우리나라에서 평당 최고가를 자랑하는 아크로리버파크(신반포1차 재건축)가 자리하고 있다. '센 놈' 옆에 '더 센 놈'이 나올 예정인 셈인데, 반포주공1단지 1·2·4주구는 디에이치클래스트라는 이름으로 분양을 앞두고 있다.

반포주공1단지에서 지하철 3호선 잠원역 방향으로 가다 보면 신반포 단지들이 나온다. 무려 27차에 이르는 이 단지들은 순차적으로 자신의 속도에 맞게 재건축 사업과 리모델링이 진행되고 있다.

서초구 재건축 사업들은 진행 중인 단계가 다양해 그만큼 선택의 폭도 넓다. 이미 입주를 마친 단지도 있으니 시세를 비교할 기준도 명확하다.

강남역 인근으로는 래미안서초에스티지S(우성2차 재건축), 래미안서초에스티지(우성3차 재건축), 래미안리더스원(우성1차 재건축), 서초그랑자이(무지개아파트 재건축) 등 재건축을 마치고 이미 입주를 한 단지들이 많다. 그다음 순서로 신동아아파트와 진흥아파트가 기다리고 있는데, 특히 신동아아파트는 2017년 12월 31일 이전에 관리처분인가를 신청해

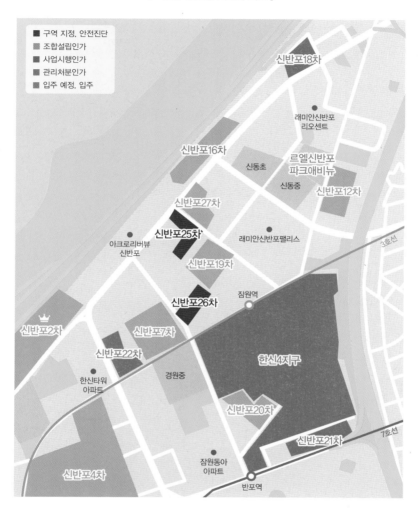

[서초구 잠원동 재건축 지도]

■ 구역 지정, 안전진단
■ 조합설립인가
■ 사업시행인가
■ 관리처분인가
■ 입주 예정, 입주

신반포18차
래미안신반포
리오센트
신반포16차
신동초
르엘신반포
파크애비뉴
신동중
신반포12차
신반포27차
신반포25차
아크로리버뷰
신반포
래미안신반포팰리스
3호선
신반포19차
신반포26차
잠원역
신반포2차
한신4지구
신반포7차
신반포22차
경원중
신반포20차
한신타워
아파트
신반포21차
7호선
잠원동아
아파트
신반포4차
반포역

재건축 초과이익환수제 대상이 아니다. 그 밖에도 강남역 일대는 서리
풀터널의 개통으로 방배동 사이를 가로막고 있던 교통의 혈이 뚫렸고

서초로 지구단위계획안이 수립되면서 법원단지와 롯데칠성 및 코오롱 단지가 함께 개발될 계획으로 미래가 더욱 밝을 전망이다.

마지막으로 방배동은 정말 크게 변화할 곳이다. 흔히 방배동에는 '이렇다 할 아파트가 없다'고 생각하는데, 단독주택을 재건축하는 방배 5·6구역이 분양을 앞두고 있고, 이 중 규모가 큰 5구역이 입주를 하는 시점이 오면 모두가 방배동을 다시 보게 될 것이다.

[서초구 방배동 재건축 지도]

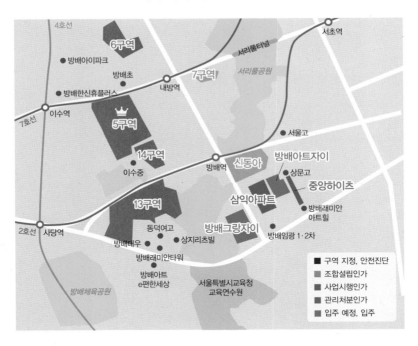

서초구에서 저평가된 지역을 찾는다면 두말할 것 없이 방배동이다. 단독주택이 많고 오래된 구축의 전세가가 싸서 잘 눈여겨보지 않는 지역이었는데, 방배그랑자이가 보여주듯 그 위상이 점차 달라지고 있다. 물론 더 오를 여지도 충분할 것으로 보인다.

입지는 영원하다, 용산구

서울의 중심 용산구는 재건축 지역과 재개발 지역이 나뉜다. 먼저 한강변을 따라 낡은 아파트가 즐비한 동부이촌동에는 재건축과 리모델링 바람이 불고 있다. 이어서 한남대교를 건널 때마다 보이는 '산 위에까지 켜켜이 쌓여 있는' 오래된 빌라와 단독주택은 '한남뉴타운'이라는 이름으로 새롭게 거듭날 전망이다. 한남뉴타운은 6장에서 자세히 다룰 예정이니 이번 장에서는 한강변의 재건축 단지에 주목해보자.

2021년 7월 기준, 용산구 재건축의 핵심은 단연 건축심의다. 뒤로는 남산, 앞으로는 한강을 끼고 있어 남부러울 것 없는 배산임수의 입지를 누리지만, 그 대가로 한강변 스카이라인을 해치지 말아야 한다는 막중한 임무도 떠안고 있다. 그만큼 건축심의를 받기가 무척 까다로운데, 이를 바꿔서 생각해보면 이미 건축심의를 통과한 구역은 그 가치가 상당하다고 해석할 수 있다.

[용산구 재건축 지도]

용산구의 재건축은 한강과 바로 맞닿아 있는 1선과 그 뒤에 위치한 단지들인 2선으로 세분화할 수 있다. 한강뷰를 오롯이 품는 1선 단지들은 웬만해서는 재건축을 진행하는 추세이고, 2선 단지들은 높은 용적률을 상쇄하고자 리모델링으로 선회하는 분위기이다.

1선 단지 가운데 이미 입주를 끝낸 래미안첼리투스는 '1:1 재건축'에 성공한 아파트다. 임대물량을 갖지 않기 위해 오롯이 조합원의 호수만큼 새 아파트를 지었고, 일반분양분으로 수익을 거둘 수 없었기에 조합원 각자가 부담금 100퍼센트를 직접 부담했다. 그럼에도 시세가 껑충 오른 걸 보고 바로 옆 왕궁아파트에서도 '1:1 재건축'을 추진 중이다.

장차 대장이 될 단지는 한강맨션이다. 5층짜리 아파트로 사업성이 좋고, 호수별 대지지분도 넓은 편이다. 그 어느 단지보다 한강이 가깝고, 지하철 4호선과 경의중앙선 이촌역을 누리는 더블 역세권에, 초·중·고등학교를 모두 끼고 있는, 가히 최고의 입지다. 일반분양분도 많을 것이고, 이에 지원하는 청약 대기자도 상당할 것으로 보인다. 최근에 조합설립인가를 서둘러 진행한 신동아아파트는 대형 평수이자 한강뷰 프리미엄을 가장 많이 누릴 곳이다.

용산구 이촌동의 재건축 단지들은 2021년 7월 기준 토지거래허가구역에 속하지 않는다. (단 투기과열지구에 적용되는 '조합원 지위 양도 금지' 규제는 유의해야 한다.) 재건축 추진 단지이냐, 리모델링 추진 단지이냐에 따라 시세는 천차만별인데 이 모든 정비사업이 완료되는 시점이 오면 동부이촌동은 그야말로 '찐부자' 동네로 거듭날 것이다. 1970년대 초반에 지어져 인고의 세월을 버틴 이 낡은 단지들이 훗날 어떤 명성을 누리게 될지 벌써부터 기대가 된다.

3

갈 놈

송파구 & 영등포구 여의도동

아이러니하게도 서울의 '갈 놈'에는 꽤 오래전부터 재건축이 활발하게 진행되었던 송파구와, 수십 년째 재건축을 숙원 사업으로 삼고 있는 영등포구 여의도동이 포함되어 있다. 먼저 송파구는 '재며드는' 분위기에 발맞춰 재건축 진행이 수월하게 이루어질 것이고, 또 다른 한 군데인 여의도동은 더 이상 미룰 수 없는 그 절박함이 재건축을 '되게 만들' 것이다.

재건축의 모범 케이스, 송파구

강남3구에 속하는 송파구는 서초구를 위협할 만큼 시세가 높은 지역이다. '강남급'이라 일컬어지는 새 아파트는 모두 재건축 사업으로 탄생한 단지들인데, 그 흐름이 어찌나 빠른지 잠실주공1~4단지를 재건축한 잠실엘스, 잠실리센츠, 트리지움, 레이크팰리스가 벌써 구축으로 여겨질 정도다.

[송파구 지도(출처: 네이버지도)]

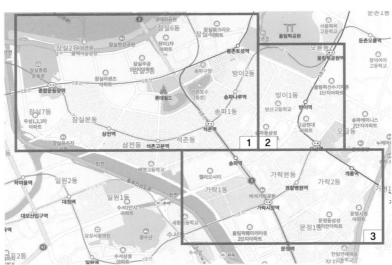

송파구 역시 구획을 나눌 수 있다. 먼저 1선은 잠실동 일대다. 잠실주공1~4단지를 재건축한 아파트 외에도 우리가 그동안 유일무이한 사례로 숱하게 마주했던 잠실주공5단지가 여기에 속한다. 단, 이곳은 토지거래허가구역으로 실거주가 가능한 사람만이 매수할 자격을 얻는다.

[송파구 잠실동 일대 재건축 지도]

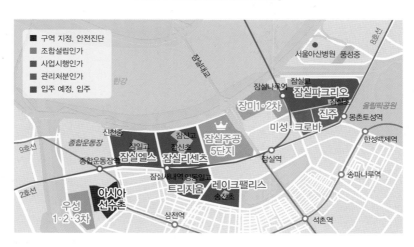

앞서도 계속 설명했듯이 잠실주공5단지는 미래의 대장 아파트로 이미 낙점된 단지다. 중층임에도 대지지분이 상당해 입주 시점에는 조합원들에게 환급금이 돌아갈 것으로도 예상된다. 그 밖에 송파구 1선에는 우성1·2·3차아파트와 아시아선수촌아파트가 있다. 이들 단지에서는 삼성역을 도보로 오갈 수 있어, 현대자동차그룹 삼성동 글로벌비즈니스센터(GBC) 개발의 최대 수혜지가 될 전망이다.

송파구의 2선 단지들은 잠실의 수요를 받는 방이동, 즉 올림픽공원

일대다. 1986년 아시안게임과 1988년 서울올림픽을 겨냥해 지어진 아파트가 많은데, 재건축 연한을 넘겼지만 대형 평수가 많아서인지 아직까지 적극적인 움직임은 포착되지 않는다. 하지만 한번 바람이 불면 마치 허리케인급으로 주변이 송두리째 뒤바뀔 것으로 전망된다.

[송파구 가락동 & 문정동 일대 재건축 지도]

마지막으로 송파구의 3선인 가락동과 문정동을 살펴보겠다. 30년 연한이 되거나 임박한 아파트 단지에 조합이 스멀스멀 형성되고 있다. 1선의 추진력을 따라갈 수밖에 없는 동네로, 앞으로 더 엄청난 변화가 기대된다.

송파구에는 중층 아파트가 많기 때문에 리모델링을 추진하는 단지도 많다. 재건축의 바람과 함께 리모델링의 '태풍'이 불어 닥칠 곳으로, 이에 관한 자세한 내용은 10장에서 다루기로 하겠다.

상상할 수 없는 잠재력, 영등포구 여의도동

영등포구에서는 신길뉴타운을 비롯해 대부분 재개발 사업으로 신축이 지어지고 있다. 그런데 영등포구의 알짜인 여의도동에는 유독 재건축 사업이 많다. 그것도 무려 1970년대에 지어진 오래된 아파트 위주로, 이들은 대한민국 아파트 역사의 산증인이라 해도 과언이 아니다.

이름부터 범상치 않은 시범(示範)아파트는 여의도의 대장 단지다. (시범아파트가 채택한 판상형, 복도식, 중앙난방, 조경, 지하 공동구 등은 '한국산 아파트'의 공식으로 수십 년째 이어져오고 있다.) 이들은 신탁방식(조합 대신 신탁사가 시행을 맡아 추진하는 재건축 사업 방식)으로 전문 CEO가 맡아서 사업을 추진하는 형태라 속도도 가장 빠른 축에 속한다. 시범아파트에 이어 광장아파트와 대교아파트, 한양아파트, 진주아파트, 공작아파트 등도 재건축을 추진하려는 움직임을 보인다.

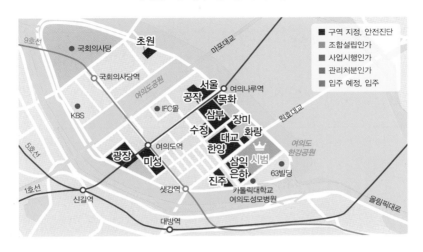

[영등포구 여의도동 재건축 지도]

더할 나위 없는 한강뷰에, 금융사와 방송국 등 고소득 직장인들의 수요가 뒷받침되고, 최근에 현대백화점 더현대 서울까지 들어서 상권도 탄탄하다 하지만 여의도동은 단 하나 '속도'가 느리다. 토지거래허가구역으로 묶여 있어서 실제 투자금액이 매매가의 100%이고, 50년 차아파트에 반드시 입주해 살아야 한다는 점이 가장 큰 진입장벽이다.

하지만 누군가 나에게 '재건축을 추진하는 지역 가운데 가장 저평가된 곳이 어디인가?'라고 묻는다면 나는 '여의도'라고 답할 것이다. 지금껏 가격 눌림이 심해서 더 크게 상승할 여지가 있고, 오래된 아파트가모두 개발에 완료하는 시점이 오면 국내는 물론 해외에서도 유명세를떨칠 만큼 엄청난 잠재력을 지녔기 때문이다.

4

들어올 놈

양천구 목동 & 노원구 상계동

　'이제 막 재건축 사업의 번호표를 뽑았다.' 머지않아 3기 신도시처럼 '택지지구급'으로 깡그리 바뀔 양천구 목동과 노원구 상계동의 이야기다. 동시에 열 개가 넘는 단지들이 지어진 이곳이 한꺼번에 새 아파트로 거듭날 시점이 오면, 이미 보유해온 학군과 교통 등 모든 인프라와 시너지를 발휘하며 엄청난 가능성을 뿜어낼 것으로 보인다.

앞서가는 형님, 양천구 목동

　목동 재건축이 연일 뜨거운 이슈다. 1985년에 완공한 가장 오래된 신시가지1단지부터 1988년에 지어진 막내 신시가지11·12단지까지, 이미 30년 차를 훌쩍 넘긴 목동에서 재건축 열차가 출발하는 건 어쩌면 당연한 수순이다.

[양천구 목동 재건축 지도]

목동은 1~7단지를 '앞단지'로, 8~14단지를 '뒷단지'로 나누어 부른다. 가장 중심에 있는 7단지가 지하철 5호선 목동역에 학원가까지 끼고 있어서 진정한 대장으로 불린다. 목동 신시가지는 중층 아파트이지만 대지지분이 크고 용적률이 최저 114%까지 나오는 단지가 있어서 재건축이 무척 기대된다. 하지만 재건축 속도의 키는 '안전진단'이 틀

행정구역	단지명	준공년도	세대수	용적률(%)
목동	1단지	1985	1882	129
	2단지	1985	1640	124
	3단지		1588	122
	4단지		1382	114
	5단지		1848	117
	6단지		1368	139
	7단지		2550	125
신정동	8단지	1987	1352	165
	9단지		2030	138
	10단지		2160	127
	11단지	1988	1595	125
	12단지		1860	123
	13단지	1987	2280	161
	14단지		3100	146

어쥐고 있는 실정이다.

2020년 6월 목동신시가지6단지가 전체 14개 단지 가운데 최초로 2차 안전진단에 통과하며 재건축 열기를 후끈 지폈다. 그러나 이후 몇 몇 단지에서 '유지보수 등급'인 C등급을 받으며 연거푸 탈락의 고배를 마셨다. 2021년 7월 기준 1차 또는 2차 안전진단을 진행하고 있는 단지도 있고, 안전진단에 최종 탈락해 재도전을 기약하는 단지도 있다. 길 하나를 사이에 두고 안전진단의 결과로 희비가 극명하게 엇갈린 단지도 있지만, 최종적으로는 어느 단지 하나 누락되는 곳 없이 모두 안전진단의 문턱을 넘게 되지 않을까 예상해본다.

순서를 기다리는 동생, 노원구 상계동

노원구 상계동은 양천구 목동과 그 성격이 매우 유사하다. 1985~1988년에 지어진 목동신시가지아파트가 '형님'이라면, 1987~1989년에 지어진 상계주공단지들은 '아우'라고 할 수 있다. 북쪽으로는 '강북의 동맥'이 될 동북선이 지나는 상계뉴타운이 있고(동북선과 상계뉴타운에 관한 내용은 6장 '서울 재개발'에서 자세히 다룬다), 지하철 한 정거장 거리인 창동역에 GTX C노선이 들어온다는 대형 호재가 기다리고 있다.

상계주공아파트는 총 16개 단지로 이루어져 있다. 이 중 8단지는 벌써 재건축에 성공해 포레나노원으로 거듭났다. 기존 건물이 조립식 구조로 지어져 안전에 취약했던 탓에 그 어떤 단지보다 빠르게 재건축을 진행할 수 있었다. 포레나노원은 '구축 밭의 신축'으로 군계일학이 된 셈인데, 일반분양 당시 84점짜리 만점 통장이 들어와 화제를 모으기도 했다.

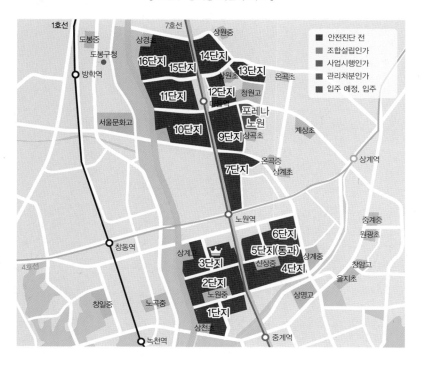

[노원구 상계동 재건축 지도]

그다음 타자로는 5단지가 최종 안전진단에 통과해 정비구역 지정
을 마친 상태이다. 나머지 단지는 뒤따라서 안전진단 절차를 밟고 있다
(2021년 7월 기준). 다만 상계주공아파트는 5단지와 8단지만이 5층짜리
저층 아파트이다. 나머지는 중층 단지라 용적률과 대지지분이 크게 좋
지 않다. 이에 조합원의 부담금이 조금 많아질 수는 있으나, 시간을 지
체할수록 '낡은' 건물이 '더 낡아질' 일밖에 없기 때문에 결국은 재건축
을 진행하게 될 것으로 보인다. 더불어 포레나노원의 성장을 곁에서 지

켜본 입주민 사이에 재건축 의지가 상당해, 목동신시가지아파트가 일정 궤도에 오르고 나면 그다음 순서로 상계주공 열차가 출발할 것으로 보인다.

[상계주공아파트 세대수 및 용적률 현황]

단지명	준공년도	세대수	용적률(%)
1단지	1988	2064	176
2단지	1987	2029	171
3단지	1988	2213	178
4단지		2136	204
5단지	1987	840	93
6단지	1988	2646	193
7단지		2634	196
8단지	포레나노원		
9단지	1988	2830	207
10단지		2654	169
11단지		1944	173
12단지		1739	196
13단지	1989	939	189
14단지		2265	147
15단지	1988	2100	154
16단지		2392	184

그렇다면 현 시점에서 상계주공아파트를 매수 후보로 둔다면 어떤 단지가 가장 좋을까? 나는 '속도가 빠른 곳'을 눈여겨보라고 말하고 싶다. 속도가 빠르다는 것, 즉 안전진단에 통과한 단지를 우선적으로 살피라는 이야기다. 단, 그만큼 시세는 타 단지에 비해 높게 형성되어 있다는 걸 염두에 두어야 한다.

또한 지하철역에 가까울수록 시세가 비싸다. 4호선과 7호선 더블 역세권인 노원역을 시작으로, 중계역 주변, 마들역 주변순으로 시세가 형성되어 있다. 상계주공아파트의 호가가 부담스럽다면 그 주변의 30년이 지난 보람아파트, 한신아파트, 벽산아파트도 함께 살펴보기를 바란다.

상계주공아파트의 재건축이 순조롭게 진행되면 그 여파가 바로 아래에 있는 월계동과 중계동에도 미칠 것이다. 특히 월계동의 미륭·미성·삼호아파트(일명 '미미삼'이라 불린다)는 안전진단에 탈락하고 재도전하면서 이미 뜨거운 감자가 되었다. 광운대역세권개발에 동북선 월계역을 누리는 입지로, 개인적으로는 상계주공아파트와도 충분히 견줄 수 있다고 생각한다.

지금까지 서울 재건축의 핵심 지역 7곳을 살펴보았다. 굳건한 왕좌를 지키고 있는 지역도 있지만, 잠룡에서 비상하는 용이 될 지역도 더러 포착했을 것이다. 여기까지 함께 온 것만으로도 부의 중심축이 어디에서 어디로 흐르는지 선명하게 그려졌을 것이라 생각한다.

그러나 아직 '부의 로드'는 끝나지 않았다. 끝나기는커녕 더 압도적인 스케일의 이야기가 바로 다음 장에서 기다리고 있다. 재건축보다 더 드라마틱한 변화의 서막, '서울 재개발' 이야기다.

6장

앞으로 10년간 입에 닳도록 불릴 그 이름,
서울 재개발

1

이제
잘될 일만 남았다

재건축이 무궁화호에서 KTX로 갈아타는 것이라면, 재개발은 오랜 시간 교통의 불모지였던 곳에 철로 자체를 새로 들여놓는 일과 같다. 그만큼 이전에는 상상도 못 했던 모습이 눈앞에 펼쳐지고, 주민들의 삶의 질은 과거와 비교도 할 수 없을 만큼 향상될 것이다.

대망의 서울 재개발이다. 모두가 손꼽아 기다리던 서울 내 재개발 구역들이 오랜 몸풀기를 끝내고 이제 출발선 앞에 섰다. 누구나 마음속 깊이 열망하는 최고의 '드림 아파트', 앞으로 10년 동안 입이 닳도록 불릴 그 지역들이 꿈틀대기 시작했다. 용산구, 성동구, 동작구, 서대문구, 동대문구, 성북구, 노원구, 관악구가 바로 그 주인공이다.

[서울에서 재개발이 활발한 자치구 현황]

도봉구
강북구
노원구
은평구
중랑구
성북구
서대문구
종로구
동대문구
강서구
마포구
중구
성동구
용산구
광진구
강동구
양천구
영등포구
동작구
송파구
구로구
강남구
금천구
관악구
서초구

4대 천왕, 천지개벽의 신호탄

　가장 먼저 용산구, 성동구, 동작구, 서대문구에서 진행될 '뉴타운'을 소개할 것이다. 이들은 각각 한남뉴타운(용산구)과 성수전략정비구역(성동구), 노량진뉴타운(동작구), 북아현뉴타운(서대문구)을 품고 있다. 이제 막 개발에 시동을 켠 이들은 입지가 너무 탁월해서, 또 '대장'이 될 수밖에 없는 구역들이라서 그동안 진행이 쉽지 않았다. 앞서도 언급했듯이 모든 '대장'들은 각종 이권이 개입하기 때문에 진행 속도가 늦어질 수밖에 없다. 하지만 이제 비로소 모든 우여곡절을 뛰어 넘었다고 봐도 좋을 타이밍이 되었다. 이제는 '되냐, 안 되느냐'의 문제가 아니라 '얼마나 잘되는지'가 관건이다. 10년 후 미래에 '서울 최고의 부촌'이 될 이들 4대 천왕을 주의 깊게 살펴보면서 재개발이 얼마나 무궁무진한 가능성을 품고 있는지 가늠해보자.

다음으로는 뉴타운 단위를 넘어 아예 구 전체가 새로운 모습으로 거듭날 동대문구, 성북구, 노원구 상계뉴타운과 관악구 신림뉴타운을 둘러볼 것이다. 서울에서 비교적 '가성비가 좋다'고 알려진 이들 구의 위상이 10년 후에는 얼마나 달라져 있을지를 기대하며 보는 재미도 쏠쏠할 것이다.

자, 그럼 이제 본격적으로 서울이 얼마나 천지개벽할지 두 눈 크게 뜨고 지켜보자. 참고로 서울은 모든 구가 투기과열지구다.

2

신흥 부촌이 될 4대 천왕
한남뉴타운 & 성수전략정비구역 &
노량진뉴타운 & 북아현뉴타운

서울 최고의 입지는 과거에도, 지금도, 앞으로도 단연 '한강변'이다. 용산구 한남뉴타운과 성동구 성수전략정비구역은 내 집 안방에서 한 강을 훤히 내려다볼 수 있는 입지로 손꼽힌다. 게다가 강남3구와 살을 맞대고 있어서 다리나 고개 하나만 건너면 압구정과 가로수길, 강남역 상권을 모두 향유할 수 있다.

서울 서북권에 마지막 남은 대단지인 서대문구 북아현뉴타운 역시 입지 면에서는 결코 빠지지 않는다. 현 시점의 대장 경희궁자이를 위협 하면서 북아현뉴타운에 남은 구역들이 서부권의 왕좌에 오를 채비를 단단히 마쳤다.

잠든 용이 눈을 뜨다, 한남뉴타운

먼저 한남뉴타운부터 살펴보자. 용산구의 재건축 사업이 동부이촌동을 중심으로 이루어져 있었다면, 재개발은 한남동을 중심으로 포진되어 있다.

일단 한남뉴타운 주변에는 국내 최고가 아파트인 한남더힐과 나인원한남이 자리하고 있다. 각종 정·재계 인사들과 연예인들이 이곳으로 모여든다는 사실만 봐도 한남뉴타운의 입지가 얼마나 탁월한지 잘 알 수 있다. 여기에 굳이 설명을 보태자면 앞으로는 한강이, 뒤로는 남산이 위치하는 배산임수의 땅이다. 또한 반포대교를 건너면 서초구와 이어지고, 한남대교를 건너면 강남구와 바로 연결된다. 신분당선 동빙고역과 보광역(예정)이 신설된다는 것 역시 분명한 이점이다.

무엇보다 이곳 주변에 있던 비선호 시설이 사라진다는 게 가장 큰 호재다. 경부선 철도의 일부 구간이 '용산~서울역 마스터플랜'에 따라 지하화되고, 미군부대와 유엔사부지, 수송부·캠프킴부지가 이전한 자리에 용산민족공원을 비롯한 복합상업문화업무지구가 새롭게 들어설 예정이다. 더불어 변전소 이전에 관해서도 한국전력공사와 합의를 마친 상황이다.

[용산구 한남뉴타운 재개발 지도]

이제부터 구역을 하나씩 뜯어보자. 먼저 입지가 가장 탁월한 곳은 한남5구역이다. 한강을 가장 넓게 끼고 있는 구역으로, 한남뉴타운 가운데 가장 많은 세대가 한강뷰를 누릴 수 있을 것으로 보인다. 신분당선 동빙고역세권(예정)에 해당하며 서빙고초등학교, 한강중학교, 오신중·고등학교를 보내는 '학세권'('학교'와 '~세권'의 합성어)이라 교육환경도 가장 좋은 축에 속한다. 변전소 이전 문제로 그간 사업이 원활하게 진척되지 못했으나, 한국전력공사와 큰 틀에서 합의를 이루며 다시금 사업에 속도가 붙은 상태다.

서울에서, 그것도 한강변에 위치한 용산구에서 건축심의를 받았다는 건 크나큰 호재가 아닐 수 없다. 용산구에서 건축심의를 통과했다는 건 '곧 사업이 거의 다 이루어졌다'고 봐도 무방할 정도다. 2021년 7월 기준 보광초등학교가 존치를 확정하며 건축심의를 통과한 한남2구역은 지하철 6호선 이태원역을 누리는 역세권이다. 서울 재개발 단지에 의무적으로 적용되는 '임대주택 30% 비율' 조건을 피해 갔다는 것도 큰 장점이다. 2020년 9월부터 강화된 서울 재개발 임대주택 의무 비율은 여러 조합의 사업성을 크게 떨어뜨리고 있는데, 30% 조건을 피해 15%만 가져갔다는 사실만으로도 한남2구역은 커다란 무기를 손에 쥔 셈이다.

2021년 7월 기준 관리처분을 앞두고 있는 한남3구역은 가장 빠르게 사업을 진행하고 있는 구역이다. 한강을 조망할 수 있는 세대가 나온다는 장점이 있고, 구역 내 급격한 경사가 단점으로 꼽히지만 이는 평탄화 작업을 통해 어느 정도 해결할 수 있을 것으로 보인다. 현대건설은 확장사업비를 제시하며 조 단위의 수주를 따냈고, 단지 내 현대백화점 수준의 스트리트 상가를 입점한다는 전략으로 조합원들의 마음을 사로잡았다.

사업성이 가장 좋은 구역은 한남4구역이다. 조합원 수가 적고 신설 계획 중인 신분당선 보광역에서도 가장 가까워 일반분양을 할 때도 큰 인기를 얻을 것이라 예상된다. 독특한 점은 1992년에 지어진 신동아파밀리에아파트(226세대)가 한남4구역에 포함되면서 구역의 완성도가 높아졌다.

재개발 사업 이후 용산은 서울을 넘어 전국에서 수요를 불러일으킬 것으로 보인다. 동부이촌동에서는 재건축으로 한남동에서는 재개발로 용산구의 한강변이 보기 좋게 정비되면, 앞으로는 '강남의 시대'가 아닌 '용산의 시대'가 열릴지도 모를 일이다.

50층 한강뷰! 성수전략정비구역

성동구 성수동에서 재개발은 '50층', '한강뷰' 이 두 개의 키워드로 모든 게 정리된다. 2011년에 정비계획안을 고시한 성수전략정비구역은 '성수동의 얼굴'인 트리마제처럼 이론상 최대 50층까지 건축이 가능하다. 하지만 2021년 7월 기준 대부분의 구역이 아직 사업시행인가를 받지 못했다. 아무래도 50층으로는 서울시에서 건축심의를 통과하기가 쉽지 않았기 때문일 것이다.

그래도 한 가지 눈여겨볼 점은 오세훈 서울시장이 2009년 재임 시절에 '한강 르네상스' 계획의 일환으로 이 구역을 전략정비구역으로 지정했다는 사실이다. 실제 성수전략정비구역은 과거 오 시장의 역점 사업 중 하나였는데, 오 시장이 복귀함에 따라 숨죽여 있던 성수전략정비구역도 다시 기지개를 켤 수 있을지 모두의 이목이 집중되고 있다.

[성동구 성수전략정비구역 재개발 지도]

1~4지구로 이루어진 성수전략정비구역은 무주택자를 위한 '청정 지역'으로 꼽힌다. 이유인즉슨, 성동구에서 이 구역만 따로 토지거래허가구역으로 지정해 관리하고 있기 때문이다.

[성수전략정비구역 토지거래허가 조건]

1. 무주택자 전입 조건 매입
2. 기존 주택 3개월 이내 매도 조건으로 입주
3. 지방 거주자 자녀 교육 문제로 인정될 경우
4. 2시간 이상 거리에 주택을 보유한 자의 경우, 자녀 또는 직장 사유가 인정될 경우 현재 주택은 세주고 매입 가능
5. 1시간 이내 거리에 주택을 보유한 경우, 자녀 혹은 직장 사유로 구체적이고 더 투명한 입증 방법 제출 시 매입 가능

이처럼 거래 조건이 유독 까다로운데, 사실상 1, 2번 이외의 방법은 허가를 받기가 어렵고, 2번 역시 '3개월 이내'라는 조건이 부담스러워 무주택자가 아니라면 엄두를 내기 힘든 구역이다.

성수동 재개발은 1~4지구를 통틀어 8000세대 이상을 분양할 예정으로 규모가 작지 않은 사업이다. 그중 1, 2구역은 강변북로 복개 공사로 한강 둔치와 연결되면서 훌륭한 조망이 나올 것으로 보인다. 성수동의 수많은 지식산업센터 수요를 뒷받침하고, 2호선과 수인분당선을 동시에 누릴 이곳은 향후 건립될 49층 부영호텔과 함께 서울의 마천루를 바꿔놓으며 새로운 부촌의 상징이 될 전망이다.

흑석·신길과 시세를 주고받는 곳, 노량진뉴타운

동작구의 대표적인 재개발 구역은 흑석뉴타운과 노량진뉴타운이다. 노량진뉴타운을 가운데 두고 왼쪽에는 영등포 신길뉴타운, 오른쪽에는 흑석뉴타운이 어깨를 나란히 하며 한강 이남의 풍경을 바꾸고 있는데, 흑석뉴타운에서 오른쪽으로 더 가면 반포 재건축 단지들까지 있으니 지도를 넓게 보며 이들 지역의 연관성을 생각해보면 좋겠다.

[동작구 노량진뉴타운 재개발 지도]

흑석뉴타운은 이미 완숙 단계에 접어들었다. 거의 입주를 마쳤거나, 입주 예정을 앞두고 있다. 따라서 우리는 동작구에서도 노량진뉴타운에 주목하려 한다. 노량진뉴타운의 1~8구역은 해제된 곳 없이 모두 순항 중이다. 하지만 아직 분양을 한 곳 또한 하나도 없어서 시간이 너무 오래 걸린다는 점이 매수를 망설이게 하는 요인으로 작용했다.

그런데 이제 분위기가 달라졌다. 흑석뉴타운이 어느 정도 완성되고, 시세 차익을 크게 누리는 단지들이 생겨나면서 노량진뉴타운도 속도를 내기 시작했다. 노량진뉴타운은 지하철 1호선과 강남을 관통하는 7·9호선을 동시에 누리고, 머지않아 경전철 서부선이 들어설 예정이다. 현충원 너머로는 서초구가, 노량진~연륙교 완공 후에는 여의도가 배후 수요지로 삼을 입지라 흑석뉴타운의 가격을 충분히 따라갈 것으로 보인다. 그러므로 노량진뉴타운의 안전마진을 계산해볼 때는 흑석뉴타운의 대장 아파트인 아크로리버하임과 견주어 생각해도 좋다. 단, 아크로리버하임 중 한강을 조망할 수 있는 호수는 시세가 상당히 높으니 한강뷰가 아닌 매물의 호가를 살펴야 한다.

노량진뉴타운에서도 한강뷰를 기대할 수 있겠으나, 아쉽게도 1·3구역 정도가 조금 가능할 것으로 보인다. 3구역은 노량진역세권이면서 현재까지는 유일하게 초등학교를 끼고 있는 단지이기도 하다.

2021년 7월 기준 건축심의를 통과한 단지는 가장 대단지인 1구역이다. 약 3000세대에 이르는 1구역은 일반분양 물량이 가장 많을 것으로 보이며, 노량진역과도 가장 가깝다. 또 다른 역세권을 찾는다면 7호선 장승배기역에서 가까운 2구역과 4구역을 눈여겨보자.

노량진은 유독 조합원의 '1 + 1 분양'이 많다. 아파트를 두 채나 받아서 이득이기는 하지만, 대출과 세금 측면에서는 한꺼번에 두 채 이상을 소유하게 돼 골머리를 앓게 될 수도 있다. (다주택자로 분류되면 이주비 대출과 비과세 문제로 속앓이를 할 수도 있다.) 즉, 노량진뉴타운에 접근할 때는 대출과 세금 리스크를 꼼꼼히 점검해야 한다. 노량진뉴타운은 2018년 1월 24일 이전에 서둘러 사업시행인가를 신청한 구역이 많다. 전매제한 규제를 피하기 위함이었는데, 아쉽게도 1·3·5구역에 한해서는 관리처분인가 이후 소유권 이전 시까지 전매가 금지된다.

서울 서북권 진짜 대장은? 북아현뉴타운

　서대문구에서는 가재울뉴타운과 홍제역 인근을 중심으로 이미 많은 구역이 입주를 마쳤다. 많은 사람들이 마포구로 혼동하는 북아현뉴타운 역시 마포래미안푸르지오, 신촌그랑자이, 마포프레스티지자이 등 걸출한 단지를 배출하며 유명세를 떨친 지 오래다. 그런데 북아현뉴타운에는 진짜 '대장'이 될 두 개의 단지가 아직 남아 있다. 바로 압도적인 세대수를 자랑하는 북아현2구역과 북아현3구역이다.

[서대문구 북아현뉴타운 재개발 지도]

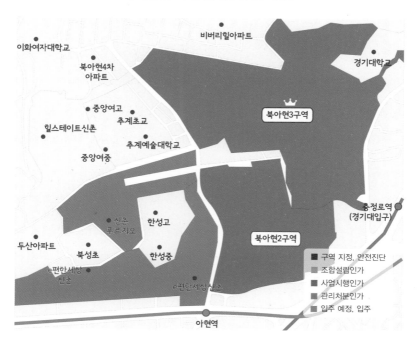

5호선 충정로역에 2호선 아현역세권까지 누리는 북아현3구역은 삼성물산과 대림건설이 컨소시엄 형태로 들어온다. 총 4757세대 규모에 일반분양만 1200세대에 이르는 북아현3구역 역시 GS건설과 롯데건설이 컨소시엄 형태로 시공사 입찰에 성공했다. 각각 2009년 12월과 2011년 9월에 사업시행인가를 신청해 전매제한에서 자유롭다는 게 특징이다.

북아현뉴타운은 '학주근접'(학교와 주거공간의 거리가 가깝다는 뜻의 신조어)과 '직주근접'이 뛰어나다. 특히 셔틀버스를 타지 않고 사립초등학교인 추계초등학교와 이화여자부속초등학교, 오랜 전통의 북성초등학교가 인근에 자리 잡았고 북아현2구역에는 초등학교 신설이 예정돼 있다. 이 밖에도 특목고인 이화외국어고등학교와 자사고인 이화금란고등학교에서 가까우며, 연세대학교와 이화여자대학교, 서강대학교가 지척에 있다. 또한 오피스가 밀집해 있는 중구와 마포구와도 지근거리라 이곳으로 출퇴근하는 직장인들에게 각광받는 지역이다.

북아현2·3구역의 안전마진을 계산할 때는 e편한세상신촌의 시세를 참고해볼 수 있다. 나아가 서울 서북권의 마지막 남은 대단지 새 아파트이기에, 현재 서북권의 대장 아파트인 종로구 경희궁자이와도 견줄 수 있다. 시세는 마포구를 따라 형성되기 때문에 아직도 상승 여력은 충분한 지역이라고 생각한다.

3

그야말로 천지개벽

동대문구 & 성북구 & 상계뉴타운 & 신림뉴타운

앞서 본 '4대 천왕'이 뉴타운 단위의 개발 계획이었다면, 지금부터 살펴볼 동대문구와 성북구는 말 그대로 구 전체가 '몽땅 갈아엎어져' 완전히 새롭게 태어날 전망이다. 그만큼 좋은 물건을 만날 기회도 많은 셈이니 집중해서 들여다보자.

청량리가 달라졌다, 동대문구

예로부터 동대문구는 서울의 대표적인 구도심이자 주거지로 그 역할을 톡톡히 해왔다. 도시의 역사가 깊은 만큼 재건축·재개발 사업도 일찍부터 전개해왔는데, 그럼에도 아직 많은 구역이 남아 있어서 변화의 바람은 그칠 줄 모른다.

동북권에서는 길음뉴타운과 전농·답십리뉴타운이 입주를 거의 마쳤고, 이문·휘경뉴타운은 열심히 사업을 추진하고 있다. 동대문구는 거의 모든 구옥이 새 아파트로 바뀐다고 해도 과언이 아닐 만큼 천지개벽하는 지역이다. 따라서 동대문구의 재개발을 살필 때는 '이문·휘경뉴타운'과 '청량리역 주변'으로 나눠서 지역을 분석하는 편이 수월하다.

동북권 대단지, 이문·휘경뉴타운

이문·휘경뉴타운은 1만 세대가 넘는 동북권 대단지 뉴타운이다. 2021년 7월 기준 입주까지 완료한 구역은 휘경해모로프레스티지(휘경1구역 재개발)와 휘경SK뷰(휘경2구역 재개발)이고, 두 곳 다 소규모 단지라 아직까지 크게 주목을 받지 못했다. 하지만 이문1구역 등 대단지가 속속 분양하는 시점에는 청량리역세권 개발의 최대 수혜지인 이문·휘경뉴타운의 위상이 새로 쓰일지도 모른다.

이문·휘경뉴타운에서 가장 눈에 띄는 구역은 이문4구역이다. 서울에서는 특히 '초품아'('초등학교를 품은 아파트'를 줄여 쓴 신조어)가 귀한 편인데, 신설될 초등학교가 이문4구역에 들어설 예정이다. 게다가 이문4구역 곁에는 동부간선도로가 있고 그 너머로 중랑천뷰까지 누릴 수 있어서 매력 요인이 많은 구역이다.

    '재건축 · 재개발은 속도가 생명'이라는 관점에서 봤을 때 이문3구역과 휘경3구역은 될성부른 나무다. 특히 이문3구역은 독특한 방식의 결합 재개발을 하고 있어 주목해볼 만하다. 이문3-1구역과 이문3-2구역을 아울러 이문3구역이라고 하는데, 천장산 바로 아래에 있는 이문3-2구역이 고도를 마음껏 높일 수 없게 되자 남은 용적률을 3-1구역과 공유하게 된 것이다. 그 덕에 이문3-1구역은 일반분양분을 많이 받을 수 있게 되어 사업성이 커졌고, 이문3-2구역은 프라이빗한 프리미엄 타운하우스로 거듭날 수 있게 되었다. 결합 재개발로 속도를 높인 이문3구역을 보면서 휘경3구역도 가속 페달을 밟기 시작했다. 뒤늦게 뛰어든 동생이 형님들을 따라잡고 있는 형국이다.

　이문·휘경뉴타운은 지하철 1호선 3개 역(회기역·외대앞역·신이문역)에 경의중앙선 회기역을 이용할 수 있다. 안전마진을 비교할 때는 주변에 새 아파트가 거의 없는 만큼 2023년에 입주할 청량리역 '3대장'(청량리역 롯데캐슬SKY-L65, 청량리역해링턴플레이스, 청량리역한양수자인192)을 기준점으로 삼기 바란다.

스카이라인이 바뀐다, 청량리역 주변

　'청량리가 왜 좋은가요?'라고 묻는다면 나는 두 가지 이유로 답하겠다. 하나는 '10개의 철도 노선'이고, 다른 하나는 청량리의 스카이라인을 바꿔놓을 '3대장'이다. 먼저 현재 청량리역을 관통하는 노선만 해도 벌써 6개(지하철 1호선, 경의중앙선, 분당선, 경원선, 경춘선, KTX 강릉선)다. 여기에 앞으로는 면목선과 강북횡단선, GTX B 노선과 GTX C 노선이 추가될 예정이다. 수도권을 연결하는 수준이 아니라 전국을 오갈 수 있는

[청량리역 정차 노선]

교통의 핵심지가 됐다.

그럼 '3대장'은 무엇일까? 2019년 동시에 분양한 청량리역롯데캐
슬SKY-L65, 청량리역해링턴플레이스, 청량리역한양수자인192를 일
컫는다. 이들은 청량리역에 바로 붙어서 한창 공사가 진행 중인 아파트
로, 각각 65층, 40층, 59층으로 완공돼 청량리역 일대를 전혀 새로운
모습으로 뒤바꿔놓을 예정이다. 2023년 입주를 바라보고 있으며, 한
꺼번에 개봉될 동북권 랜드마크에 모두의 이목이 집중되고 있다.

청량리역 주변만 해도 재개발 구역이 많으니 청량리역을 가운데 두
고 위아래로 나눠서 지도를 살펴보자.

먼저 눈여겨볼 구역은 가장 빠르게 진행되고 있는 청량리7구역이다.
2018년 1월 24일 이전에 사업시행인가를 신청해 전매제한도 자유롭

[동대문구 청량리역 북쪽 재개발 지도]

다. 청량리역까지 도보 10분 거리이며 바로 근처에 청량리역 '3대장'이 입주하는 시점이면 지금과는 전혀 다른 가치로 느껴질 입지다.

지하철 6호선과 경전철 동북선의 더블 역세권이 될 고려대역 주변에는 청량리6구역, 제기6구역이 있다. 특히 동북선은 앞으로 강북을 논할 때 절대 빼놓을 수 없는 노선인데, 왕십리~상계 구간을 잇는 16개의 촘촘한 역사 가운데 무려 7개 역이 환승역(지하철 1호선, 2호선, 4호선, 6호선, 7호선)으로 구성되어 강북의 혈을 뚫는 역할을 할 전망이다.

청량리역 인근의 제기4구역은 조합이 해제된 아픔이 있는 구역이다. 그래도 와신상담해 조합을 새로 꾸렸고 다시 차근차근 절차를 밟아나가며 2021년 7월 기준 시공사 선정을 완료한 후 조합원분양 신청을 받아 관리처분인가를 앞두고 있다. 아직 재건축을 시작도 하지 않은 청량리 미주아파트가 안전진단에 통과하는 날이면 이 일대는 신축에 대한 기대감으로 들썩일 것으로 보인다.

청량리역 북쪽 구역들은 사업성이 좋은 편이다. 다만 단독주택이 많아서 실제 투자금액이 많이 든다는 점을 염두에 두어야 한다. 청량리 7구역이 쭉쭉 치고 나가는 만큼, 나머지 구역도 따라서 순항할 것으로 보인다.

다음으로 청량리역 남쪽을 보자. '3대장' 맞은편에 있는 전농12구역과 전농도시환경정비사업은 앞에서 잘나가면 따라서 성장할 수밖에 없는 입지다. 다만 속도가 관건인데, '3대장'이 입주한 후에 시세가 치

[동북선 노선도]

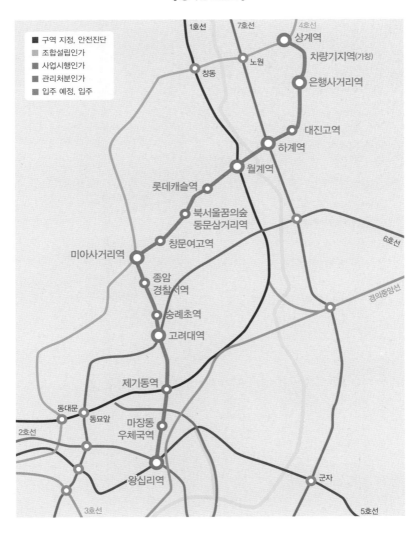

- ■ 구역 지정, 안전진단
- ■ 조합설립인가
- ■ 사업시행인가
- ■ 관리처분인가
- ■ 입주 예정, 입주

1호선 7호선 4호선
상계역
노원
창동 차량기지역(가칭)
은행사거리역
대진고역
하계역
월계역
롯데캐슬역
북서울꿈의숲
동문삼거리역
창문여고역 6호선
미아사거리역
종암
경찰서역 경의중앙선
숭례초역
고려대역
제기동역
동대문
동묘앞 마장동
2호선 우체국역
왕십리역 군자
3호선 5호선

솟으면 충분히 빨라질 가능성이 있다고 생각한다.

전농·답십리뉴타운 안에 있는 전농8구역은 이미 입주한 동대문롯 데캐슬노블레스, 래미안크레시티, 래미안답십리미드카운티의 후광을 누릴 수 있을 것으로 보인다. 공공 재개발 후보지로 지정된 용두1구역 과 전농9구역은 토지거래허가구역이다. 즉, 직접 거주할 수 있는 사람 만 매수가 가능하다는 점을 숙지해두자.

서울 최대 규모, 성북구

다음으로 살필 천지개벽의 아이콘은 성북구다. 성북구에는 길음뉴타운과 장위뉴타운이 있다. 2021년 7월 기준 길음뉴타운은 길음5구역 정도만 남은 '완숙' 단계이며, 성북구 안에서도 재개발 열기가 가장 뜨거운 장위뉴타운이 라이징 스타로 뜨고 있다.

성북구 역시 구역이 워낙 넓어서 권역을 나눠서 살피면 좋다. 꼭 챙겨 봐야 할 구역은 장위뉴타운과 더불어 지하철 4호선 라인을 따라 진행되는 구역들이다. 북한산 왼쪽으로도 구역이 더러 있으며, 지도 하단의 지하철 6호선에서 가까운 구역들은 중구와 가깝다는 이점을 바탕으로 최근에 다시 속도를 내고 있다.

[성북구 재개발 지도]

길음5구역은 길음뉴타운에서 마지막 남은 재개발 구역이다. 초등학교를 품고 있는 '초품아'에 우이신설선 정릉역까지 누리는 더블 역세권이다. 게다가 멀지 않은 거리에서 동북선 미아사거리역도 이용할 수 있다. 4호선 길음역과 성신여대입구역 사이에 있는 돈암6구역도 가성비가 좋은 구역이니 체크해두자. 무엇보다 위치가 매력적이기에 장차 모두가 선호하는 지역이 될 전망이다.

장위뉴타운은 8·9구역 공공 재개발 후보지, 11구역 가로주택정비사업, 12구역 공공주도 재개발 후보지 등 다양한 사업 형태가 혼재돼 있다. 약 2만 3000세대의 대규모 뉴타운을 이루는데, 입주 예정이거나 이미 입주를 마친 구역을 제외하면 10구역, 4구역, 6구역 순서로 진행

[장위뉴타운 재개발 지도]

이 빠르다.

역세권을 중요시한다면 동북선에 주목하자. 이전까지는 6호선에 이목이 집중돼 있었지만, 앞으로는 '동북선의 시대'가 열릴 것이다. 따라서 북서울꿈의숲동문삼거리역에 인접한 3구역과 창문여고역세권인 14구역을 눈여겨볼 만하다.

장위뉴타운은 광운대역세권개발의 수혜지로 일자리를 찾아 들어오는 직장인들의 수요가 꾸준할 것으로 보인다. 이미 입주한 단지가 있는 만큼, 꿈의숲아이파크를 기준으로 안전마진을 가늠해볼 수 있겠다.

[북한산 인근 재개발 지도]

북한산 인근에서는 가장 먼저 성북1구역이 눈에 들어온다. 공공 재개발 후보지로 지정된 토지거래허가구역인 만큼 실제로 거주를 해야 하지만, 한성대역세권에 대규모 구역이라 사업성은 기대해볼 만하다. 성북2구역은 길음역 초역세권인 신월곡1구역과 결합 재개발을 하기로 했다. 앞서 본 동대문구 이문3구역처럼 성북2구역에는 한양도성 성곽마을을 유지해야 할 의무가 있기에 고도가 4층 이하로 제한된다. 따라서 결합 재개발을 택한 성북2구역은 테라스하우스로 고급스럽게 지어질 예정이며, 남은 용적률을 가져간 신월곡1구역에서는 47층까지 지어져 성북구의 마천루를 바꿔놓을 예정이다.

마지막으로 6호선 주변에서는 보문동을 기억하자. 보문역 초역세권인 안암1구역과 안암2구역 등 의외로 알짜배기 물건이 많다. 성북구는 크고 작은 구역이 순서대로 진행되면서 앞으로 10~20년 안에 완전히 새로운 모습을 기대해볼 수 있게 됐다.

재개발은 재건축에 비해 위험 부담이 크다고 여겨질 수 있지만, 성북구처럼 순조롭게 진행 중인 구역에서는 안심하고 차려진 밥상에 숟가락을 얹는 기분을 느껴봐도 좋을 것이다. 특히 서울에서 손에 꼽는 가성비를 자랑하는 곳이라 북한산을 등반하는 심정으로 직접 모든 구역을 둘러보기를 권한다. 조합설립인가가 난 구역이라면 숨겨진 보물을 찾아낼 수 있을 것이다.

아직 늦지 않았다,
노원구 상계뉴타운 & 관악구 신림뉴타운

서울에서 천지개벽을 앞둔 지역 중 가성비 측면에서 최고를 꼽자면 단연 상계뉴타운과 신림뉴타운이다. 신축 아파트를 갖기에 북쪽으로는 상계뉴타운이, 남쪽으로는 신림뉴타운이 서울에서 가장 저렴한 지역인 셈이다.

[노원구 상계뉴타운 재개발 지도]

이 둘은 비슷한 점도 많다. 우선 상계뉴타운에는 경전철 동북선이 왕십리역까지 이어질 예정이며, 신림뉴타운에는 신림선이 한창 공사를 진행하고 있다. 두 지역 모두 다른 뉴타운에서는 보기 드물게 일명 '뚜껑'이라 불리는 무허가 건물이 종종 있는 편이어서 매수할 물건을 고를 때 선택의 폭도 넓다.

먼저 상계뉴타운을 살펴보자. 4구역은 노원센트럴푸르지오다. 2020년 2월에 이미 입주를 마쳤다. 6구역 역시 노원롯데캐슬시그니처라는 이름으로 분양을 완료했다. 남은 구역 중에서는 1구역이 가장 빠르고, 2구역과 5구역이 그 뒤를 따라가고 있다. 시세는 당고개역세권인 5구역이 가장 높게 형성되어 있다.

상계뉴타운을 이해할 때는 상계주공 재건축과 연계하여 큰 그림으로 바라보는 편이 좋다. (상계주공 재건축에 관한 내용은 5장에서 자세히 다룬다.) 상계뉴타운 그 자체만으로는 약 8400세대로 규모가 크지 않지만, 상계주공까지 재건축을 완료하고 나면 노원구에는 대규모 신축 단지가 빼곡하게 들어설 전망이다.

상계뉴타운의 경우 지하철 4호선이 남양주 진접까지 연장된다는 점도 큰 호재다. 기지창과 함께 4호선의 종점이 옮겨간다면 상계뉴타운은 '서울의 끝'이 아닌 '경기도를 오가는 관문'으로 입지가 바뀔 것이다. 즉, 막혀 있던 입지가 확장성을 갖게 되면서 남양주에서 건너오는 수요도 받아낼 것으로 보인다. 매수를 고려하기에 앞서 시세를 비교할 때는 노원센트럴푸르지오나 포레나노원을 기준점으로 삼길 바란다.

다음으로 볼 지역은 신림뉴타운이다. 서초구와 맞닿아 있는 이곳은 확실한 강남의 배후 수요지이다. 이미 관악구에는 지하철 2호선을 따라서 대규모 재개발 단지가 들어섰지만, 아직 주요한 수요를 받아내기에는 신축이 턱없이 부족한 상태다. 더불어 신림선과 서부선의 개통 호재를 안고 있으며, 지하철 2호선과 강남순환도시고속도로를 이용해 강남으로 출퇴근할 수 있는 점도 신림뉴타운의 미래를 기대하게 한다.

특히 신림뉴타운에서 주목해야 할 교통 호재는 경전철 신림선이다. 여의도에서 출발해 7호선 환승역인 보라매역과 2호선 환승역인 신림역을 거쳐 신림뉴타운까지 연결된다. 그 덕분에 교통에서는 다소 소외

[관악구 신림뉴타운 재개발 지도]

되어 있던 신림뉴타운 일대가 새로이 조명을 받게 된 것이다.

신림뉴타운 역시 계획된 세대수는 적다. 가장 빠른 구역은 2021년 7월 기준 이주를 진행하고 있는 3구역이며, 규모가 가장 큰 1구역은 조합장 대신 전문 CEO가 사업을 관리하는 신탁 방식으로 진행된다.

신림뉴타운에서 안전마진을 계산할 때는 e편한세상서울대입구를 기준으로 삼자. 다만 e편한세상서울대입구보다는 신림뉴타운의 입지가 조금은 더 약하다는 점을 염두에 두어야 한다.

서울 재건축 구역에 이어 주요 재개발 구역까지 모두 살펴보았다. 강남부터 강북을 가르고, 강의 서쪽과 동쪽을 넘나들며 어느 곳 하나 열외라고 할 수 없을 만큼 서울 전역이 거대한 몸짓으로 꿈틀대고 있다. 하지만 어디 대한민국에 서울만 있던가. 서울을 벗어나면 오히려 보이지 않던 기회가 눈앞으로 불쑥 다가올지도 모른다.

바로 다음 장에서 펼쳐질 기회의 땅, 경기도의 이야기다.

7장

잘 키운 한 채 서울이 부럽지 않다,
경기도 재건축·재개발

1

서울이 아니어도
오를 곳은 오른다

경기도는 이제 더 이상 서울의 들러리 역할에 그치지 않는다. 서울로 빠르게 도달할 수 있다는 탁월한 입지적 조건은 본래부터 강력한 힘을 발휘했지만 이와 더불어 분당, 판교, 광교, 동탄처럼 자체 수요만으로도 우뚝 선 도시들이 많아졌기 때문이다. 따라서 경기도에서 재건축·재개발 사업을 둘러본다면 당당히 '주연 배우'로 거듭날 수 있는 곳이 어디인지를 염두에 두면서 미래의 모습을 그려나가는 게 좋다.

경기도에서 투자를 고려할 때는 투기과열지구가 어디인지를 명확히 알고 접근해야 한다. 앞서 배운 것처럼 투기과열지구에서는 '조합원 지위 양도 금지'와 '재당첨제한'이라는 규제가 작동하기 때문이다. 이는 특정 시점 이후 정비사업 물건을 매수하는 사람들에게 조합원분양

권을 주는 대신 현금청산의 위험 부담을 안기는 규제로, 계약하기에 앞서 해당 물건이 '예외 물건'에 속하는지를 파악하는 등 세심한 주의가 필요하다. (조합원 지위 양도 금지와 재당첨제한에 관한 자세한 내용은 3장 '투기과열지구에서 주의할 것들'에서 다룬다.)

그렇다면 2021년 7월 기준 경기도의 투기과열지구는 어디일까? 구리시와 하남시, 수원시, 안양시, 의왕시, 과천시, 광명시, 안산시 단원구, 성남시 수정구, 성남시 분당구, 용인시 수지구, 용인시 기흥구, 화성시 동탄2신도시, 군포시다. 특히 이 목록 중에서 구리시부터 성남시 수정구까지 총 아홉 개 지역에서는 재건축·재개발 사업이 활발히 진행되고 있다.

이제 우리는 경기도에서도 중요한 지역만을 뽑아 크게 세 가지 테마로 정리해볼 예정이다. 그 가운데는 투기과열지구도 있고, 아직 조정대상지역에 속해 있는 지역도 있다. 자신의 상황과 투자 목적에 맞춰 똘똘하게 접근해보기를 바란다.

4대장, 숨은 진주, 별동대

우선 첫 번째 테마는 오랫동안 경기도의 왕좌 노릇을 하며 사이좋게 시세를 이끄는 성남, 광명, 안양, 수원이다. 이들은 교통과 주거·상업지구, 배후 수요 등을 누리며 '경기도의 4대장'이라 불리고 있다. 시세에 프리미엄이 높게 붙은 순서대로 지역의 앞글자만 따서 '성·광·안·수'라 부르기도 한다.

이들에게 특이점이 있다면 서로 시세를 주거니 받거니 한다는 점이다. 예컨대 성남시의 부동산 시세가 한창 오르면, 상대적으로 저렴해 보이는 광명시의 시세가 그다음 순서로 치고 나가고, 뒤이어 GTX 호재를 등에 업은 안양시와 수원시가 바짝 따라붙는 식이다. 따라서 투자의 측면으로 접근할 때는 현재 이들 중 어디가 가장 저평가되었는지를 따져보는 자세도 중요하다.

이어서 두 번째 테마는 높은 발전 가능성에 비해 의외로 잘 알려져 있지 않은 지역인 고양 능곡뉴타운, 남양주 덕소뉴타운, 안산시 중앙역 인근이다. 이들은 각자 저마다의 뚜렷한 강점을 바탕으로 '숨은 진주'라 평가받고 있다.

마지막으로 주목할 지역은 작지만 강한 별동대 구리, 과천, 의정부다. 이들 세 지역은 한 번씩 강한 스파크를 일으키며 모두를 깜짝 놀라게 하는 위력을 선보이고 있다.

현재 경기도를 주름잡는 각 도시의 대장 아파트는 대부분 재건축·재개발 태생이라는 사실에 주목할 필요도 있다. 이것이 의미하는 바는, 미래의 시세를 이끌 새로운 대장 아파트 역시 현재 진행 중인 정비구역에서 탄생할 수 있다는 사실이다. 그렇기에 앞으로 10년을 책임질 경기도의 주요 입지를 알고 싶다면, 당연히 재건축·재개발 구역에서 눈에 띄는 지역을 찾아야 하며, 그곳이 왜 '대장'이 될 수밖에 없는지를 파악해두어야 한다.

자, 그럼 이제 본격적으로 경기도의 미래 대장을 만나러 가자.

2

경기도의 4대장

성남 & 광명 & 안양·의왕 & 수원

이들 '성·광·안·수' 4대장은 경기도 안에서도 가장 뜨거운 관심을 받는 만큼 대부분 투기과열지구에 속한다. 그중 성남시는 다른 세 지역과 달리 수정구와 분당구만 투기과열지구에 해당한다. 우리는 이 가운데 수정구와 더불어 조정대상지역인 중원구에 주목해볼 것이다.

함부로 대체할 수 없는, 성남

경기도에서 가장 먼저 살펴야 할 곳은 단연코 성남이다. 서울 송파구, 강남구, 서초구와 경계를 맞대며 오래전부터 강남권의 강력한 배후 수요지로 자리를 잡아왔다. 그중에서도 1기 신도시인 분당과 2기 신도시인 판교는 경기도의 'One of them'이 아닌 'Only one'으로 독보적인 입지를 구축했다. 특히 판교는 과거에 오랫동안 소외된 지역이었는데, 이로써 우리는 정비사업으로 새롭게 거듭날 구도심의 발전 가능성을 크게 점쳐볼 수 있다.

성남의 구도심인 수정구와 중원구는 그린벨트로 인해 분당과 판교에서 생활권이 분리되어 있다. 특히 눈여겨봐야 할 점은 도시 전체가 '순환 재개발' 방식을 따른다는 점이다. 순환 재개발이란 철거 기간 동안 기존 입주민을 잠시 주변의 다른 주택으로 이주시킨 뒤 개발이 끝나면 다시 불러오는 방식으로, 이를 위해 한 지역에서 모든 구역의 개발을 한꺼번에 진행하지 않고 돌아가면서 단계적으로 진행하는 방식을 일컫는다. 원주민을 보호하기 위해 고안된 방법인데, 성남은 1, 2단계를 거쳐 현재 3단계인 '2030 공공방식 재개발'을 추진하고 있다. 이름에서 알 수 있듯이 민관이 공동으로 추진하는 사업이며, 재건축보다는 재개발 구역이 압도적으로 많다.

순환 재개발인 만큼 정비구역 지정도, 사업 진행도 2020년부터 순차적으로 진행되고 있다. 구역을 볼 때 유념해야 할 점은 공공인지, 민간인지를 구분해야 한다는 점이다. 먼저 공공 재개발 지역은 8호선 수진역세권인 수진1구역과 신흥1구역이다. 2020년에 지정되었다. 이어서 2022년에는 상대원구역과 신흥3구역, 태평3구역이 사업 진행을 앞두고 있다. 성남 재개발은 유난히 대단지가 많다는 점도 특징인데,

[성남시 재개발 지도]

조합원만 5000여 명에 이르는 상대원3구역은 맞은편의 상대원2구역
과 함께 매머드급 대단지로 새롭게 태어날 예정이다.

교통을 볼 때는 8호선에 주목하자. 8호선 주변은 거의 모든 지역이
재개발의 핵심지라고 생각하면 좋다. 그 밖에도 수인분당선과 성남1호
선, 위례삼동선의 교통 호재가 있으며, 위례삼동선이 서울과의 거리를
가깝게 해줄 것으로 기대된다.

물건을 매수할 때는 성남 수정구의 대장 산성역포레스티아를 시세
의 기준점으로 삼으면 큰 도움이 된다.

재개발의 대명사, 광명

광명시는 행정구역상으로는 경기도지만 서울로 봐도 무방하다. 예로부터 서울로 출퇴근하는 직장인들의 대표적인 베드타운이었는데, 최근 몇 년간은 재건축·재개발 사업까지 활발해 부동산에 관심이 있다면 주위에서 한 번쯤 '광명에서 광명 찾은' 사례를 들어봤을 것이다. 가산디지털단지와 구로디지털단지, 여의도의 배후 지역이자 기아자동차, 광명시흥테크노밸리가 풍부한 일자리를 뒷받침해주고, 지하철 7호선과 1호선, KTX 광명역은 물론 개통 예정인 신안산선과 월곶판교선에 서부간선도로, 강남순환도로, 수원광명간·광명문산간고속도로는 사통팔달 각 지역으로의 접근성을 용이하게 해준다.

'재개발의 대명사'인 광명뉴타운에서는 지금껏 상당한 물량이 공급되어왔고, 또 앞으로도 그럴 것이다. 특히 철산동에서는 현재 재건축을 완료한 단지들이 시세를 이끌고 있는데, 앞으로도 입주 예정인 단지들부터 안전진단을 앞둔 단지들까지 정비사업의 다양한 단계를 밟고 있는 구역들을 어렵지 않게 만나볼 수 있다. 이처럼 광명시는 다른 지역에서는 보기 드물게 모든 행정동마다 새 아파트가 들어서고 있다. 공급이 많으면 시세가 흔들릴 위험도 생각해볼 수 있지만, 광명은 정비사업이 시세 상승을 주도하며 경기도에서 처음으로 투기과열지구에 속한 지역인 만큼 앞으로도 상승 여지는 충분하다고 보인다. 더군다나 '세권' 중에서도 가장 강력한 '서울세권'('서울'과 '~세권'의 합성어)이지 않은가.

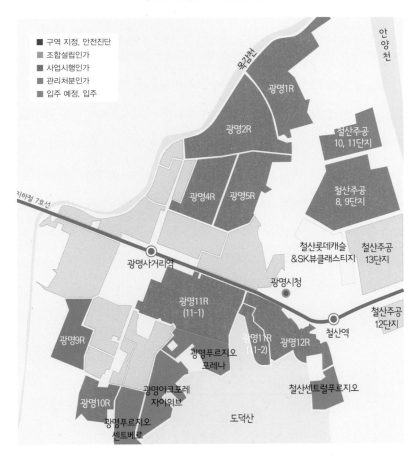

[광명시 재건축 · 재개발 지도]

■ 구역 지정, 안전진단
■ 조합설립인가
■ 사업시행인가
■ 관리처분인가
■ 입주 예정, 입주

안양천

목감천

광명1R

광명2R

철산주공
10, 11단지

광명4R   광명5R

철산주공
8, 9단지

지하철 7호선

철산롯데캐슬
&SK뷰클래스티지

철산주공
13단지

광명사거리역

광명시청

광명11R
(11-1)

철산주공
12단지

광명9R   광명11R
(11-2)   광명12R

철산역

광명푸르지오
포레나

광명아크포레
자이위브

철산센트럴푸르지오

광명10R

광명푸르지오
센트베르

도덕산

현재 진행 상황을 보면 재개발 구역들은 순차적으로 잘 진행되고 있
다. 투기과열지구인 광명에서 9·11·12구역은 관리처분인가 이후 전
매금지다. 이 중에서 가장 대장 아파트가 될 입지는 광명11구역인데,
광명사거리역세권에 자리한 데다가 세대수도 가장 많아서 주목할 만

하다. 얼마 전까지만 해도 속도가 좀 더딘 감이 있었지만 현재는 빠르게 제 속도를 찾아가고 있다.

그 밖에는 자신의 우선순위에 따라 구역을 결정할 수 있다. 광명사거리역을 중심에 두고 위쪽은 학군지이며 아래쪽은 역세권이다. 특히 초등학교가 신설되는 2구역과 중학교가 생기는 1구역을 중심으로 광명사거리역 위쪽 구역은 목동 학원가까지 오갈 수 있는 입지다. 따라서 강남, 여의도로 출퇴근하면서 아이들 교육 문제를 놓칠 수 없다면 광명에서도 이들 구역을 1순위에 두고 생각해보자. 목감천을 끼고 있어서 자연환경까지 좋다. 역세권으로 4구역과 5구역도 좋다. 최근에는 1990년대에 입주한 하안주공 단지들이 잇달아 안전진단을 준비하고 있다. 바야흐로 광명은 이제 모든 지역에서 '새 아파트의 시대'를 맞이하게 됐다.

이제는 쿼드러플 시대, 안양 & 의왕

안양 역시 예로부터 재건축·재개발이 활발한 지역이었다. 1기 신도시인 평촌신도시를 필두로 정비사업으로 지어진 새 아파트가 시세를 견인하면서 서울 강남, 관악구의 배후 수요지로 오랫동안 사랑받았다. 의왕시는 그런 안양의 곁에서 신도시의 입지를 공유해온 형제와도 같은 지역이다. 그런데 최근 이 두 지역의 경계에 메가톤급 호재가 등장하면서 시장의 판도가 뒤흔들리고 있다. 인덕원역에 정차하는 GTX C

노선이 그 주인공이다. GTX C 노선은 수원에서 출발해 양재, 삼성, 왕십리, 청량리를 거쳐 양주 덕정까지 뻗어갈 노선이다. 이로 인해 안양시든 의왕시든 각자의 행정구역에 상관없이 아파트명에 '인덕원'을 넣어야 한다는 움직임이 거세지고 있다. 따라서 앞으로 안양과 의왕을 분석할 때는 꼭 그 중심에 인덕원역을 두고 생각해봐야 한다.

그런데 이 인덕원역에 GTX C 노선만 지나는 건 아니다. 이전부터 운행하던 지하철 4호선뿐만 아니라, 개통 예정인 월판선(월곶판교선)과

[안양시 재건축·재개발 지도]

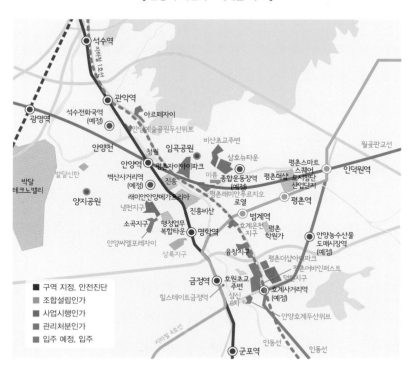

인동선(동탄인덕원선)이 거치며 그야말로 '쿼드러플'(quadruple) 역세권을 형성하고 있다. 아쉽게도 인덕원역 바로 가까이에는 정비예정구역이 없다. 하지만 인덕원역에서 뻗어나가는 4개의 철도를 중심으로 구역을 솎아낸다면 분명 인사이트를 얻게 될 것이다.

먼저 월판선 종합운동장역 주변이다. 이곳에서는 삼호뉴타운아파트와 분양을 완료한 평촌엘프라우드(비산초교주변 재개발) 주변을 주목해보자. 다음으로는 월판선과 지하철 1호선이 지나는 안양역 주변인데, 여기서는 진흥아파트를 눈여겨보면서 월판선 만안역 인근의 안양예술공원두산위브(삼영아파트주변 재개발), 회창지구 주변을 함께 살피면 좋다. 그 밖에도 호계온천지구, 덕현지구, 평촌두산위브리버뷰(구사거리지구 재개발), 상록지구도 역세권이기에 눈도장을 찍어둘 곳이다. 그렇다면 이 중에서도 대장 아파트는 어디일까? 덕현지구, 진흥아파트, 삼호뉴타운아파트, 호계온천지구를 좀 더 주의 깊게 볼 필요가 있다.

평촌 1기 신도시 역시 곧 재건축 연한에 도달한다. 분당과 마찬가지로 리모델링을 시작하고 있다. 간혹 입주 물량 과다를 염려하는 사람들도 있지만 서울과의 인접성은 차치하고서라도 전국에서 손에 꼽는 평촌 학원가가 뒷받침하고 있어서 수요는 탄탄하다고 본다. 그렇기에 분양가보다 상승할 여력도 아직 충분한 곳이다.

안양시는 정비구역을 지정하기 전에 주거환경 설문조사를 하는데, 최근 충훈부 지역과 비산운동장 사거리 주변을 조사했다고 한다. 이 주변 역시 차근차근 정비사업을 진행하고 있으니 함께 기억하면 좋겠다.

[의왕시 재건축 · 재개발 지도]

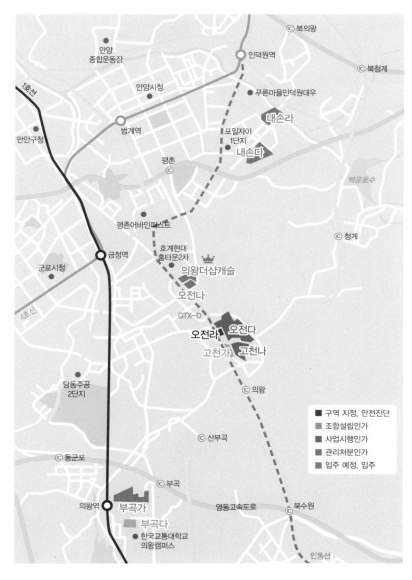

'의왕시 2030 도시계획'을 보면 내손지역, 고천·오전지역, 부곡지역을 잇는 뼈대를 중심축으로 주변 지역과 연계하여 발전하는 방향이 설계되어 있다. 의왕 역시 안양과 연장선상에서 교통 호재에 주목해야 한다. 인덕원역 주변의 내손라구역과 내손다구역은 인근의 대장 아파트인 인덕원푸르지오엘센트로와 함께 꾸준히 시세가 상승 중이다. 특히 인동선 개통 예정인 오전역과 의왕시청역 주변도 눈에 띄는 시세 상승의 조짐이 보인다. 특히 눈여겨볼 곳은 오전다구역이다. 초·중·고등학교를 모두 품고 있는 데다가 대단지이며 인동선을 이용해 인덕원역에서 GTX C 노선으로 갈아탈 수 있다.

의왕역 주변은 부곡나구역과 부곡라구역이 해제되면서 다른 구역에 비해 진척이 더디지만, 부곡가구역과 부곡다구역이 진행 중이다. 의왕시 전체가 미래 주택이 탄생하고 있는 역동적인 지역인 만큼 부지런히 손품과 입품, 발품을 팔아볼 만하다.

구도심의 대역전극, 수원

수원은 1949년 시로 승격된 이후 1967년에 경기도청이 들어선 오래된 도심이다. 그만큼 재건축·재개발도 활발히 진행되었고, 광교신도시, 호매실지구를 비롯한 외곽의 택지지구도 얼추 분양을 마무리하면서 이제는 개발 여력이 남은 곳이 손에 꼽힌다. 서울의 배후 수요를 넘어 삼성전자와 현대자동차 등 그 자체 수요만으로도 확실한 수원에서 정비사업의 대미를 장식할 지역은 어디일까? 매교동과 인계동, 세류동, 고등동, 행궁동, 지동, 화서동 등으로 대표되는 진정한 구도심이다.

[수원시 재건축 · 재개발 지도]

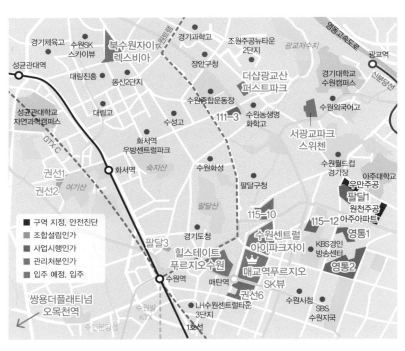

그렇다면 미래의 대장 아파트가 될 곳은 어디일까? 시세의 기준 점으로 삼게 될 구역은 지하철 1호선, 분당선, 수인선, 수원트램, KTX와 더불어 GTX C 노선이 지나는 수원역 인근의 팔달구역들이다. 수원의 남은 재개발 대부분이 이 지역 안에 모여 있는데, 그중에서도 힐스테이트푸르지오수원(팔달6구역 재개발)과 매교역푸르지오SK뷰(팔달8구역 재개발)가 시세를 주거니 받거니 하며 주변 구역까지 이끌고 있다. 권선6구역까지 일반분양을 하는 시점에는 더욱더 관심이 높아질 것이다. 우만주공1·2단지와 원천주공아파트(영통3구역), 아주아파트(원천1구역), 우만현대(팔달1구역) 정도를 눈여겨볼 만하다.

그 밖에도 매탄주공4·5단지를 재건축하는 큰 규모의 영통2구역과 인동선이 지나는 영통1구역은 미래가 더욱 기대되는 지역이다. 또 다른 인동선의 수혜지인 우만현대도 관심 있게 봐두길 바라며 저평가된 지동10구역도 분양 예정 단지로 기억해두면 좋다.

2019년 3월에 「2030 수원시 도시·주거환경정비 기본계획」이 공개되며 새롭게 이목을 끈 아파트도 있다. 삼익아파트, 미영아파트, 아주아파트, 청와아파트다. 이들은 모두 30년이라는 재건축 연한을 훌쩍 넘기며 기대감을 불러 모으고 있다.

3

이제는 진가를 알아야 할 때

능곡뉴타운 & 덕소뉴타운 & 안산

재건축·재개발 왕좌들이 쏟아지면서 모두의 관심이 다른 곳으로 집중될 때, 드러나지 않는 자리에서 은근히 진가를 발휘하는 흙 속의 숨은 진주들이 있다. 경기도에서 대표적인 곳이 바로 고양시 능곡뉴타운과 남양주시 덕소뉴타운, 그리고 안산이다. 그럼 각자 어떤 매력을 품고 있는지 함께 살펴보자.

실거주가 가능하다면, 고양 능곡뉴타운

고양시에는 전국에서 둘째가라면 서러울 만큼 택지지구가 많이 모여 있다. 특히 덕양구에 대부분 몰려 있는데, 3기 신도시인 창릉신도시를 비롯하여 최근에는 향동지구와 지축지구, 덕은지구가 분양을 마쳤고, 그보다 앞서서는 원흥지구와 삼송지구, 화정지구, 행신지구가 있었다. 일산동구와 일산서구에 걸쳐 있는 1기 신도시인 일산 신도시와 더불어 덕양구에도 구옥이 많은 만큼 재탄생할 기회도 많은 곳이다.

우리는 대곡역을 품고 있는 덕양구 능곡뉴타운에 주목해야 한다. 지하철 환승을 위해 대곡역에 한 번이라도 하차해본 적 있는 사람이라면 아마 머릿속에 물음표가 그려질지도 모른다. '오래된' 구도심의 모습은 커녕 그토록 허허벌판인 곳에 주목해야 한다니 말이다. 하지만 놀랍게

[고양시 재건축 · 재개발 지도]

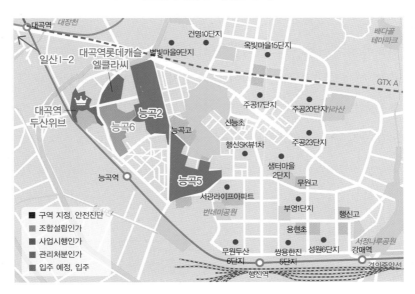

도 대곡역에는 장차 5개의 철도 노선이 정차할 예정이다. 기존의 지하철 3호선과 경의중앙선에 GTX A 노선, 대곡소사선, 고양선까지, 무려 '퀸터플'(quintuple) 역세권으로 거듭나는 것이다. 대곡역세권 개발이 마무리되는 시점이면 다양한 업무·상업지구도 들어설 것으로 보인다.

대곡역에서 가장 가까운 재개발 구역인 능곡뉴타운이 천지개벽할 날도 머지않았다. 능곡1구역은 대곡역두산위브로 분양을 했고 능곡3구역은 구역이 해제됐지만, 능곡6구역과 능곡2구역, 능곡5구역은 비교적 순항 중이다. 능곡뉴타운 외에도 3호선 원당역 주변에서 재개발의 움직임이 꿈틀거리고 있는데, 2021년 7월 기준 철거를 완료한 원당4구역의 일반분양이 성공적으로 이루어진다면 원당1구역과 원당2구역에도 좋은 기운이 스며들 것으로 보인다. 최근에는 해제됐던 구역(원당6·7구역)이 공공 재개발 후보지로 지정되기도 했다.

단, 고양시에서는 반드시 기억해야 할 점이 있다. 고양시는 조정대상지역이기는 하나 재개발 지역에 한해 토지거래허가제가 적용된다. 고양에서 재개발 구역의 매수를 염두에 둔다면 반드시 거주할 수 있어야 한다. 능곡뉴타운과 원당뉴타운에는 현재 노후된 빌라가 많지만, 대표적으로 저평가된 지역인 만큼 비교적 좋은 조건으로 물건을 매수할 수 있다. 가장 드라마틱하게 변화될 구역을 미리 선점하고 싶다면 고양을 눈여겨보자.

나만 알고 싶은 한강뷰, 남양주 덕소뉴타운

최근 다산신도시와 별내신도시의 시세 상승에 힘입어 덕소뉴타운의 움직임이 활발해지기 시작했다. 덕소IC를 통하면 잠실까지 빠르게 움직일 수 있어 송파나 강남이 직장이라면 주목해볼 만하다.

덕소뉴타운의 입지를 논할 때는 '한강뷰'와 '역세권'으로 모든 설명이 끝난다. 한강변에 바로 붙어 있는 경의중앙선 덕소역과 얼마나 가까운지에 따라 대장 아파트가 판가름 나기 때문이다. 2021년 4월에 분

[남양주시 재건축 · 재개발 지도]

양한 덕소강변라온프라이빗(덕소7구역 재개발)과 덕소강변스타힐스(도곡 1구역 재개발)는 높은 경쟁률을 기록하며 덕소뉴타운의 인기를 가시화하고 있다. 남은 구역도 순서대로 착착 진행되고 있다. 우선 역세권에 주목한다면 초등학교를 품고 있는 덕소5B구역에 주목할 수 있다. 덕소 4구역은 진행 속도는 다소 더디지만 초역세권에 한강뷰를 누릴 수 있어서 관심 있게 지켜보면 좋다. 동에 따라 역세권에서는 벗어날 수 있지만, 3000세대에 가까운 대단지로 변모할 덕소3구역도 기대해볼 만하다.

조정대상지역인 덕소뉴타운은 구역 간에 서로 밀어주고 끌어주며 다 함께 움직이는 추세이다. 실제 투자금액이 가장 적게 드는 구역에 집중하는 것도 좋은 전략이 될 수 있다.

다이아몬드 철도 노선을 품은, 안산

안산시는 투기과열지구인 단원구와 조정대상지역인 상록구로 나뉜다. 눈여겨보는 물건이 어느 자치구에 속하느냐에 따라 현금청산의 위험이 큰 '재당첨제한'과 '조합원 지위 양도 금지'에 유의해야 한다. (해당 규제에 관한 내용은 3장 '투기과열지구에서 주의할 것들'에서 다룬다.)

최근 안산이 뜨는 이유도 역시 교통 호재 덕분이다. 한대앞역, 중앙역, 고잔역, 초지역 등에 지하철 4호선과 더불어 최근 개통한 수인분당선이 지나고, 상록수역과 선부역, 초지역 등을 지나는 소사원시선이 향후 대곡소사선과 연결돼 고양시까지 뻗어나갈 계획이다. 그런데 여기에 두 가지 호재가 더 생겼다. 초지역~송도를 오가는 인천발 KTX의 신설과 안산·시흥~광명~여의도를 잇는 신안산선의 연장이 그것이다. 특히 연장된 신안산선이 안산을 다이아몬드 형태로 품게 되면서 안산 시내 곳곳에 두루 호재가 될 전망이다.

이 모든 교통 호재가 초집중되는 곳이 있다. 바로 단원구 선부동의 초지역이다. 초지역 일대는 2010년 정비예정구역에 지정됐던 곳들이 지금은 입주를 거의 완료한 상태이나, 아직 군자주공10단지나 선부동

[안산시 재건축 · 재개발 지도]

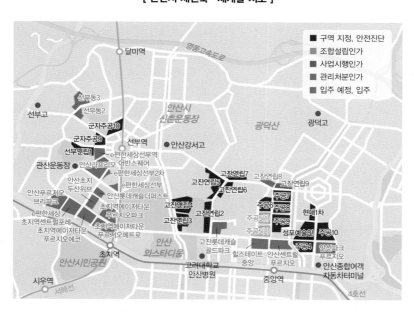

3구역 등 남아 있는 구역도 더러 있다. 이제 막 따끈따끈하게 달아오르는 정비구역을 찾는다면 중앙역 쪽으로 시선을 옮겨보자. 주공단지를 중심으로 재건축 바람이 거세게 불면서, 이제 안산 재건축의 열기는 초지역에서 중앙역으로 옮겨가는 추세다. 별다른 잡음이 들리지 않으면서도 사업이 순차적으로 잘 진행되는 곳들이라 꾸준히 시세가 오르며 시장의 기대 심리를 키우고 있다.

중앙역 부근의 안산센트럴푸르지오와 주공4단지 사이에 흐르는 하천을 중심으로, 지도에서 왼쪽은 투기과열지구(단원구), 오른쪽은 조정대상지역(상록구)이다.

4

작지만 강한 별동대

구리 & 과천 & 의정부

작지만 강하다. 물량으로 밀어붙이지는 않지만 하나가 터지면 강한 스파크가 일어난다. 경기도에서 그런 지역이 있다면 구리, 과천, 의정부라 하겠다.

새 아파트가 특히 빛나는, 구리

구리는 사실 개발할 땅이 많지 않은 지역이다. 중랑구에 바로 인접해 있어서 광명과 마찬가지로 거의 서울처럼 여겨지며, 8호선 연장 소식에 최근 집값이 거의 수직으로 상승했다.

[구리시 재건축 · 재개발 지도]

　얼마 없는 정비구역 가운데 중점을 두고 살펴볼 구역은 재건축으로 거듭날 수택1구역과 재개발 구역인 수택e구역, 인창C구역, 딸기원2구역이다. 이 중에서도 가장 주목해야 할 곳은 8호선 구리역세권이 될 인창C구역이다. 구리시는 경의중앙선 구리역을 중심으로 동심원을 그리며 시세가 형성됐는데, 잠실과 석촌, 송파로 직행하는 8호선 구리역이 신설되면서 이 일대는 더욱 뜨겁게 달아오를 전망이다.

　3000세대가 넘는 대단지를 형성할 수택e구역은 아쉽게도 전매제한 지역이다. 그 밖에 딸기원2구역은 구리시 중심에서는 벗어나 있지만 구리시 자체에 워낙 새 아파트가 귀해 그 가치가 돋보일 것으로 보인다. 구리시는 투기과열지구에 속한다.

재건축의 천국, 과천

과천은 총 3기에 걸쳐 재건축이 진행 중이다. 2007년에 입주를 시작한 1기(래미안에코팰리스, 래미안슈르)를 시작으로 2018년부터 2기(래미안과천센트럴스위트, 과천푸르지오써밋, 과천센트럴파크푸르지오써밋, 과천센트레빌아스테리움, 과천위버필드, 과천자이)가 속속 들어섰다. 남은 3기 재건축 단지로

[과천시 재건축 · 재개발 지도]

는 주공4단지, 5단지, 8·9단지, 10단지를 둘러볼 수 있다.

이 중에서 미래의 대장 아파트는 누가 될까? 지하철 4호선 정부과천청사역 주변의 4단지가 가장 가능성이 높다. 기존 4호선에 GTX C 노선과 위례과천선이 정차할 예정으로 머지않아 트리플 역세권에 등극할 단지이기 때문이다. 유해시설이 전무한 과천에서 손에 꼽히는 단점이 상업지구가 부족하다는 점인데, 4단지 주변으로는 각종 편의시설이 몰려 있어 이 또한 장점이다. 다만 아직까지는 초등학교가 부족할 정도는 아니지만, 새 아파트가 들어서는 시점에 학교가 증설되지 않는다면 자칫 과밀 현상이 생기진 않을까 우려되기도 한다.

이 밖에도 대형 단지가 될 5단지와 통합 재건축을 시행하는 8·9단지, 2021년 7월 기준 조합설립인가를 받은 10단지까지, 이 모든 단지가 재건축으로 완성되는 시점이면 과천은 또 한 번 변화를 겪게 될 것이다. 현재 과천에서 대장 아파트는 과천푸르지오써밋이니, 시세를 비교할 때는 이를 기준점으로 삼고 보자.

과천의 유일한 재개발 구역인 주암장군마을도 눈여겨볼 만하다. 양재 코스트코 주변에 위치해 있어 서울과 더욱 가까우며, 근처에 삼성전자, LG화학, KT, 현대기아자동차 등 대기업 일자리도 풍부해 완공 시점이면 새로운 주거지로 거듭날 전망이다. 아울러 지하철 4호선 선바위역 주변에 들어설 3기 신도시도 현재 뜨거운 감자다. 과천은 투기과열지구인 만큼 정비사업 물건을 고려할 땐 '재당첨제한'과 '조합원 지위 양도 금지'에 유의해야 한다.

연이어 불어 닥친 호재, 의정부

　서울에서 가까운 의정부 역시 1호선 의정부역 주변이 가장 중심지다. 이곳에는 GTX C 노선도 예정돼 있어 분위기가 한껏 달아올랐다. 재개발 구역도 의정부역을 중심으로 펼쳐져 있는데, 최근에 분양을 마친 단지가 많아 남아 있는 구역 중에서 옥석을 가려야 한다.

　특히 의정부역에서 가까운 장암1구역과 장암3구역에 주목할 필요가 있는데, 의정부역 도보권에 이미 분양을 완료한 의정부역센트럴자이&위브캐슬(중앙2구역 재개발)과 의정부역푸르지오더센트럴(중앙3구역

[의정부시 재건축 · 재개발 지도]

재개발)이 대장으로 든든하게 버티고 있어서 남은 구역도 얼마든지 가격 면에서 치고 나갈 수 있을 것으로 보인다. 의정부초등학교를 끼고 있는 장암5구역도 함께 눈여겨볼 만하다.

7호선 연장도 의정부의 호재다. 특히 의정부에는 민락지구, 고산지구 등 새로 조성된 택지지구가 많은데, 역세권과 멀어서 크게 주목받지 못하던 이들 택지지구에 7호선 연장 소식이 전해지면서 과거의 '미분양' 지역도 지금은 '완판'이 될 만큼 다시금 조명받고 있다. 또 하나, '미군부대 반환 공여지 개발계획'이라는 스페셜 호재는 지역 내 비선호 시설을 지우고 대학병원과 캠퍼스 설립, 광역행정타운 조성이라는 새로운 미래를 꿈꾸게 하고 있다. 의정부시는 조정대상지역에 속한다.

8장

오늘의 모습은 기억에서 지워라,
인천 재개발

1

무주택자에게
단 한 곳만 추천한다면?

인천은 서울이나 경기도에 비해 초기 투자금이 적게 든다는 것이 가장 큰 장점이다. 게다가 정비를 추진하고 있는 구역도 많아서, 개인적으로 무주택자나 재건축·재개발 초보자에게 가장 많이 추천하는 지역이기도 하다.

흔히들 "인천의 가치는 인천 사람들이 제일 모른다"라는 말을 한다. 지금은 노후한 빌라에 각종 상가들이 다닥다닥 붙어 있는 구도심은 '살기 좋은 곳'에서 항상 배제되곤 하지만, 그렇기에 개발할 여지도 충분하다는 것을 알아야 한다. 앞서도 강조하지 않았던가. 낡은 땅 위에 새 아파트가 세워지는 기적을 상상할 수 있어야 재건축·재개발 투자에 성공할 수 있다고 말이다.

투기과열지구인가, 아닌가?

경기도와 마찬가지로 인천에서 투자할 때 역시 반드시 해당 구역이
속한 자치구가 투기과열지구인지 아닌지를 주의 깊게 살펴야 한다. 투
기과열지구에는 '조합원 지위 양도 금지'와 '재당첨제한'이라는 규제가
꼬리표처럼 따라다닌다는 사실을 이제는 모두가 알 것이다. 즉, 특정
시점 이후에 물건을 사면 조합원 입주권을 받지 못한 채 현금청산당하
는 리스크가 존재하니 이를 꼭 유념하길 바란다.

[인천에서 재건축 · 재개발이 활발한 자치구 현황]

2021년 7월 기준, 인천시청 등 행정타운이 있는 남동구와 청라국제도시가 있는 서구, 송도국제도시가 있는 연수구가 투기과열지구에 속한다. 만화 주인공 이름처럼 '남서연'이라고 기억하면 외우기도 쉽다. 그 밖에 부평구나 미추홀구, 동구, 중구, 계양구는 조정대상지역이며, 이들 지역에서 투자할 때는 규제로부터 보다 자유롭다. 그중에서도 가장 눈여겨볼 곳은 구도심의 중심축으로 재개발 사업이 한창 이루어지고 있는 부평구와 미추홀구다.

역세권, 브랜드 대단지, 초품아

우선 본격적인 지역 분석에 앞서 인천에 투자할 때 꼭 알아두어야 할 핵심을 몇 가지 짚어보자. 먼저 '역세권'이다. 이는 서울의 배후지역에서는 절대 빼놓을 수 없는 핵심 중의 핵심인데, 인천에서도 역시 그 의미가 남다르다.

인천은 철도와 관련한 대형 호재를 몇 가지 앞두고 있다. 지하철 1호선과 인천1호선, 인천2호선이 이미 인천을 관통하고 있고, 청라국제도시까지 지하철 7호선이 연장될 계획이다. 또한 GTX B 노선 착공 계획이 교통과 관련한 호재에 불을 지폈는데, 여의도와 서울역, 청량리까지 단숨에 내달릴 수 있어 서울과의 접근성이 훨씬 좋아질 것으로 예상된다. 그중에서도 특히 눈여겨봐야 할 곳은 지하철 1호선과 인천1호선,

GTX B 노선(예정)이 교차하는 '부평역'과, 지하철 7호선의 연장으로 교통 환경이 크게 개선된 '산곡역' 주변이다.

그다음으로 인천에서는 브랜드 대단지 아파트에 주목해야 한다. 인천 구도심에는 아직까지 주변 시세를 견인할 만한 대장 아파트가 없다. 이 말은 곧, 브랜드 대단지 아파트가 들어서면 주변 시세를 단숨에 끌어올릴 수 있게 된다는 뜻이다. 재건축·재개발에 성공한 구역이 일반분양을 하고, 또 입주하면서 주변 시세도 조금씩 꿈틀거리고 있다.

이어서 초등학교를 품은 아파트, 즉 '초품아'도 중요하다. 이는 어떤 지역에서나 간과할 수 없는 요소인데, 아이를 안전하게 등교시킬 수 있는 초등학교 근처의 단지가 선호되며 그 주변으로 학원가까지 형성되어 있다면 수요가 탄탄하게 뒷받침될 것이다.

더불어 주변에 아파트 단지가 밀집한 전통적인 주거지라면 그곳의 수요가 새 아파트로 넘어오기에도 용이하다. 또한 예전부터 도심의 주거지로 개발되어 온 곳은 상권이 활발하고 자체 수요도 탄탄해 집값이 떨어질 염려는 거의 없다고 봐도 무방하다.

무엇보다 현재 인천의 가장 큰 호재는 서울의 집값이 오르고 있다는 사실이다. 서울의 집값이 오르면 수도권을 비롯한 주변 집값도 덩달아 상승한다. 서울에서 출퇴근할 수 있는 지역으로 수요가 밀려나기 때문이다. 그중에서도 인천 구도심은 가장 저평가받았던 동네 중 하나이자, 서울로의 접근성을 높이는 대형 교통 호재가 연달아 예정되어 있어서 그 기세가 드높아질 가능성이 크다.

다만 서울의 집값 상승은 하나의 '이벤트'로 생각하는 편이 낫다. 지금과 달리 부동산 경기가 갑자기 나빠질 땐 가장 크게 타격받을 곳도 인천의 재개발 지역이기 때문이다. 따라서 인천 구도심에 투자할 때는 되도록 재개발 속도가 빠른 곳을 선택하는 편이 좋겠다.

2

싸다, 빠르다, 많다, 다 갖췄다!
부평구 & 미추홀구

사실 부평구는 별다른 설명이 필요 없다. '속도'가 모든 것을 말해주기 때문이다. 재건축·재개발 투자를 가장 망설이게 하는 속도가 해결된다니, 엄청난 장점이 아닐 수 없다. 2020년에 입주한 부평코오롱하늘채를 시작으로 현재 부평구에서 진행 중인 재개발 사업만 25개 구역에 이른다. 인천 재개발 사업의 절반 이상이 부평구에서 이루어지고 있고, 현재 착공 단계에 돌입한 구역도 상당히 많아서 그야말로 '재며드는' 지역인 셈이다. 어쩌면 단 몇 년 안에 오늘의 모습은 과거사진 속에서나 볼 수 있는 풍경이 될지도 모른다.

속도로 승부하는, 부평구

부평구의 강점인 속도는 단지 빠른 사업성만을 뜻하지 않는다. 서울까지 '빠르게' 도달하는 교통망의 발달은 더없는 강점이자 투자 포인트다. 따라서 부평구 재개발은 인천 최고의 역세권인 부평역과 산곡역을 기준으로, 크게 '부평역 주변', '십정동 인근'(부평역 남서쪽), '산곡역 주변'과 같이 세 개의 권역으로 나눠서 살펴볼 수 있다. 그중에서도 미래의 대장 아파트로 빛날 양대 산맥의 입지는 산곡역 주변의 산곡6구역과 부평역 주변의 부평SK뷰해모로(부개서초구역 재개발)이다.

7호선 최고 수혜지, 산곡역 주변

지하철 7호선이 연장되면서 더블 역세권이 된 부평구청역 주변도 주목받고 있지만, 미래의 '새 아파트 밭'이 될 산곡역 주변이야말로 가장 뜨겁게 떠오를 라이징 스타와도 같은 입지다.

산곡역 주변에는 이미 다섯 개의 단지가 분양을 완료했고, 남은 구역 중에서 가장 큰 기대를 모으는 곳은 산곡6구역이다. 2700세대가 넘는 대단지에 초등학교를 품고 있고 반경 1킬로미터 안에는 여러 중·고등학교가 포진해 있어 학군이 뛰어나다. 더불어 강남으로 출퇴근이 가능한 7호선이 도보권이고, '숲세권'('숲'과 '~세권'의 합성어)에 '팍세권'('파크'와 '~세권'의 합성어)까지 갖추고 있어 미래 가치가 가장 높을 것으로 예상된다.

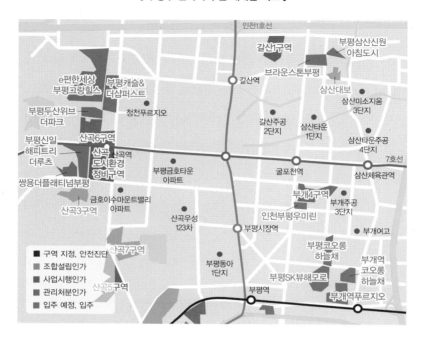

이어서 또 하나 빠트려서는 안 될 구역이 산곡도시환경정비구역이다. 규모가 가장 큰 것은 물론, 산곡역을 주차장으로 쓴다고 해도 과언이 아닐 만큼 역세권 중의 역세권이다. 산곡6구역이 누리는 모든 인프라를 공유하고 있고, 산곡초등학교를 품고 있는 '초품아'이자 중·고등학교와도 가까운 '학세권'이다. 산곡6구역과 함께 대장으로 우뚝 설 미래가 기대되는 구역이다. 미군부대가 철수하고 공원이 조성되면서 낙후된 산곡7구역과 산곡5구역도 다시 기지개를 켜고 있다.

GTX로 대동단결, 부평역 주변 & 십정동

부평역의 최고 호재는 단언컨대 GTX B 노선이다. 지하철 한두 정거장 거리에 있는 지역까지도 GTX의 수혜를 받을 만큼, GTX의 위력은 개통 전부터 대단하다.

부평역 권역에서 미래의 대장 아파트로 손꼽힐 만한 단지는 2022년 입주 예정인 부평SK뷰해모로다. 2021년 7월 기준 입주권과 분양권의 시세에도 주변 단지에 비해 프리미엄이 가장 많이 붙어 있다. 그 밖에 부평역 주변에서 눈여겨볼 곳은 신촌구역이다. 부평에서 구역 면적이 가장 큰 곳으로 향후 대단지가 들어설 것으로 예상된다. 또한 독특한 점은 용도지역이 준주거지역으로 되어 있어서 향후 새 아파트가 들어

[부평역 주변 & 십정동 인근 재개발 지도]

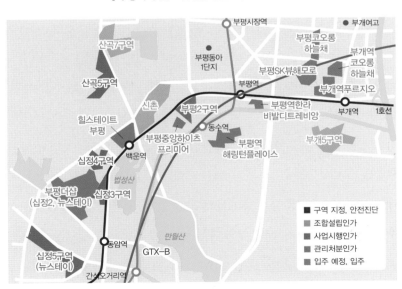

설 때 최고 용적률을 300%까지도 받을 수 있을 것으로 보인다.

부평역 아래로는 크게 눈에 띄는 주거지역이 없었는데, 십정동 일대에 대규모 아파트 단지가 조성될 조짐이 보이면서 현장의 분위기가 들썩이고 있다.

십정3구역이다. 동암역 바로 옆에 있어서 '기찻길 옆 오막살이'라는 별명이 붙어 있던 곳인데, 새 아파트가 들어설 미래에는 그야말로 천지개벽할 것으로 예상된다. 십정4구역은 도보로 백운역까지 걸어가면 지하철 한 정거장 거리에 GTX B 노선이 지나니 저렴한 시세에 비해 미래 가치는 충분하다고 볼 수 있다.

십정2구역과 십정5구역은 뉴스테이(민간 기업형 임대주택) 방식이다. 일반분양분의 몫을 기업형 임대로 돌리는 방식인데, 매매는 입주 시점에 조합원 입주권만 가능하고 나머지 세대는 전·월세로 풀린다.

재개발의 중심이 이동 중인, 미추홀구

미추홀구는 적은 예산으로 할 수 있는 게 많다. 지하철 1호선과 인천2호선, 수인분당선이 지나는 곳이자 제2경인고속도로까지 뚫려 있어서 부평구 부럽지 않은 교통망을 누리고 있다. 미추홀구는 전반적으로 '빌라촌'의 이미지가 강해 딱 떠오르는 아파트 단지가 없었는데, 힐스테이트푸르지오주안(주안1구역 재개발)을 비롯해 주안파크자이더플래티

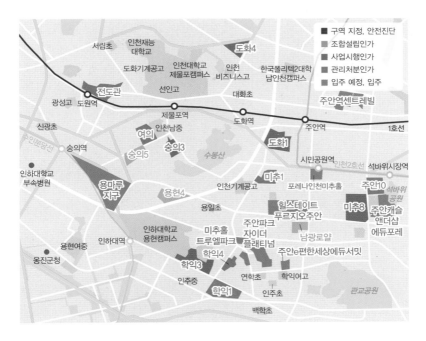

■ 구역 지정, 안전진단
■ 조합설립인가
■ 사업시행인가
■ 관리처분인가
■ 입주 예정, 입주

넘(주안3구역 재개발), 용현자이크레스트(용마루지구 재개발), 시티오씨엘(용
현학익지구 재개발) 등이 2019년부터 속속 분양하며 이 일대에 순차적으
로 대규모 변화가 일고 있다.

미추홀구의 핵심 지역인 주안역 주변 주안역센트레빌(주안7구역 재개
발)이 입주를 마치면서, 미추홀구 재개발의 노른자 땅이 석바위시장역
~인천시장역으로 옮겨 가고 있다. 특히 인천시청역은 GTX B 노선과
인천1호선이 지나는 더블 역세권이다.

그중에서도 최고의 대장 아파트가 될 재개발 구역은 주안10구역이다. 도보 5분 거리에 인천2호선 석바위시장역이 있어 지하철 한 정거장이면 GTX B 노선을 이용할 수 있고, 바로 인접한 미추8구역에 초등학교가 신설된다는 호재가 있다.

역세권이 아님에도 전통적인 주거지로 순항을 하는 지역이 있다. 이미 분양을 마친 힐스테이트푸르지오주안과 주안파크자이더플래티넘, 미추홀트루엘파크(학익2구역 재개발)와 더불어 한창 재개발 사업을 진행 중인 학익1구역, 학익3구역, 학익4구역이다. 비록 지하철역 도보권은 아니지만 영동고속도로를 통해 서울로 향하는 버스들이 정차하는 곳으로 서울과의 접근성은 괜찮은 편이다.

책에서는 중점적으로 다루지 않았지만, GTX B 노선이 지날 인천시청역 근처 상인천초교주변지구와 백운1구역, 간석성락구역이 속속 새 아파트로 완공되면서 발전해가고 있다.

이 밖에도 인천에는 중구와 동구, 계양구, 남동구, 서구, 연수구가 있는데, 최근 부평구와 미추홀구의 '실투금'이 높아지면서 중구와 동구가 대안이 될 투자처로 떠오르고 있다. 계양구에서는 인천1호선을 이용해 계양역을 거쳐 김포공항으로 갈 수 있는 작전역 인근이 유망한 정비사업 구역으로 떠오르고 있다. 한편 투기과열지구인 남동구와 서구, 연수구는 저마다 굴지의 택지지구를 끼고 있어 자신의 상황에 맞게 여러 지역을 두루두루 둘러보길 추천한다.

앞으로 인천의 대장 아파트는 부평구 산곡6구역과 부평SK해모로,

남동구의 상인천초교주변지구가 될 것이다. 이들은 새로 생기는 역의 역세권이자 '초품아' 대단지로서 연수구의 주요 아파트들과 함께 인천을 이끌어갈 주요 단지로 귀추가 주목된다.

9장

오래된 도시에서 새로운 도시로,
5대 광역시 재건축·재개발

1

다시 게임이 시작되었다

부산광역시

지방의 정비사업은 서울·수도권 못지않게 활발하다. 다만 서울·수도권보다 아파트 문화가 늦게 보급되어서 재건축 연한을 넘긴 30년 차이상 아파트가 드물다. 반면 서울·수도권만큼 오래된 도시이기 때문에 재개발 구역은 많다.

하지만 지방도 서울과 일일생활권으로 연결되면서 쾌적한 주거 환경에 대한 열망이 커지고 있다. 이 말은 곧 새 아파트를 향한 관심과 수요가 높아지고 있다는 뜻이다. 하지만 그렇다고 해서 아무 지역에나 무턱대고 덤빌 수는 없는 노릇이다. 지방에서 좋은 입지를 찾는 특별한 기준이 있을까? 미리 힌트를 주자면 '교육'이라고 말할 수 있다.

부산에는 부산만의 룰이 있다

부산의 인기를 단적으로 보여주는 지표가 있다. 지난 10년간 전국에서 아파트 시세가 가장 크게 오른 도시가 바로 부산이라는 점이다. 부산은 서울과의 연관성으로 시세가 상승하는 지역이 아니다. 즉, 자체적으로 훌륭한 생활 인프라를 갖추면서 상권이면 상권, 교통이면 교통, 교육이면 교육까지 서울에 버금가는 생활수준을 누리고 있다.

도시의 슬로건처럼 '다이나믹한 부산'은 6·25 전쟁 이후 드라마틱하게 변화해왔다. 다양한 영화 속에서 한국 근현대사의 배경지로 표현되기도 했는데, 영화 「변호인」에서는 변호사로 성공한 주인공이 막노동 시절 일했던 아파트에 프리미엄을 얹어 입주하는 장면이 나온다. 해당 아파트는 1979년에 지어져 현재 재건축 절차를 밟고 있는 삼익비치타운이다. 부산에서 정비사업으로 가치 상승이 가장 기대되는 구역으로, 부산 앞바다와 어우러지게 특화 설계를 할 예정이다. 조만간 우리나라에서 삼익비치타운을 모르는 사람은 없을 것으로 보인다.

이렇듯 부산 곳곳에서는 재건축·재개발의 훈풍이 불고 있다. 2~3년 전에는 관리처분인가를 받은 조합이 많아 향후 분양 물량이 많아지겠다고 짐작했는데, 벌써 한 텀을 돌아서 조합설립인가를 받은 조합이 급격히 늘어났다. 부산은 서울과 달리 30년 연한을 넘긴 아파트는 빠르게 안전진단을 통과하고, 재개발 구역도 노후도와 접도율 등의 조건을 만족하면 조합설립까지 일사천리로 진행된다. 최근에는 구역

[수영구 삼익비치타운]

지정을 앞둔 초기 재건축·재개발 물건에 투자자들이 진입하면서 시장을 주도하는 추세다.

부산은 크게 서부산과 동부산으로 나뉜다. 중구를 중심으로 도시가 발달해 그 일대가 포화되면서 양옆으로 도심이 번져나갔다. 그중 해운대구는 가장 번성한 지역으로, 서울 '한강뷰 아파트'가 부럽지 않은 70~80층 '오션뷰 아파트'가 전 세계 사람들이 살고 싶어 하는 로망으로 자리 잡았다. 해운대구는 오래된 지역은 아니나, 이 중에서도 우동 1·2·3구역은 주목해볼 필요가 있다. 해운대구에서 신축은 점차 귀해

지고 있는데, 특히 우동3구역은 오션뷰를 볼 수 있는 대단지 아파트로 기대를 모으고 있다. 벡스코에 바로 인접한 우동2구역(삼호가든)도 입지로는 밀리지 않는다.

부산시는 2021년 7월 준공 후 15년이 지난 공동주택을 대상으로 리모델링 기본계획도 수립했다. 지역 내에서 리모델링 열기가 가장 고조된 곳은 남구 용호동 엘지메트로시티와 해운대구 좌동의 해운대그린시티로 이들 단지에서는 기본계획 수립을 크게 환영하는 분위기다. 새 아파트로 거듭날 수 있는 이들 아파트에도 관심을 기울여보면 좋겠다. (리모델링에 관한 내용은 10장에서 자세히 다룬다.)

'부산' 하면 딱히 떠오르는 대기업이 없듯이, 부산에서는 '직주근접' 보다 '학주근접'을 더 쳐준다. 부산에서 입지를 따질 때는 오션뷰 다음으로 학군에 집중해보자. 연제구 거제동과 수영구 남천동, 해운대구 좌·우동 등에 학원 인프라가 훌륭하다. 이 일대를 중심으로 미래의 기회를 선점해보기 바란다.

부산에는 재건축·재개발로 인한 제2의 전성기가 도래했다. 최근 금정구 서금사A(서금사1·2·3구역 통합 재개발)의 시공사 수주전은 그야말로 뜨거웠다. 1군 브랜드가 앞 다퉈 뛰어들면서 경쟁이 치열했다. 하지만 너무 극초기 단계에서의 접근은 조심해야 한다. 주민동의율도 관건이지만 노후도만 가지고 접근하다가는 하세월을 보내며 낭패를 당할 수도 있다. 다만 일정 수준 이상의 동의율을 모으며 주변의 대장 구역들이 잘 나간다면, 초기 단계에서의 재건축·재개발도 노려볼만 하겠다.

부산광역시 재건축·재개발 추진 구역 리스트

집 안에서 광안대교의 야경을 파노라마로 감상할 수 있는 삼익비치타운부터 해운대구의 떠오르는 샛별 우동3구역까지, 부산에는 이제 갓 조합설립인가를 받아 더욱 뜨겁게 날아오를 재건축·재개발 구역이 부산에는 상당히 많다.

[부산광역시(2021년 7월 기준)]

사업	구역명	위치	사업추진단계
재건축	괴정3	사하구 괴정동 530-13번지 일원	조합설립인가
재건축	구서3	금정구 구서동 252-7번지 일원	조합설립인가
재건축	남천2-3(삼익비치)	수영구 남천동 148-4번지	조합설립인가
재건축	당리1	사하구 당리동 237-2번지 일원	조합설립인가
재건축	만덕3구역	북구 만덕동 670번지 일원	조합설립인가
재건축	명륜2	동래구 명륜동 702-47번지 일원	조합설립인가
재건축	반여3	해운대구 반여동1405-31번지일원	조합설립인가

사업	구역명	위치	사업추진단계
재건축	반여3-1	해운대구 반여동 1477-1번지 일원	조합설립인가
재건축	사직1-5	동래구 사직동 16-1번지	조합설립인가
재건축	수안1	동래구 수안동 665-1번지 일원	조합설립인가
재건축	우동1	해운대구 우동 1104-1번지 일원	조합설립인가
재건축	청학1	영도구 청학 135번지 일원	조합설립인가
재건축	화명2	북구 화명동 1258-1(화명시영)	조합설립인가
재개발	가야1	부산진구 가야동 410번지	조합설립인가
재개발	대연8주택	남구 대연4동 1173번지 일원	조합설립인가
도시환경 정비구역	대평1	영도구 대평동 1가 1번지 일원	조합설립인가
재개발	문현1주택	남구 문현동 788-1번지 일원	조합설립인가
재개발	범일2	동구 범일2동 662-59 일원	조합설립인가
재개발	범천4	부산진구 범천동 1269-15	조합설립인가
재개발	복산1	동래구 칠산동 246번지 일원	조합설립인가
재개발	부곡2	금정구 부곡동 279-1번지 일원	조합설립인가
재개발	서금사재정비촉진5	금정구 서동 557-16번지 일원	조합설립인가
재개발	서금사 재정비촉진6	금정구 서동 302-1204	조합설립인가
재개발	서금사재정비촉진A	금정구 부곡동 332-4 번지 일원)	조합설립인가
재개발	시민공원주변2-1	부산진구 범전동 263-5번지	조합설립인가
재개발	시민공원주변3	부산진구 범전동 71-5번지 일원	조합설립인가
재개발	시민공원주변4	부산진구 양정동 445-15번지	조합설립인가
재개발	영도제1재정비촉진5	영도구 신선동3가 89-21번지 일원	조합설립인가
재개발	용호2주택	남구 용호3동 434번지 일원	조합설립인가

사업	구역명	위치	사업추진단계
재개발	우동3 주택	해운대구 우동 229번지일원	조합설립인가
도시환경정비구역	좌천범일통합2	동구 범일동 68-119번지 일원	조합설립인가
재개발	초량2	동구 초량동 754-137번지 일원	조합설립인가
재개발	초읍1주택	부산진구 초읍동 51-87번지	조합설립인가
재개발	괴정6	사하구 괴정동 486-20번지 일원	조합설립인가
재건축	사직1-6	동래구 사직동 630번지 일원	사업시행인가
재개발	감천2주택	사하구 감천1동 202 일원	사업시행인가
재개발	괴정5	사하구 괴정동 571-1번지 일원	사업시행인가
재개발	금곡2-1	북구 금곡동 1193-43번지 일원	사업시행인가
재개발	망미2	수영구 망미1동 800-1번지	사업시행인가
재개발	문현3주택	남구 문현1동 557번지 일원	사업시행인가
도시환경정비구역	범일3-1	동구 범일동 830-100번지 일원	사업시행인가
재건축	재송2	해운대구 재송동 1030번지일원	사업시행인가
재개발	개금2	부산진구 개금동 280-5번지	사업시행인가
재개발	당리2	사하구 당리동 340번지 일원	사업시행인가
재개발	초량3	동구 초량동 659번지 일원	사업시행인가
재개발	연산5	연제구 연산2동 1602번지 일원	사업시행인가
재건축	남산1	금정구 남산동 3-1	사업시행인가
재건축	반여4	해운대구 반여동 668-1번지 일원	사업시행인가
재개발	엄궁1주택	사상구 엄궁동 412번지 일원	사업시행인가
주거환경관리	우암1	남구 우암동 189-1104번지 일원	관리처분인가

사업	구역명	위치	사업추진단계
재건축	대연3	남구 대연동 455-25번지	관리처분인가
개건축	덕천3	덕천동 361(목화,삼진)	관리처분인가
재개발	감만1주택	남구 감만1동 312번지 일원	관리처분인가
재개발	광안2	수영구 광안4동 1240-38번지	관리처분인가
재개발	동삼1	영도구 동삼동 323-30번지 일원	관리처분인가
도시환경 정비구역	범일3	동구 범일동 830-90번지 일원	관리처분인가
재개발	범천1-1	부산진구 범천동 850-1번지	관리처분인가
재개발	서대신4	서구 서대신동3가 662번지	관리처분인가
재개발	양정1주택	부산진구 양정동 73-7번지	관리처분인가
재개발	엄궁3주택	사상구 엄궁동 132번지 일원	관리처분인가
재건축	안락1	동래구 안락동 1230번지 일원	관리처분인가
재개발	양정3	부산진구 양정동 64-3번지 일원	관리처분인가
재개발	반여1-2	해운대구 반여동 1349번지 일원	관리처분인가

2

뜨거운 여름이 지나고

대구광역시

2010년부터 대구의 시세는 뜨겁게 달아올랐다. 대구 내 거의 모든 지역이 부동산 열기로 후끈거렸다. 2009년 상반기에 절정을 이루던 대규모 미분양 사태가 언제 일어났냐는 듯 시세가 금세 회복되었다.

하지만 최근에 다시 미분양 소식이 들려오고 있다. 무더운 여름이 지나면 찬바람 부는 가을이 오듯이, 대구의 부동산 시장 분위기도 2021년 7월 기준 차가운 가을 날씨다. 도대체 왜 이런 일이 생겼을까?

대구에서 진행되는 재건축·재개발 사업은 시장의 분위기를 떠나서 늘 꾸준함을 유지해왔다. 그러다가 최근에 전국적으로 부동산 경기가 좋아지면서 한동안 멈추어 있던 구역들까지 한꺼번에 출발하기 시작했다. 예년처럼 승객을 태웠는데 빈 객차가 보이기 시작한 것이다.

이럴 때일수록 우리는 사태의 근본적인 원인이 무엇인지를 냉철하게 판단할 수 있어야 한다. 사실 미분양이라고 해서 다 같은 미분양은 아니기 때문이다. 2017년에 출간된 책『대한민국 부동산 투자』(김학렬 저)를 보면 미분양의 이유는 총 세 가지이다. 첫 번째는 '공급과다'이고, 두 번째는 '고분양가', 세 번째는 '비선호 입지'이다. 그렇다면 이 중에서 대구의 미분양 사태를 만든 진짜 이유는 무엇일까?

결과적으로 대구는 '공급과다'와 '비선호 입지'라는 요인이 맞물려 미분양을 촉발했다. 하지만 놀랍게도 재건축·재개발 지역에서는 미분양이 단 한 곳도 발생하지 않았다. 즉, 대구에서 재건축·재개발 투자를 할 때 입지가 보장된 곳이라면 미분양을 크게 염려하지 않아도 된다는 의미이다. 그리고 여기서 우리는 중요한 사실 하나를 또 하나 얻을 수 있다. 대구에서는 재건축·재개발 지도만 봐도 '앞으로 오를 곳'이 한눈에 그려진다는 사실 말이다.

교육열이 높은 곳에 구역도 많다

대구에서는 수성구를 빼놓고는 그 어떤 이야기도 할 수 없다. 하지만 2021년 기준 수성구는 대구에서 유일하게 투기과열지구로 지정되어 있다. 앞서 경기도와 인천에서는 투기과열지구에 투자할 때 반드시 여러 상황을 유의해야 한다고 강조했다. 하지만 대구만큼은 다르다. 투기

과열지구이지만 수성구는 집중적으로 공부하고 공략해야 한다.

예로부터 수성구는 주거지로 개발되어 교통과 행정 인프라를 완벽하게 갖추었다. 그 가운데 절대 빼놓을 수 없는 장점이 있다면 바로 서울 대치동에 버금가는 프리미엄 교육 환경이다. 앞서 부산을 다룰 때도 이야기했지만, 학원들이 밀집한 학원가 주변으로는 아이와 부모를 위한 남다른 생활환경이 조성되어 있다. 아쉽게도 수성구는 재건축·재개발 구역이 많지는 않지만, 이와 가까운 지역에서 정비사업 예정 물량이나 분양 단지가 나온다면 투자에 망설이지 않아도 된다고 조언하고 싶다.

수성구 다음으로 주목해야 할 지역은 중구다. 전국적으로 '중구'라는 이름의 자치구는 모든 인프라가 가장 먼저 형성된 구도심인데, 교통과 상권의 중심지인 만큼 수요도 끊임없다. 이어서 서구의 평리뉴타운과 동구의 신암뉴타운에서도 재개발 사업이 활발하다. 대구는 동구의 동대구역을 중심으로 교통망이 형성되어 있고, 대구지하철 3호선을 따라 재건축·재개발이 활발하다는 점도 기억해두면 좋겠다. 서울처럼 대구지하철의 황금노선인 2호선 주변으로는 이미 분양을 해서 입주 예정인 재개발 구역들이 많다.

마지막으로, 대구의 재건축재개발은 일단 구역 지정이 되면 웬만해서는 진행이 순조로운 편이다. 서울처럼 비상대책위원회 등의 반대 세력이 거의 보이지 않고, 기존 거주자 중에서도 부담금이 부담스러우면 미리 매도해 다른 지역으로 이사 가는 이들이 많다.

대구는 최근 청약 미달 사태를 통해 신축 가운데서도 입지를 기준으로 옥석을 가려내야 할 것이다. 마포래미안푸르지오와 경희궁자이가 서울에서 미분양을 딛고 대장 단지로 등극했듯이, 대구에서도 안목만 좋다면 좋은 단지를 똘똘하게 손에 넣을 수 있을 것이다.

대구광역시 재건축·재개발 추진 구역 리스트

  부산과 마찬가지로 대구는 조합설립인가 단계의 구역이 많다. 하지만 곧 재건축·재개발에서 비롯된 일반분양 물량이 동나는 시점이 올 것이다. 다시 뜨거워질 대구를 상상하면서 지금부터 주요 구역들을 눈여겨보자.

[**대구광역시(2021년 7월 기준)**]

사업	구역명	위치	사업추진단계
재건축	경남맨션	수성구 범어동 320	조합설립인가
재건축	중리지구	서구 중리동 121-1	조합설립인가
재건축	라일락,남도,성남,황실	달서구 성당동 725	조합설립인가
재건축	수성지구 2차 우방타운	수성구 황금동 60	조합설립인가
재건축	대명6동44(코스모스)	남구 대명동 1111	조합설립인가
재건축	성당우방	달서구 본리동 210	조합설립인가
재건축	중동희망지구	수성구 중동 316	조합설립인가
재건축	달자01	달서구 두류동 1207	조합설립인가

사업	구역명	위치	사업추진단계
재건축	칠성24지구	북구 칠성2가 403-15	조합설립인가
재건축	범어목련	수성구 범어4동 341	조합설립인가
재건축	효목1동7	동구 효목동 74-10	조합설립인가
재건축	효목1동6	동구 효목동 91-18	조합설립인가
재건축	을지맨션	수성구 범어4동 314-4	조합설립인가
재개발	평리1촉진	서구 평리동 576-3	조합설립인가
재개발	서대구지구	서구 평리동 1354-1	조합설립인가
재개발	봉덕 대덕지구	남구 봉덕동 1028-1	조합설립인가
재개발	만촌3동	수성구 만촌동 866-3	조합설립인가
재개발	신암9촉진	동구 신암동 642-1	조합설립인가
재개발	명륜지구	중구 남산동 452-1	조합설립인가
재개발	서문지구	중구 대신동 1021	조합설립인가
재개발	앞산점보	남구 대명동 1701-1	조합설립인가
재개발	동인4가 7통	중구 동인동4가 139-1	조합설립인가
재개발	봉덕1동 우리	남구 봉덕동 976-2	조합설립인가
재개발	봉덕1동	남구 봉덕동 512-8	조합설립인가
재개발	동구43	동구 신천동 502-1	조합설립인가
주거환경	복현지구	북구 복현동 617-8	사업시행인가
재건축	내당동	서구 내당동 936-1	사업시행인가
재건축	내당내서	서구 내당동 1-1	사업시행인가
재건축	신암10촉진	동구 신암4동 622	사업시행인가
재건축	우방범어타운 2차	수성구 범어1동 650	사업시행인가

사업	구역명	위치	사업추진단계
재개발	서봉덕	남구 봉덕동 540-1	사업시행인가
재개발	평리2촉진 (舊 평리6-1지구)	서구 평리동 613	사업시행인가
재개발	동인3가	중구 동인동3가 192	사업시행인가
재건축	대현2동 강변	북구 대현2동 417-1	관리처분인가
재개발	대명2동 명덕지구	남구 대명동 2017-2	관리처분인가
재개발	평리4촉진 (舊 평리동 광명아파트)	서구 평리동 619-1	관리처분인가
재건축	현대백조타운	달서구 본리동 433	관리처분인가
재건축	범어우방1차아파트	수성구 범어1동 620	관리처분인가
재건축	대봉1-2지구	중구 대봉동 55-3	관리처분인가
재건축	팔달동	북구 팔달동 138	관리처분인가
재건축	송현주공3단지 아파트	달서구 상인동 797	관리처분인가
재개발	대명3동 뉴타운	남구 대명동 2301-2	관리처분인가
재개발	노원2동	북구 노원2가 319	관리처분인가
재개발	신암2	동구 신암5동 139-69	관리처분인가
재개발	신암1촉진	동구 신암5동 151-1	관리처분인가
재개발	달자03지구	달서구 두류동 819	관리처분인가

3

세종과 함께 가는

대전광역시

대전을 말할 때 흔히 '대한민국 교통의 요지'라는 말을 쓴다. 이 말은 과장된 수식이나 허황된 표현이 아니다. 대전에서 경부고속도로와 중부고속도로, 호남고속도로까지 모두 만나는 것은 물론 KTX로 한 시간이면 서울과 부산, 광주 어디든 오갈 수 있기 때문이다. 이 정도면 대전이라는 도시의 운명이 '교통'과 함께한다고 해도 과언이 아니다.

대전은 신기하게도 1998년 IMF 당시 집값이 빠지지 않은 유일한 지역이었다. 정부청사가 이전을 했기 때문인데, 그만큼 일자리의 파급력이 어마어마하다는 것을 보여주는 사례다. 하지만 최근에 그 일자리가 세종행정중심복합도시로 넘어가면서, 다른 광역시에 비해 힘이 빠지고 있는 것도 사실이다.

[2021년 7월 기준 대전광역시 정비사업 구역 개수]

대덕구
2

유성구
1

동구
13

서구
9

중구
18

새 아파트에 목마르다

대전을 말할 때 세종시를 빼놓고는 이야기하기가 힘들다. 대전에 '예쁘고 강한 동생'이 태어난 셈이다. 대전은 한때 세종시가 생겨나면서 인구를 상당수 빼앗기기도 했다. 하지만 세종시의 입주가 어느 정도 완료된 시점에는 시세가 폭발적으로 상승했으니, 이 둘은 떼려야 뗄 수 없는 관계인 것이다.

우리는 대전만의 장점에 주목할 필요가 있다. 세종시와 비교해 우위를 점하고 있는 것, 그것은 바로 교육이다. 부산에서도, 대구 수성구에서도 주변 수요를 끌어당기는 결정적 요인이 교육이었다는 것을 기억해야 한다. 대전에서는 서구 둔산동을 중심으로 학원가가 형성되어 있다.

대전은 다른 광역시에 비해 도시의 역사가 짧아서 오래된 주거지가 적다. 그만큼 재건축·재개발 구역도 눈에 띌 만한 수준은 아니다. 그러나 옥석은 있다. 서구 둔산동과 가까운 숭어리샘, 용문123구역은 대전에 살고 있다면 한 번쯤 입주를 꿈꿔볼 만큼 좋은 입지다. 주로 중구, 동구, 서구 등의 구도심을 필두로 재개발이 추진되거나 소규모 택지지구에서 분양 물량이 나오다 보니 대전에는 새 아파트가 턱 없이 부족하다. 게다가 규제지역으로 인해 오랜 시간 핸디캡이 적용되면서, 새 아파트(특히 입지가 보장된 곳에서 분양한 새 아파트)에 목이 마른 상황이다. 서구 안에 도마변동재정비촉진지구는 여태껏 진행이 느리다가 최근 도마변동8구역의 분양 성공으로 다시 속도를 높이고 있다. 예전에는 눈여겨보지 않던 지역들이 '살고 싶은 지역'으로 변화하게 되는 가장 큰 계기 중의 하나가 바로 재건축·재개발의 힘인 것 같다.

하지만 대전이라고 해서 전국으로 확산된 재건축·재개발 흐름을 거스를 순 없을 것이다. 30년을 경과한 공동주택 중 상당수 아파트에서 시설 개선이 필요한데, 노후 아파트가 모여 있는 둔산신시가지 단지를 주의 깊게 들여다보자. 다만 대부분 15층 이상 중층 단지여서 재건축 대신 리모델링으로 선회할 가능성도 높아 보인다.

대전광역시 재건축·재개발 추진 구역 리스트

대전역을 중심으로 동구 소제동 일대를 개발하려는 움직임이 보이는데, 이전부터 대전역 인근은 극도로 열악해 이미 주거환경개선사업으로 신축 아파트가 몇몇 들어섰다. 전통적인 주거지였던 곳은 지금도 수요가 많다. 중구, 동구, 대덕구 구도심에도 주목해보자.

[대전광역시(2021년 7월 기준)]

사업	구역명	위치	사업추진단계
재개발	산성동2	중구 산성동 133-24	조합설립인가
재개발	옥계동2	중구 옥계동 173-168	조합설립인가
재개발	태평동2	중구 태평동 263-5	조합설립인가
재개발	도마 · 변동3	서구 변동 9-4	조합설립인가
재개발	도마 · 변동6	서구 도마동 86-66	조합설립인가
재개발	복수동2	서구 복수동 283-256	조합설립인가
재개발	장대B	유성구 장대동 14-5	조합설립인가
재개발	대화동1	대덕구 대화동 16-155	조합설립인가
재개발	대동4 · 8	동구 대동 405-7	조합설립인가

사업	구역명	위치	사업추진단계
재개발	성남동3	동구 성남동 35-5	조합설립인가
재개발	중앙1	동구 소제동 299-264	조합설립인가
재개발	대전역삼성4	동구 삼성동 80-100	조합설립인가
재개발	삼성1	동구 삼성동 279-1	조합설립인가
재개발	대사동1	중구 대사동 167-4	조합설립인가
재개발	대흥동1	중구 대흥동 112-9	조합설립인가
재개발	대흥4	중구 대흥동 260-9	조합설립인가
재개발	부사동4	중구 부사동 244-3	조합설립인가
재개발	도마 · 변동12	서구 도마동 165-1	조합설립인가
재건축	가양동5	동구 가양동 499-20	조합설립인가
재건축	가오동1	동구 가오동 210	조합설립인가
재건축	가오동2	동구 천동 60-4	조합설립인가
재건축	삼성동1	동구 삼성동 288-1	조합설립인가
재건축	홍도동2	동구 홍도동 57-5	조합설립인가
재건축	태평동5	중구 태평동 365-9	조합설립인가
재개발	성남동1	동구 성남동 1-54	사업시행인가
재개발	문화동8	중구 문화동 435-42	사업시행인가
재개발	문화2	중구 문화동 330	사업시행인가
재개발	용두동2	중구 용두동 182-72	사업시행인가
재개발	선화2	중구 선화동 136-2	사업시행인가
재개발	은행1	중구 은행동 1-1	사업시행인가
재개발	도마 · 변동9	서구 도마동 181-1	사업시행인가
재개발	대화동2	대덕구 대화동 241-11	사업시행인가

사업	구역명	위치	사업추진단계
주거환경 개선	천동3	동구 천동 187-1	사업시행인가
재개발	대흥2	중구 대흥동 385-15	관리처분인가
재개발	도마 · 변동1	서구 가장동 38-1	관리처분인가
재개발	도마 · 변동11	서구 도마동 145-8	관리처분인가
재개발	선화	중구 선화동 339-55	관리처분인가
재개발	목동4	중구 목동 34-11	관리처분인가
재개발	용두동1	중구 용두동 167-9	관리처분인가
재건축	가양동7	동구 가양동 53-6	관리처분인가
재건축	중촌동1	중구 중촌동 21	관리처분인가
재건축	용문동1 · 2 · 3	서구 용문동 225-9	관리처분인가
재건축	탄방동1	서구 탄방동 514-360	관리처분인가

4

아파트로 대동단결

광주광역시

광주는 아파트 보급률이 무려 75퍼센트에 이른다. 지방 도시 가운데 아파트 문화가 가장 늦게 보급된 걸 감안하면, 20년이라는 시간 동안 '아파트'라는 상품이 엄청나게 큰 인기를 모은 셈이다. 광주의 부동산 시세는 아직까지 다른 광역시에 비해 가장 낮은 축에 속한다. 다만 최근에 서해안고속도로와 SRT가 개통하면서 교통이 좋아지고 있다.

직주근접에 학주근접까지

광주는 최근 10년 동안 인구가 꾸준히 증가하고 있다. 이미 광주에

[2021년 7월 기준 광주광역시 정비사업 구역 개수]

는 여덟 개의 큰 산업단지가 조성되어 있으며, 앞으로도 세 개의 단지가 더 들어설 전망이다. 이로써 광주광역시는 나주혁신도시와 함께 호남 지방을 이끌 도시로 자리매김하고 있다.

광주의 교육열 역시 다른 도시에 밀리지 않는다. 우선 학생 인구가 많다. 약 150만 명의 시민 가운데 학생만 40만 명에 이른다. 초·중·고등학교는 물론 의대와 약대도 많아서 학원가의 위상이 대단하다. 따라서 광주의 새 아파트에 관심이 있다면 남구 학원가를 기준점으로 두고 이 일대의 정비사업 구역을 눈여겨보기 바란다.

일자리와 학교가 많은 만큼 광주에는 주거 지역을 확보하기 위한 택지지구가 많다. 금호지구, 화정지구, 풍암지구, 첨단지구, 수완지구, 운암지구 등 스물다섯 개나 되는 택지지구는 일일이 다 열거하기가 힘들 정도다. 몇 해 전 광주광역시청 주택과에 방문할 일이 있었다. 그곳에서 "앞으로 택지지구를 얼마나 더 조성할 계획인가요?"라고 물었더니 담당자는 "새롭게 조성할 택지지구는 없다"라고 말했다. 인구를 다른 지역으로 빼앗기지 않기 위해 도시 중심부 개발에 힘쓰겠다는 이야기다. 이 말인 즉, 구도심의 재건축·재개발을 활발히 하겠다는 의미다.

광주에서 개인적으로 주의 깊게 보는 지역은 서구와 광산구다. 서구에서는 금호지구와 화정지구, 풍암지구가 유명한데, 특히 화정지구와 풍암지구는 재건축으로 주목받는 지역이니 잘 기억해두자. 광천지구도 재개발에 시동이 걸렸다. 한편 광산구는 택지개발로 새롭게 태어난 곳이다. 광주광역시의 중심축이 움직인다면 그다음 타자가 바로 이곳이 될 터이니, '광산구'라는 세 글자를 꼭 외워두자.

지금까지 광주는 SRT 광주송정역을 중심으로 발전이 이루어졌다. 하지만 몇 년 새 광주역 인근 재개발 지역들의 분양 성적이 좋아지자 그 일대에서 재개발 진행이 더욱 활발해지고 있다. 이 중 뒤늦게 들어온 풍향지구는 입지로 보나 규모로 보나 대장 역할을 톡톡히 할 것이다. 사업성도 좋아서 조합원들에게 돌아갈 혜택도 큰 곳이다. 더불어 광천동 재개발도 눈여겨볼 만한데, 기아자동차와의 직주근접에 백화점 상권을 받아내며 수완지구의 배후 수요지로까지 두각을 나타내고 있으니 '광주 부자들이 다 모인다'는 우스갯소리도 흘려 듣지 않아야 할 것이다.

PLUS CHECK

광주광역시 재건축·재개발 추진 구역 리스트

광주에는 오래된 주거지가 증가하고 있다. 하지만 아직 다른 구역에
비해 재건축·재개발 구역이 적은 편이다. 몇 년 뒤에 정비사업 구역에서
나오는 신축은 시세가 급격히 상승하리라는 걸 조심스레 예측해본다.

[광주광역시(2021년 7월 기준)]

사업	구역명	위치	사업추진단계
재건축	방림삼일	남구 방림동 436–1일대	조합설립인가
재개발	서동1	남구 서동 268–6 일대	조합설립인가
재개발	계림1	동구 계림동 287–5 일대	조합설립인가
재개발	계림3	동구 계림동 301 일대	조합설립인가
재개발	지산1	동구 지산동 439–9번지 일대	조합설립인가
재개발	풍향	북구 풍향동 600–1 일대	조합설립인가
재개발	광천동	서구 광천동 670번지 일대	사업시행인가
재개발	양동3	서구 양동 350번지 일대	사업시행인가
재개발	신가동	광산구 신가동 842–6 일대	관리처분인가

재개발	계림4	동구 계림동 125 일대	관리처분인가
재개발	학동4	동구 학동 633-3 일대	관리처분인가
재개발	누문	북구 누문동 174 일대	관리처분인가
재건축	운암3단지	북구 운암동252일대	관리처분인가

5

재건축·재개발이 귀한

울산광역시

울산은 우리나라에서 1인당 개인소득이 서울과 1, 2위를 다툰다. 양질의 일자리가 많은 만큼 고액 연봉자도 많아서 전국에서 중산층이 가장 두터운 지역으로 손꼽힌다. 울산항을 비롯해 고속국도와 철도, 항공 등 교통망이 뛰어난데, 모든 광역시를 통틀어 유일하게도 지하철이 아직 개통되지 않았다.

개인소득이 전국에서 가장 높은 만큼 아파트 시세 또한 넘볼 수 없을 만큼 치솟지 않았을까? 예상 외로 울산의 아파트 시세는 여타 광역시 프리미엄 아파트에 비해 다소 낮은 편이다. 고소득층이 많아서 의아하게 생각할 수도 있지만, 부산의 '엘시티'처럼 지역을 대표할 만한 특징적인 아파트가 없다는 게 그 이유일 것이다. 굳이 울산에 살지 않아

도 인근 지역에서 출퇴근이 가능한 것도 그 이유다.

첫째도 교육, 둘째도 교육

울산에서 가장 인기가 많은 지역은 남구다. 특히 신정동 인근이 각광
받는다. 그 이유가 무엇일까? '교육'을 떠올렸다면 이 책을 잘 따라왔
다고 할 수 있겠다. 지하철 역세권이 없는 울산에서 부동산 시세를 좌
우하는 건 교육환경이다. 지금까지 살펴본 부산, 대구, 대전, 광주, 울산
말고도 지방에서 입지를 따질 때는 반드시 교육을 제1순위로 두어야

한다. 남구는 울산에서 교육열이 가장 뛰어난 자치구로, 모두가 선망할 만한 학군이 조성된 곳이다.

울산의 아파트값은 한동안 고전을 면치 못했다. 그러다가 재개발 입주권을 시작으로 상승의 신호탄이 쏘아졌다. 더군다나 재건축·재개발 물건이 매우 귀한 지역이기에, 더욱 눈을 크게 뜨고 정비사업 물량에 집중해야 한다.

울산광역시 재건축·재개발 추진 구역 리스트

오래된 도시가 아닌 울산에는 정비사업 구역이 적다. 하지만 추진 중인 구역까지 합하면 무려 열 곳이 훌쩍 넘으니, 울산에서 정비사업이 본격적으로 진행될 그날을 유심히 지켜봐야 한다.

[울산광역시(2021년 7월 기준)]

사업	구역명	위치	사업추진단계
재개발	B-04	중구 교동 190-4번지 일원	사업시행인가
재건축	C-02	남구 무거1동 1184-1 일원	관리처분인가
재개발	B-05	중구 복산동 460-72번지 일원	관리처분인가
재개발	B-08	남구 신정4동 901-3 일원	관리처분인가
재개발	B-14	남구 야음동 350-5번지 일원	관리처분인가

4부

조금은 빠르게, 때로는 다같이! 대안 찾기

10장

정비사업계의 떠오르는 샛별,
리모델링

1

30년을 꽉 안 채워도
새 아파트가 된다고?

재건축 아파트가 되기 위한 필수 조건은 무엇인가? 앞서도 계속 설명했듯이 '완공된 날로부터 반드시 30년이 지나야 한다'는 것이다. 28년 차여서도 안 되고 29년 차여서도 안 된다. 기본 요건인 30년 연한을 채운 후에야 비로소 안전진단이라는 관문과 만날 수 있다. (물론 본격적인 정비구역으로 지정되려면 안전진단을 통과해야 한다.)

그런데 30년을 채우지 않고도 구축이 새 아파트로 거듭날 방법이 있다. 최근 여러 아파트 단지들 사이에서 뜨거운 관심을 받는 '리모델링'이 바로 그것이다. 리모델링은 분명 재건축의 좋은 대안이다. 특히 요즘처럼 아파트값이 치솟아 좀처럼 재건축 허가를 받기가 힘든 상황에서는 규제도 적고 절차도 간소한 리모델링이 각광을 받을 수밖에 없다.

더욱이 준공한 지 15년만 지나면 바로 조합을 설립한 후에 안전진단에 착수할 수 있어서 '속도'라는 면에서도 재건축 부럽지 않다. 그래서 좋은 입지임에도 단지 구축이라는 이유 하나만으로 시세 상승이 어려웠던 단지들을 중심으로 리모델링 바람이 불고 있는 추세다.

재건축과 리모델링, 무엇이 다른가?

그렇다면 구체적으로 재건축과 리모델링은 무엇이 다를까? 일단 건설 방식부터 다르다. 재건축은 기존 아파트의 모든 골조를 완전히 허문 후에, 맨땅에 새롭게 건물을 올리는 방식이다. 반면 리모델링은 기존 건물의 뼈대를 그대로 유지한 채 수직 또는 수평으로 건물을 증축한다.

[리모델링 건설 방식]

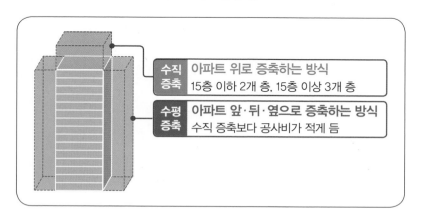

수직 증축 아파트 위로 증축하는 방식
15층 이하 2개 층, 15층 이상 3개 층

수평 증축 아파트 앞·뒤·옆으로 증축하는 방식
수직 증축보다 공사비가 적게 듦

즉, 리모델링은 기존 뼈대에 살을 붙인다는 느낌으로 이해하면 쉽다. (아파트 단지 내에 빈 땅이 있다면 거기에 새로운 동을 짓기도 한다.)

아무래도 리모델링은 땅을 아예 갈아엎고 공간을 효율적으로 설계하는 재건축보다 일반분양 물량을 늘리는 데 한계가 있다. 그나마 수직증축을 하면 높아진 층수만큼 신규 분양을 받을 수 있어서 조합원 부담금이 다소 줄어들 수 있다. 하지만 수평 증축을 할 경우 각 호수의 평형을 넓히고 새 아파트로 재탄생하는 것에만 만족해야 한다.

그렇다고 해서 좌절할 필요는 없다. '새 아파트'가 곧 '입지'이지 않던가. 신축은 그 자체만으로도 전과는 비교할 수 없는 영향력을 지닌다. 그리고 리모델링에도 여러 단점을 상쇄할 만한 다양한 장점이 있

[리모델링과 재건축 주요 내용 비교]

구분	리모델링	재건축
연한	준공 15년 이후	준공 30년 이후
용적률	제한 없음(지구단위구역 제외)	법적 상한 용적률 이내(최대 300%)
안전진단	B등급 이상	D등급 이상
분양가상한제	30가구 미만 미적용	20가구 미만 미적용
초과이익환수	없음	3000만 원 초과 시 10~15% 국가 환수
기부채납	없음(공공리모델링 제외)	도로·공원·공공임대 등 의무 제공
임대주택 건립	없음	인센티브 용적률의 50%

다. 건축연한이 절반으로 줄어든 것은 물론이고, 리모델링에는 용적률의 제한이 없다. 무엇보다 안전진단 기준 역시 재건축보다 느슨하다. 수직 증축은 B등급, 수평 증축은 C등급 이하를 받으면 가능하고, 재건축 초과이익환수제와 분양가상한제, 기부채납, 임대주택 건립 등의 규제에서도 자유롭다는 게 장점이다.

SRT급의 속도

역시 그럼에도 리모델링의 가장 큰 강점은 사업의 진행 속도다. 리모델링은 기본계획을 수립하고 곧바로 조합을 설립한 뒤 시공사를 선정하고 안전진단에 돌입한다. 이어서 바로 건축심의 절차에 들어가는데, 수직 증축보다는 수평 증축이 더 수월하게 통과되는 편이다. 리모델링에서 말하는 '사업계획'은 사업시행인가 단계로, '부담금 확정 총회'는 관리처분인가로 대입하면 이해가 쉽다. 독특한 점은 이주 후에 2차 안전진단을 실시하는데, 이는 공사를 시작하기에 앞서 계획대로 골조를 유지해도 괜찮을지, 증축해도 건물에 무리가 없을지를 최종 점검하는 단계다. 더불어 리모델링에는 동·호수 추첨 단계가 없다. 즉, 신축이 되어도 기존에 살던 동·호수를 거의 그대로 이어받게 된다.

[리모델링 사업 진행 절차]

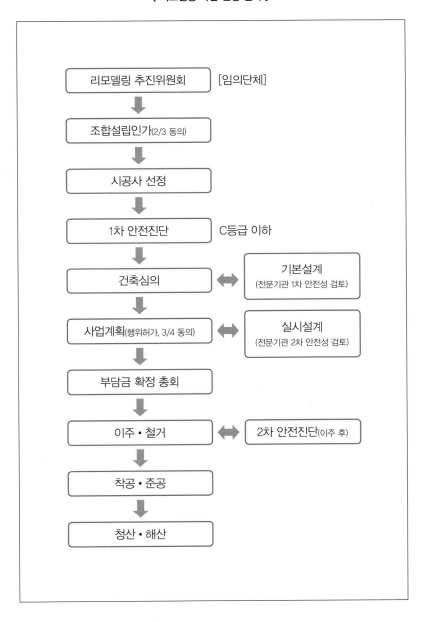

리모델링 추진위원회 [임의단체]

⬇

조합설립인가(2/3 동의)

⬇

시공사 선정

⬇

1차 안전진단 C등급 이하

⬇

건축심의 ⬌ 기본설계
(전문기관 1차 안전성 검토)

⬇

사업계획(행위허가, 3/4 동의) ⬌ 실시설계
(전문기관 2차 안전성 검토)

⬇

부담금 확정 총회

⬇

이주 · 철거 ⬌ 2차 안전진단(이주 후)

⬇

착공 · 준공

⬇

청산 · 해산

아파트마다 공사 기간은 다르겠지만 리모델링 과정은 대략 3년 정도가 소요된다. 예전에는 소수의 건설사만이 시공에 관심을 보였지만, 최근에는 래미안, 자이, 더샵 등 1군 브랜드에서도 수주를 많이 하고 있다. 특히 1군 건설사들에서 리모델링 전담팀을 만들어 리모델링 사업을 주도하려는 움직임이 보인다.

하지만 리모델링이 탄탄대로만 펼쳐지는 것은 아니다. 속도가 더디게 가는 요소도 분명히 있다. 수평 증축을 하면 모양 자체가 예쁘지 않기 때문에, 또한 호수마다 평형이 다르게 주어지기 때문에 반대하는 사람도 생긴다. 수직 증축은 안전진단을 넘기 어려워 허가를 받기조차 힘들지만, 이를 통과했다고 해도 주변 아파트의 일조권이나 조망권 침해를 하게 되면 취소되는 일도 종종 발생한다. 그래서 리모델링을 추진하던 단지에서 재건축으로 돌아서는 일도 왕왕 발생하는 것이다.

리모델링의 대표적인 성공 사례는 서울 송파구 오금동의 아남아파트다. 송파구는 서울에서 가장 활발하게 리모델링이 추진되고 있는 자치구 중 하나다. 아남아파트는 지하 1층~지상 15층짜리 건물이 향후 지하 3층~지상 16층 건물로 바뀔 예정인데, 지하에는 주차장이 들어서 주차 대수가 두 배가량 늘어날 것이고, 높아진 지상 역시 29세대의 일반분양이 추가되어 조합원 부담금을 약 20~30퍼센트 낮추었다. 그 어렵다는 수직 증축으로 인가를 받아, 일반분양에 성공한 첫 아파트가 되었다.

이로써 아남아파트는 매매가 8억 원 선이었던 17평 구축이 부담금 2~3억 원을 더해 21평 새 아파트로 거듭날 전망이다. 송파구에서 20평대 새 아파트를 약 10억 원에 얻게 되는 셈이다. 주변에 있는 24평 새 아파트 시세가 15억 원가량이니 꽤 성공적인 사업이라고 볼 수 있다.

서울 송파구를 비롯해 강남구 개포동, 1기 신도시의 중층 아파트에서 리모델링에 주목하고 있다. 특히 서울시는 리모델링 시범 사업을 운영하며 지원에 앞장서고 있다. 재건축·재개발 열기가 주변 지역으로 번져나가듯, 리모델링의 인기도 서울 및 수도권에 점차 확대될 전망이다. 현 시점에서 리모델링을 추진하는 단지들을 눈여겨보면서, 그 여파가 주변 지역으로 얼마나 확장될 수 있는지를 가늠해보는 것도 좋은 투자 전략이다. (서울, 경기도에서 리모델링을 추진하는 단지 목록은 바로 뒤 'PLUS CHECK'에서 다룬다.)

과거에는 사업성이 떨어진다는 이유로 리모델링을 선호하지 않았으나, 최근에는 건설 기술의 발달과 빠른 사업 속도 덕분에 리모델링을 바라보는 시선이 많이 변하고 있다. 내 집 마련의 방법은 시대의 흐름에 따라 변하기 마련이다. 불과 1~2년 전이 '청약의 시대'였다면, 이제는 '재건축·재개발'에서 더 나아가 '리모델링의 시대'로까지 확장되고 있다. 리모델링은 이제 막 시동을 걸고 있는 사업 방식인 만큼 앞으로 더 무궁무진한 가능성을 보여주리라 생각한다.

서울시 리모델링 추진 단지 리스트

　송파구에서 시작된 리모델링의 불씨가 강남구로 옮겨 붙었다. 개포우성9단지를 필두로 개포동과 일원동 일대가 리모델링 바람으로 들썩이고 있다. 서울시에서는 문정건영과 문정시영을 리모델링 선도 사업으로 지정해 지원하고 있다.

[서울시(2021년 7월 기준)]

단지명	자치구	시공사	진행 단계
개포우성9차	강남구	포스코	공사 중
오금아남	송파구	쌍용	공사 중
둔촌현대1차	강동구	포스코	이주
이촌현대(현대맨숀)	용산구	롯데	이주
송파성지	송파구	포스코	이주

단지명	자치구	시공사	진행 단계
신답극동	동대문구	쌍용	허가 완료
잠원한신로얄	서초구	현대산업개발	2차 안전성 통과
대치현대1차	강남구	현대산업개발	2차 안전성 통과
성원대치2단지	강남구	현대산업개발	2차 안전성 통과
개포대청	강남구	포스코	2차 안전성 통과
옥수극동	성동구	쌍용	건축심의
둔촌현대2차	강동구	효성	건축심의
청담건영	강남구	GS	건축심의
신정쌍용	양천구	포스코	건축심의
문정건영	송파구	GS	건축심의 준비
등촌부영	강서구	포스코	건축심의 준비
잠원훼미리	서초구	포스코	건축심의 준비
문정시영	송파구	포스코	건축심의 준비
광장상록타워	광진구	현대산업개발	건축심의 통과
삼전현대	송파구	GS	건축심의 준비
둔촌현대3차	강동구	효성	1차 안전진단 통과
자양우성1차	광진구	포스코	1차 안전진단 통과
가락쌍용1차	송파구	쌍용	안전진단 진행 중
고덕아남	강동구	삼성물산	시공사 선정
금호벽산	성동구	삼성, 현대	안전진단 진행 중
길동우성2차	강동구	포스코	안전진단 진행 중
밤섬현대	마포구	GS	시공사 선정

단지명	자치구	시공사	진행 단계
잠원롯데캐슬갤럭시1차	서초구	롯데	시공사 선정
신도림우성1 · 2 · 3 · 5차	구로구	GS	시공사 선정
목동우성2차	양천구	롯데	시공사 선정
서강GS	마포구	미확정	조합설립인가
잠원미주파스텔	서초구	미확정	조합설립인가
응봉신동아	성동구	미확정	조합설립인가
이촌코오롱	용산구	미확정	조합설립인가
잠원동아	서초구	미확정	조합설립인가 신청
잠원신화	서초구	미확정	조합설립 준비 중
송파강변현대	송파구	미확정	조합설립 준비 중
남산타운	중구	미확정	조합설립 준비 중
강촌	용산구	미확정	조합설립 준비 중

경기도 리모델링 추진 단지 리스트

1990년대에 탄생한 1기 신도시를 중심으로 리모델링 열풍이 거세다. 분당구 한솔5단지주공과 무지개4단지주공, 느티마을공무원3·4단지, 매화공무원1·2단지 등의 사업이 기대되며, 일산신도시 내 문촌주공8단지동아와 평촌신도시의 초원7단지부영이 경기도 리모델링 사업시범 단지로 지정되며 사업 진행을 기다리고 있다.

[경기도(2021년 7월 기준)]

단지명	지역	시공사	진행 단계
철산한신	광명시	쌍용, 현대	안전진단 진행 중
우륵주공7단지	군포시	DL	안전진단 진행 중
율곡주공3단지	군포시	DL	시공사 선정
개나리주공13단지	군포시	미확정	조합설립인가
한솔5단지주공	성남시 분당구	포스코, 쌍용	허가 완료
무지개4단지주공	성남시 분당구	포스코	허가 완료

단지명	지역	시공사	진행 단계
매화마을공무원1단지	성남시 분당구	포스코	건축심의
느티마을공무원3·4단지	성남시 분당구	포스코	건축심의
매화마을공무원2단지	성남시 분당구	미확정	조합설립인가
권선삼천리2차	수원시 권선구	미확정	조합설립인가
삼성,태영	수원시 영통구	포스코	안전진단 진행 중
신성,신안,쌍용,진흥	수원시 영통구	DL, 현대엔지니어링	안전진단 진행 중
신나무실6단지동보,신명	수원시 영통구	미확정	조합설립인가
신나무실5단지주공	수원시 영통구	미확정	조합설립인가
매탄동남	수원시 영통구	미확정	조합설립인가
목련마을선경2단지	안양시 동안구	효성	허가 신청
목련마을우성3단지	안양시 동안구	쌍용	2차 안전성 통과
초입마을 삼익·풍림·동아	용인시 수지구	포스코	건축심의 준비
신정8단지현대성우	용인시 수지구	포스코, 현대	건축심의 준비
용인수지신정9단지주공	용인시 수지구	현대	1차 안전진단 통과
수지보원	용인시 수지구	포스코	1차 안전진단 통과
수지한국	용인시 수지구	KCC	안전진단 진행 중
수지동부	용인시 수지구	포스코	안전진단 진행 중
광교상현마을현대	용인시 수지구	포스코	안전진단 진행 중

단지명	지역	시공사	진행 단계
성복역리버파크(수지동보2차)	용인시 수지구	현대산업개발	안전진단 진행 중
도담마을7단지뜨리에체	용인시 수지구	현대산업개발	안전진단 진행 중

11장

나누는 만큼 혜택도 많은,
공공 재개발

1

김 장관표 '공공 재개발' vs.
변 장관표 '공공주도 재개발'

「18년 정체 성북1구역 공공 재개발로 사업 '물꼬'」

「"지쳤다. 이거라도 빨리 하자" … 공공주도 재개발 바람 분 은평구」

이 두 기사 제목에서 어떤 차이점을 발견했는가? 두 번째 제목에서 '공공' 뒤에 붙는 '주도'라는 단어를 발견했다면, 당신은 이미 재건축·재개발 고수다.

우리가 신문기사에서 마주하는 '공공 재개발(재건축)'과 '공공주도 재개발'은 엄연히 다른 말이다. 단지 해당 기사를 쓴 기자가 '주도'라는 단어를 무심코 생략한 게 아니라는 뜻이다. 이 두 사업 방식은 조합이 개입하는 정도도 다르고, 가장 중요한 현금청산의 기준일도 다르다. 따라서 이 둘을 구분해서 이해하려는 노력이 중요하다.

무조건 '현금청산'이 아니다

그간 '공공 재개발 = 현금청산'이라고 생각했다면, '공공 재개발'에 대한 이해가 부족한 것이다. '공공참여형 방식'이라고도 말하는 공공 재개발은 2020년 김현미 전 국토교통부 장관이 발표한 「수도권 주택 공급 기반 강화 방안」(일명 '5·6 대책')의 일환이었다. 공공(LH, SH)은 말 그대로 '참여'하는 수준에 그치며, 사업 관리자로서 사업성을 분석해주고 지원해주는 역할을 담당한다. (권리산정 기준일은 2020년 9월 21일이다.)

반면 '공공주도 재개발'은 공공성이 한층 강화된다. 변창흠 전 국토교통부 장관이 2021년에 발표한 「2·4 부동산대책」의 핵심 골자로, 전국을 현금청산의 공포에 떨게 한 주인공이다. 공공주도 재개발은 기존의 조합을 해산시키고, 공기업 단독으로 재개발을 진행한다. 중요하니한 번 더 강조하자면 공공주도 재개발은 '공공이 단독'으로 진행한다. (즉, 조합이 없다는 말이다.) 그 대신 절차를 간소화해 '초스피드'로 사업을 추진한다. 그렇다면 구체적인 추진 방식은 어떻게 다를까?

공공 재개발의 관리처분 방식은 감정평가액에 부담금을 더해 조합 원분양가가 정해진다는 공식을 떠올리면 쉽게 이해할 수 있다. 즉, 조

[사업 주체 및 추진 방식 비교]

구분	김 장관표 공공 재건축·재개발	변 장관표 공공주도 재개발
사업주체	LH, SH가 단독 또는 공동사업시행자로 참여	공공이 직접 시행
추진방식	관리처분 방식	현물 선납 방식

합원분양을 신청하지 않는 조합원은 감정평가액만큼 현금청산을 받고, 분양을 신청하는 조합원은 민간 재개발보다는 적은 부담금을 내고 입주권을 갖게 된다. 경기도 성남시의 금광1구역과 중1구역이 이 같은 방식으로 재개발을 진행했다.

반면 공공주도 재개발은 '현물 선납 방식'을 따른다. 즉, 입주민은 추후 새 아파트를 우선 공급을 받는 대신, 소유하고 있던 주택이나 토지를 공공에 미리 매각하는 방식이다. 소유권을 먼저 넘기는 만큼 미분양의 리스크가 발생하면 공공이 모든 책임을 진다. 수원역푸르지오자이가 이 같은 방식으로 재개발해 입주까지 완료했다.

이 두 방식은 모두 용적률 면에서 큰 혜택을 받는다. 용적률 인센티브에 층수 상향은 물론, 5년 이내에 사업을 완료하는 패스트트랙 방식인 셈이다.

각종 규제에서도 민간주도 방식보다 좀 더 자유롭다. 먼저 공공 재개발은 재개발에 한해 분양가상한제가 면제되고, 공공성 확보를 목적으로 공공임대 비율이 의무적으로 적용된다.

여기까지는 조금 다른 듯 비슷하다. 하지만 가장 중요한 차이가 있다면 공공 재개발은 지정된 이후 토지거래허가제 대상이 되지만, 공공주도 재개발은 2021년 6월 28일 이후에 물건을 매수하면 해당 물건은 입주권을 받지 못하고 현금청산 대상이 된다. 따라서 이 기간이 유예되지 않는 한 공공주도 재개발 물건은 현 시점에서 매수하지 않는 편이 좋다.

반드시 기억해야 할 점

마지막으로 꼭 기억해야 할 점을 정리해보겠다. 먼저 공공 재개발이다. 공공 재개발의 경우, 지정 이후에 토지거래허가구역이 된다는 점을 꼭 기억해야 한다. 즉, 실제로 해당 물건에 들어가서 거주할 수 있는 사람만이 매수할 수 있다는 뜻이다. 2021년 7월 기준 공공 재건축·재개발 1차 후보지와 공공 재개발 2차 후보지가 발표되었다. 단, 말 그대로 '후보지'일 뿐이며, 1차는 2021년 12월에, 2차는 2022년에 최종 정비구역이 지정된다는 것을 염두에 두어야 한다.

공공 재개발의 경우 현금청산 리스크와는 큰 관련이 없고, 조합에 협

력할 공동 시행사는 LH와 SH 중에서 결정된다. 주목해도 좋을 후보지는 흑석2구역(공공 재개발 1차)과 신길13구역(공공 재건축 1차), 성북1구역(공공 재개발 2차) 정도다.

공공주도 재개발 역시 현재까지는 '후보지' 단계이다. 주민 동의율이 10%만 넘으면 어디서나 후보지 신청이 가능했다. (이 중에 탈락한 구역도 있다.) 최종 구역으로 지정되려면 토지소유주의 3분의 2 이상 동의를 받아야 한다. 민간 재개발은 주거지수정비제에 따라 신축 건물의 비중이 높으면 구역으로 지정할 수 없는데, 공공주도 재개발은 신축 비율에 상관없이 사업을 진행할 수 있다는 장점이 있었다. 따라서 환경 자체는 낙후되었어도 주변에 신축이 많았던 지역에서는 공공주도 재개발 확정 작업에 사활을 걸고 있다. 남은 게 이 방법뿐이기에 절박할 수밖에 없는 것이다. (공공주도 재개발 후보지에 가보면 최근에 지어진 빌라들도 볼 수 있다.) 하지만 모든 구역에서 찬성하는 것은 아니다. 여러 가지 이유로 사업 추진을 철회한 곳도 있으니 끝까지 지켜봐야 한다.

2021년 7월 기준 역세권과 중공업, 저층주거지 위주로 5차 후보지까지 지정되었으며, 다음 표에 표기된 구역에서는 이미 상당수 이상 주민 동의율을 확보했다.

공공주도 재개발은 2021년 6월 28일 이후 소유권이전등기를 한 물건은 원주민 자격을 얻을 수 없다. (공공주도 재개발은 조합 자체가 없으므로 '조합원'이라는 말도 쓰지 않는다.) 유예 기간이 주어지지 않는 이상 현금청산

[공공주도 재개발 주민 동의 확보 현황(2021년 8월 4일 기준)]

지구지정요건		
2/3이상	11곳 (1만 7000호)	증산4, 수색14, 불광1 근린공원, 쌍문역 동측, 방학역, 쌍문역 서측, 쌍문1동 덕성여대, 연신내역, 녹번동 근린공원, 고은산 서측, 신길2
50% 이상	19곳 (2만 5800호)	창동674 인근, 불광329-32 인근, 녹번역, 미아16, 방학초교 인근, 신길15구역, 수유12구역, 용마터널 인근
30% 이상	26곳 (3만 5200호)	송중동 주민센터, 삼양역 북측, 캠프조지 인근(대구), 제물포역(인천), 창2동 주민센터, 신길4, 미아역 동측
10% 이상	31곳 (4만 100호)	새절역 동측, 영등포역, 수유역 남측1, 수유역 남측2, 상봉터미널

을 당하게 되므로, 매수할 구역의 물건이 공공주도 재개발 후보지라면 반드시 재고하기를 당부한다.

민간 재건축·재개발 사업에 리모델링, 거기에 공공 재개발에 공공주도 재개발까지, 너무나도 험난한 여정을 지나왔다. 늘 강조하지만 복잡하게 생각할 필요가 없다. 공공 재개발은 '김 장관'에 '토지거래허가제'를, 공공주도 재개발은 '변 장관'에 '현금청산'만 기억해도 남들과는 다른 시야를 갖게 될 것이다. 물론 두 가지 모두 아직은 후보지 단계라는 점을 꼭 기억하면서, 여기서 탈락하는 구역은 어디인지, 중간에 현금청산 유예 기간이 찾아오지는 않는지 두 귀를 쫑긋 세우고 앞으로의 변화에 주목해보자.

PLUS CHECK

'오 시장표' 서울 재건축·재개발

2021년 5월, 오세훈 서울시장은 '6대 재개발 규제 완화 방안'을 발표하며 5년이 소요되던 정비구역 지정 절차를 단 2년으로 압축시키겠다는 의지를 내비쳤다. 시간이 길어질수록 재개발 사업성은 떨어질 수밖에 없다는 판단에서였다. 이로써 6개월간의 주민제안과 사전검토 과정이 4개월로 단축되고, 사전타당성 조사와 기초생활권계획 수립, 정

[오세훈 서울시장의 정비구역 지정 계획]

비계획 수립 등의 절차가 약 3년에서 1년 2개월로 줄어든다. 여기에 정비구역 지정을 위한 법정 절차도 6개월로 앞당겨지면서, 향후 정비구역 지정 절차에 속도가 붙을 전망이다.

더욱이 주거정비지수제까지 완화하면서 한층 더 빠른 사업이 가능해졌으나, 아직까지 공공기획에 관한 구체적인 틀은 나와 있지 않은 상태다.

오세훈 서울시장이 정의한 '공공기획'에는 어떤 기준들이 포함될지에 주목하면서 앞으로 나올 관련 기사를 꼼꼼히 살펴보길 바란다.

HAPPY POINT

QR코드를 찍고 따끈따끈한 공공 재개발 등에 관련한 최신 업데이트 내용을 확인하세요!

- QR코드 업데이트는 2021년 12월 31일분까지 제공됩니다.

이제 비로소
행동할 차례입니다

　서울에서 출발한 재건축·재개발 기차가 경기도와 인천을 통과해 5대 광역시를 돌고 울산이라는 종착역에서 여행을 마쳤습니다. 멈추지 않고 힘차게 달려가는 기차를 타고 대한민국 재건축·재개발 지도를 한 바퀴 돌아본 기분이 어떤가요? 나중에 꼭 한번 가보고 싶은 곳도 있을 것이고, 스치듯 본 곳도 있을 것이며, 언젠가는 꼭 이곳에 살고 싶다고 생각한 곳도 있을 것입니다.

　이토록 수많은 지역을 돌아보며 부동산을 바라보는 여러분의 안목이 단 1센티미터라도 높아졌기를 간절히 바라지만, 그보다는 먼저 여러분이 자신의 삶을 한층 더 깊이 사랑하고 행복한 미래를 꿈꾸는 사람이 되었기를 두 손 모아 소망해봅니다.

우리에게 집은 무엇일까요? 누군가에게는 투자 가치가 있는 상품일 것이고 또 누군가에게는 편안하게 머무르고 싶은 공간일 것입니다. 물론 이 두 가지 모두를 원할 수도 있고요. 자신이 굳이 들어가서 살지 않더라도 갖고 싶은 집이 있는가 하면, 반대로 가족과 함께 오랫동안 살고 싶은 집도 있습니다. 처음엔 집만 보고 이사했는데 점점 집 주변의 환경을 보게 되고, 집 주변 환경이 갖고 있는 가치를 생각하면서 또 다른 곳으로 관심이 옮겨가기도 할 것이고요.

이처럼 시선이 달라진다는 것은 관점이 변한다는 것이고, 관점이 변한다는 것은 자신을 위해 좀 더 나은 선택을 할 수 있는 가능성이 열린다는 것입니다. 그래서 재건축·재개발 지역을 공부하는 일은 단순히 투자 가치가 있는 집을 찾는 것뿐만 아니라 내 삶의 질을 높이고 안목을 깊고 넓게 키우는 '인생 공부'라고 생각합니다.

자, 그렇다면 이제 재건축·재개발 기차를 타고 둘러본 지역 중 어디를 살지, 어디를 관심 있게 지켜볼지를 결정해야 합니다. 여러분이 선택한 곳이 어디든 그곳은 현재 나의 조건과 상황과 안목이 결합된 결정일 것입니다. 아쉬우면 아쉬운 대로 만족스러우면 만족스러운 대로 수용하는 마음 자세도 필요합니다.

그래서 진짜 중요한 것은 '장소'라기보다 '행동'입니다.
즉, '어디를 사느냐'보다 '언제 사느냐'가 더욱 중요합니다.

재건축·재개발은 타이밍이 중요합니다. 고민하고 망설이는 동안 가격은 크게 달라질 것입니다. 가격만 달라지면 다행이게요. 타이밍을 완전히 놓치면 살 수 있는 기회 자체가 사라집니다. 내가 아무리 사고 싶다고 해도 살 수 없는 집이 되어버린다는 뜻입니다. 그 이후엔 어떻게 될까요? 살 엄두도 나지 않을 만큼 엄청난 프리미엄이 붙어서, 더 멋진 모습으로 여러분 앞에 나타나게 될 것입니다. 삶을 업그레이드할 수 있는 엄청난 기회의 문이 내 앞에 활짝 열렸는데, 고민하고 걱정하고 머뭇거리는 동안 '쾅' 소리를 내며 닫혀버린 셈이지요.

"그래서 어디를 살까요?"
이 질문에 대한 제 대답은 이렇습니다.
"어디를 사도 좋습니다."

너무 무책임한 대답이 아니냐고요? 절대 그렇지 않습니다. 제가 딱 잘라서 이렇게 말씀드리는 이유는 분명합니다. 사실 어느 곳이 좋은지는 이미 책에서 다 말씀드렸습니다. 그런데 좋은 것을 알아도 정작 결단하지 못하는 사람이 대부분입니다. 아마도 그러지 못하는 가장 큰 이유는 '돈'일 것입니다. 아니, 정확히 말하면 '돈' 때문이 아니라 '돈이 없다는 생각' 때문일지도 모릅니다. 그렇기에 우리는 돈이 없다고만 생각할 게 아니라 돈을 어디서 만들 수 있을지 찾아야 합니다. 실제 투자금이 얼마인지, 대출은 얼마나 받을 수 있는지, 즉 자신의 자산 규모부터 선명하게 파악해야 합니다. 다시 말씀드리지만, 돈이 없는 것은 돈을 찾지 못했기 때문입니다. 재건축·재개발은 미래 가치에 투자하는 일입니다. 지금 내게 있는 돈만 생각할 게 아니라 미래 가치를 포함해 돈을 운용할 수 있는 방법을 생각해야 합니다.

재건축·재개발 투자를 망설이는 그다음 이유는 아마도 미래 가치가 더 높을 곳을 계속 찾아 헤매기 때문일 것입니다. 하지만 저는 이렇게 말씀드리고 싶습니다. '좀 더 오를 곳을 찾는 건 무의미하다'고요. 어디가 더 오를지, 무엇이 더 큰 호재일지를 고민하는 건 물론 중요합니다. 그러나 재건축·재개발 투자를 할 때는 너무 멀리 보는 것보다는 '당장 신축이 될 만한 것', 즉 빨리 진행되는 것을 고르는 게 훨씬 더 중요합니다. 입지도 중요하지만 속도는 더 중요합니다.

재건축·재개발이 신기한 게 A, B, C 구역 중 어느 한곳만 콕 집어 오르지 않습니다. 게다가 미래 가치는 기간마다 다르고 분위기마다 다릅니다. 부동산 공부를 많이 한 저조차도 1~2년 정도를 예측할 뿐 그 이상은 정확하게 예측하기 어렵습니다. 그러니 조건에 맞는 물건이 있다면, 그리고 빠르게 진행될 곳이라면 그곳이 어디든 최선의 선택이라고 말씀드리고 싶습니다.

공부하셔야 합니다. 주기적으로 관심 있는 지역을 체크하고 방문하면서 그 지역이 어떻게 변하고 있는지를 정리해두셔야 합니다. 자신만의 데이터를 차곡차곡 모으면 그것이 곧 자산이 됩니다. 한두 개의 정보는 힘을 발휘할 수 없습니다.

"여기 어떨까요?" 이런 질문에 완벽한 답을 해줄 수 있는 사람은 없습니다. 남에게 물어보기 전에 자신에게 먼저 물어보세요. 누군가 나에게 이렇게 묻는다면 나는 뭐라고 대답해줄지 생각해보세요. 부동산을 보는 안목을 키우는 데 '스스로 질문하고 답을 하는 것'만큼 좋은 방법은 없습니다.

그간 수많은 재건축·재개발 강의를 하면서 진짜 '왕초보'라고 말하는 사람부터 나름대로 실력 있다고 자부하는 사람들까지 정말 다양한 사람들을 만났습니다. 처음에는 저도 누가 초보이고 고수인지 헷갈렸는데, 이제는 그들을 가르는 한 가지 명확한 기준이 생겼습니다. 초보와 고수를 가르는 기준은 지식의 많고 적음이 아니었습니다. 규제, 대출, 이자, 세금 등 제아무리 많은 지식을 알고 있다고 해도 '행동'하지 않는다면 왕초보나 다름없습니다.

실제로 행동하는 사람과 그렇지 않은 사람의 차이는 엄청납니다. 이것은 다른 투자 분야에서도 마찬가지입니다. 부지런히 손품, 입품, 발품을 팔면서 내 조건에 맞는 집을 찾아내고, 기회가 왔을 때 적극적으로 행동하세요. 그것이 최고의 공부입니다. 어쩌면 인생에서 가장 큰돈을 들이는 내 집 마련에 다른 사람들의 의견은 중요하지 않습니다. 친구가 권해서, 옆집 사람이 권해서, 부동산스터디 멤버가 권해서, 혹은 제가 권해서 산다는 것도 말이 안 됩니다. 오직 믿을 것은 '공부한 나자신'뿐입니다. 진짜로 내 집을 마련하고 싶다면, 진정 부자가 되고 싶다면 현장에 가서 눈으로 보고 가슴에 새기고 그것을 임장노트에 쓰시길 바랍니다.

마지막으로 강조하건대 현 시점에 서울에서 내 집을 마련하는 방법 중 재건축·재개발보다 좋은 것은 없습니다. 특히 무주택자와 1주택자에게는 황금 같은 기회입니다. 무주택자에게는 생애 첫 집이 생기는 것이니 더할 나위 없이 좋은 일이고, 1주택자에게는 상급지로 갈 수 있는 부의 로드맵을 만드는 일이기 때문입니다.

이제 작은 배낭을 메고 운동화를 챙겨 신고 떠날 차례입니다. 재건축·재개발은 평생 한 번만 공부해두면 대대손손 부의 로드맵을 깔 수 있는 고급 지식입니다. 게다가 알면 알수록 재미있습니다. 저 아임해피가 그랬던 것처럼 여러분도 재건축·재개발 세계에 들어오셔서 내 집을 마련하고, 달콤한 수익까지 맛보시길 진심으로 바랍니다.

대한민국 재건축 재개발 지도

초판 1쇄 발행 2021년 8월 25일
초판 18쇄 발행 2022년 12월 7일

지은이 정지영
펴낸이 김선식

경영총괄 김은영
기획편집 한다혜 **디자인** 윤유정 **책임마케터** 이고은
콘텐츠사업1팀장 임보윤 **콘텐츠사업1팀** 윤유정, 한다혜, 성기병, 문주연
편집관리팀 조세현, 백설희 **저작권팀** 한승빈, 김재원, 이슬
마케팅본부장 권장규 **마케팅2팀** 이고은, 김지우
미디어홍보본부장 정명찬 **홍보팀** 안지혜, 김민정, 오수미, 송현석
뉴미디어팀 허지호, 박지수, 임유나, 송희진, 홍수경 **디자인파트** 김은지, 이소영
재무관리팀 하미선, 윤이경, 김재경, 안혜선, 이보람
인사총무팀 강미숙, 김혜진 **제작관리팀** 박상민, 최완규, 이지우, 김소영, 김진경, 양지환
물류관리팀 김형기, 김선진, 한유현, 민주홍, 전태환, 전태연, 양문현, 최창우

펴낸곳 다산북스 **출판등록** 2005년 12월 23일 제313-2005-00277호
주소 경기도 파주시 회동길 490
전화 02-702-1724 **팩스** 02-703-2219 **이메일** dasanbooks@dasanbooks.com
홈페이지 www.dasan.group **블로그** blog.naver.com/dasan_books
종이 IPP **인쇄·제본** 한영문화사

ISBN 979-11-306-4060-0 (03320)

다산북스(DASANBOOKS)는 독자 여러분의 책에 관한 아이디어와 원고 투고를 기쁜 마음으로 기다리고 있습니다.
책 출간을 원하는 아이디어가 있으신 분은 다산북스 홈페이지 '투고원고'란으로 간단한 개요와 취지, 연락처 등을 보내주세요.
머뭇거리지 말고 문을 두드리세요.